家康クライシス
―天下人の危機回避術―

濱田 浩一郎（歴史家）

ワニブックス
PLUS新書

はじめに

二〇二三年のNHK大河ドラマは『どうする家康』です。戦国時代という激動の時代を生き抜き、徳川幕府を開いた武将・徳川家康が主人公です。

家康を演じるのは、男性アイドルグループ・嵐のメンバーで、俳優として活躍してきた松本潤さん。ドラマのビジュアルも公開されており、そこには美しい貴公子のような家康が映っていました。

しかし、実際の家康といえば、その肖像画からも明らかなように、ぽっちゃり体型で、イケメンでもありません。江戸時代初期に、日本を訪れたスペインのフィリピン臨時総督ロドリゴ・デ・ビベロは、家康を次のように描写しています。

「皇帝（家康）の歳は六十歳くらいで中背の老人であり、尊敬すべき愉快なる容貌で秀忠公より肥満していた」（『ドン・ロドリゴ日本見聞録』）と。

イケメンではないかもしれませんが、愉快な容貌とその態度で、外国人の尊敬を得ていたことがわかります。家康は、織田信長や豊臣秀吉と比べると、地味で暗くて、老獪《ろうかい》な狸親父《たぬきおやじ》のイメージが強いのですが、決してそれだけの人物ではなかったのです。学問にも熱心で、多趣味な教養人でもありました。

家康の人生は、本書でこれから紹介していくように、波乱に富んだものです。生命を失いかねない幾多の苦難が何度も襲ってきたのでした。ドラマのタイトルのように「どうする？」と自問することがあったでしょう。そして、最終的に家康はそうした困難を突破し、天下人《てんかびと》として約二百六十年続いた徳川幕府を開きます。

家康はなぜ天下を取ることができたのか？　家康の人生を描いた本書に答えは記されています。読者一人ひとりの読み方によって、その答えは変わってくるかもしれません。それが読書の楽しみでもあり、歴史を学ぶ醍醐味でもあります。家康の生き方から、何か学べることを見つけてもらって、日々の生活に活かせていただけたら幸いです。

本書の編集を担当してくださったワニブックスの鈴木啓太様に御礼申し上げます。

濱田浩一郎

目次

第3章　強敵・武田信玄にどう立ち向かったのか？

第4章　主君？　盟友？　織田信長との関係

第5章　天正十年の徳川家康

第6章　ライバル・豊臣秀吉との対決

第7章　〝最強〟を決めた関ヶ原の戦い

第8章　豊臣家を滅ぼし天下統一へ

終章　徳川家康の国づくり

第1章　知られざる血塗られた家康前史

松平一族と葵の御紋の謎

徳川家康は、自らを清和源氏(平安時代前期の清和天皇から出て源姓を名乗った氏族)の名門・新田氏の血を引く者と信じていた。また、江戸幕府の旗本・大久保彦左衛門忠教《ただたか》(一五六〇〜一六三九)が著した『三河物語』(一六二二年頃に成立か。忠教の自伝)にも、家康の先祖にまつわる話が次のように書き記されている。彦左衛門は「家康の御由来を申立る」として、神代から筆を起こしているが、さすがに、それは割愛しよう。

家康の先祖は、新田義貞(一三〇一〜一三三八。鎌倉末・南北朝時代の武将で、上野国《こうずけのくに》新田荘を拠点とする豪族。鎌倉幕府を倒すも、最後には足利尊氏方に敗れる)の威勢に従い、上野国(群馬県)新田郡のうち、「徳河郷」(太田市)を領していたという。よって、「徳河」を名乗ったということだ。徳河(川)氏は、源義家(平安 時代後期の武将)の流れを汲み、新田氏の末流であったが、新田義貞が足利方に敗れた後は、徳河郷を出て、十代ほどは諸国を流浪する有様だったという。

ついには、時宗(鎌倉時代後期の僧・一遍を開祖とする浄土教の一派)の僧侶になる者まで現れた。その名は徳阿弥。徳阿弥は諸国を放浪するうちに「西三河坂井之郷中」(愛知県西尾市周辺か)に立ち寄る。彼はそこで、女性と出会い、男子をもうける。そうしたとき、三河国松平郷（愛知県豊田市）に松平太郎左衛門という「有徳なる人」（富裕人）がいて、どのような縁そして動機かは分からぬが、流れ者の徳阿弥と自分の娘を結ばせる。徳阿弥は、松平家の入婿となり「松平親氏《ちかうじ》」を名乗った。

そして、たちまち、弓矢でもって、近隣の領主たちを従えていったと言われる。中山十七名（愛知県額田郡、岡崎市）へ進出したというのである。しかし、親氏は武力によって土地を横領したのではなく、買得により土地を増やしていったとの見方もある。富裕者の婿となった親氏が、軍事行動によらず、土地を集積していったというのだ。ちなみに、親氏は勇猛さだけでなく、民百姓・乞食・非人にも優しく接した慈悲の人であり、民のため、橋をかけ道を切り開いたという。以上が『三河物語』が記す松平氏の始祖・親氏の動向である。

徳川家の正史『徳川実紀』は、上野国新田荘世良田郷徳川（得川）に居住した徳川（得川）四郎義季《よしすえ》の子孫が親氏だという。同書は、親氏が清和源氏の流れを汲む新田一族の子孫だとしている。

一方、十七世紀の後半にできた『松平氏由緒書』（以下、由緒書と記す場合もあり）という書物には、少し違った視点から親氏と思われる人物の動きを描いている。由緒書は、松平太郎左衛門家の家老を務めた神谷家に伝来する歴史書で、同家の由来が語られている。それによると、同家の先祖は在原氏か鈴木氏（紀伊国熊野の出）とも言われ、明確ではない。太郎左衛門尉信重（十五世紀前半の松平郷の領主）のときには、金銀に不足なく、裕福な暮らしをして、従者が十二人いたという。信重は、徳ある人物で、道を築くなどして、民の便宜をはかったそうだ。『三河物語』が記すところの親氏の善行と重なるところがあり、興味深い。

さて、富裕者の信重は、あるとき、屋敷内で連歌《れんが》（和歌から派生した詩歌。数人から十数人で交互に詠み連ねる詩歌）の会を開催。だが、筆役《ふでやく》（書記）がおらず、困っていたところに、どこからともなく、諸国を流浪する僧形の者が現れる。信重の願いにより、その者は筆役を務め、これを無事に果たした。僧形の者の教養の高さに感心した松平信重は、彼を邸にとどめたばかりか、独身の自分の娘と結婚してほしいと頼むのである。その者は松平家の入婿になった。『由緒書』では、この人物は「徳翁斎信武」とされるが、『三河物語』が記す「徳阿弥」（松平親氏）の状況と似ている。由緒書には、時宗の僧侶との記載はないが、諸国を流浪する立場であることは共通している。この流れ者の名が親氏なのか、信武なのかはわからない（便宜上、親氏とする）。親氏がいつ生まれ、いつ死んだかはわからないが、十四世紀の後半から十五世紀のはじめにかけて活躍した人物だと考えられる。

親氏の亡き後、その後継者となったのは、松平泰親《やすちか》であった。『三河物語』によると、泰親は親氏の子と記されている。そして、親に負けず劣らず、この泰親も勇猛の士であり、情の人であったという。『松平由緒書』は、泰親は親氏の弟と記す。親氏には、信光という子がいたが、親氏が死去した後、泰親が幼少の信光の「名代《みょうだい》」（家督を代行する者）となり、親氏の邸に住んだために、泰親が二代目に数えられたとされる。

泰親に関する同時代史料と思われるものには、若一《にゃくいち》神社（愛知県岡崎市岩津町）の棟札《むなふだ》写が知られている。応永三十三年（一四二六）、泰親（法名・用金）が「子孫繁昌」「心中所願成就円満」のため、同社の社殿を造立したこと、翌年には十一面観音像を造立したことが、そこからわかる。

泰親の後を継いだ信光は、室町幕府の政所《まんどころ》（幕府の財政や直轄地を管理する機関）執事（長官）・伊勢氏の被官（家臣）となり、岩津を拠点として活動していく。三河国は、足利家と縁の深い土地である。鎌倉時代には、足利氏が守護を務めたし、室町時代には、一色氏・細川氏といった足利一族の者が守護を務めてきた。しかし、三河国には、将軍に近侍して諸役を務める奉公衆が多く、守護の力はそれほど強大ではなかったようだ。そうした三河の情勢もあり、松平信光も幕府政所執事の伊勢氏と主従関係を結んだのであろう。

ちなみに、松平一族のなかには、十五世紀中頃に、都に邸を構え、畿内で金融活動を行う益親という人物もいた。彼は、琵琶湖の最北部にある大浦荘や菅浦荘の代官として、百姓から年貢を受け取る立場でもあった。

話を信光に戻すと、信光と伊勢氏との関係を示す出来事に、寛正六年（一四六五）五月の牢人による幕府への反乱がある。三河国額田《ぬかた》郡（愛知県岡崎市・幸田町）の丸山氏や大場氏らが牢人たちを集め、砦に籠もり、年貢を奪ったのだ。松平信光は、その親族や家臣が反乱軍に関与していると疑われたという。幕府は三河国の守護・細川成之に牢人衆の討伐を命じる。細川氏の要請を受けた伊勢氏は、自らの被官である松平信光にも反乱の鎮圧を命じた。それにより、信光は牢人の討伐を担った。信光は長享二年（一四八八）に八十五歳で死去したとされるが、彼は『三河物語』によると「西三河のうち三分の一を切り従えた」と評されている。

信光の子に親忠がいるが、親忠は松平家の菩提寺・大樹寺を岡崎市鴨田町に創建（一四七五年）したことで知られる。親忠は本家の岩津松平から、安城（愛知県安城市）に分家する。親忠は安城松平家の初代であり、その流れのなかから、清康や家康といった英邁《えいまい》な人物が輩出されることになる。

家康の先祖について述べてきたが、家康の先祖が新田氏の血を引く存在であるという伝承は疑問符がつかざるを得ない。

現代の歴史家（例えば、北島正元氏）も「松平氏が新田氏の子孫であるという説にはなんらの根拠もない」「所伝は後世の記録であって疑問がおおく」としている。しかし、松平氏が新田氏（源氏）の流れを汲むという伝承は、家康以前から松平家のなかで語り継がれていたものだった。松平信光の願文には「源氏武運長久」と記されているし、家康の祖父・清康も「世良田二郎三郎」を名乗ったという。家康はそれを信じたのである。

ちなみに、葵《あおい》の御紋（三つ葉葵）と言えば「徳川家」を想起する人が多いだろうが、本来は京都の賀茂神社の御神紋である。一説によると、松平家は、古代豪族の賀茂氏の一族だったとも言われている。三河国賀茂郡も賀茂一族の縁の地とされる。松平一族（例えば益親）のなかにも「賀茂朝臣」と称する者がいたことが、三河妙心寺の阿弥陀仏像の供養の記録からわかる。葵御紋を使用している徳川家は、賀茂氏の末裔《まつえい》ではないかとの説もここから出てくるのである（新田氏の家紋は、一引両）。江戸時代には葵御紋の使用が制限されたこともあり、享保七年（一七二二）には浪人・山名佐内が、衣服に葵御紋を刺繍したとして「死罪」の判決が出ている。

松平一族の興亡と北条早雲

室町幕府の政所執事・伊勢氏の被官として活動した松平信光は、長享二年（一四八八）に死んだと伝えられている。信光は子だくさん（四十人以上の子に恵まれた）であり、彼の子供たちは、西三河の各所を治めることになる。それは、大給・桜井・深溝・福釜・藤井・滝脇・長沢などであり、それら領地の地名によって、例えば「大給松平」などと称されるようになる。徳川家康の時代までに分家したそうした家々を総称して「十四松平」という。竹谷・形原・大草（岡崎）・五井・深溝・能見・長沢・大給・滝脇・福釜・桜井・東条・藤井・三木などである。惣領家（岩津松平）は、岩津城にあったが、戦国時代の争乱のなかで、没落していくことになる。

家康が生まれたのは、岡崎城主の松平家であったが、前述のように、惣領家ではない。松平親忠（信光の三男。安城城主）を祖とする庶流であったのだ。親忠は、前述のように安城松平家の菩提寺・大樹寺（岡崎市鴨田）を、文明七年（一四七五）に創建したことで知られる。明応二年（一四九三）十月、挙母《ころも》（愛知県豊田市）の中条氏をはじめとする豪族が、井田野（岡崎市）に攻めてきたが、それを撃退するのに功あったのが、親忠だったという。親忠は、文亀元年（一五〇一）八月十日に死去した。六十三歳であった。

同月十六日、親忠が開創した大樹寺において、松平一族の人々が連署した「連判状」が作成されている。同寺に対する狼藉や竹木伐取を禁じると記されている書状に、岩津・岡崎・長沢・形原・竹谷の松平氏が署名しているのだ。安城松平氏の菩提寺の安全を保障する文書に、他所の松平氏が署名しているということは、安城松平氏のもとに「松平一族」が結集していることを示すものであろうし、安城松平家の台頭を見ることもできよう。

親忠の後継者は、嫡男の長忠（『三河物語』には長親とある）であった。長忠の時代にはいわゆる「永正三河大乱」と呼ばれる内乱が勃発する。内乱勃発の端緒となったのは、駿河国の大名・今川氏親とその叔父で後見役の伊勢宗瑞《そうずい》（北条早雲）の三河国侵攻だった。その前に今川氏は、遠江国《とおとおみのくに》（静岡県西部）の守護・斯波《しば》氏に属する豪族を攻めるため、同国に兵を進める。今川氏は遠江国で勢力を広げるが、戸田憲光（三河国田原城主）は、敵対する牧野古白（三河今橋城主）を討つため、今川氏に加勢を依頼。これに応えた今川氏が三河に入り、今橋城（愛知県豊橋市）を攻撃（一五〇六年）。今橋城は陥落する。しかし、今川氏による三河侵攻は、中央の政治状勢が絡み、続行されたという。

当時、足利将軍家は分裂しており、足利義稙（十代将軍）派と足利義澄（十一代将軍）派に分かれていた。今川氏は「義稙派」、松平氏は「義澄派」であったことから、内乱は永正五年（一五〇八）まで、約二年ほど続く（一五〇八年四月、足利義稙は、周防国の大名・大内義興の協力により、上洛、再度、将軍に就任）。内乱のなかで、伊勢宗瑞の軍勢が岩津城に来襲したこともあった。岩津城は惣領家の城である。『三河物語』によると惣領の岩津殿は、敵の大軍（一万）が押し寄せてきても、動揺することなく、防戦したという。

安城城主の松平長忠も、五百騎の軍勢を率いて城を出て、今川勢相手に奮戦する。そうしたこともあり、今川氏は松平氏を完全に攻略することはできず、三河から徹退。ただ、この内乱以降、岩津松平氏は没落した。伊勢宗瑞の攻撃により、岩津城は落城したとの説もある。今川勢に直接攻撃された惣領家の岩津松平家は衰退し、攻撃を免れた安城松平家が一層台頭してくるのだ。長忠は長命であり、天文十三年（一五四四）八月まで生きた。その前年（一五四三年）には家康が誕生している。

さて、永正三河大乱の終結により、長忠は一線を退き、子の信忠が安城松平家の当主となる。しかし、この信忠、『三河物語』の記述によると、かなり評判が悪い。それまでの松平家の当主が情ある人と記載されているのに、信忠は「御慈悲の御心も無」「御内衆にも御詞懸《おことばかけ》も無」と記され、家臣や領民からも嫌われていたという。同書は信忠を「不器用者」（指導者としての器量がない者）とまで記す。信忠を嫌い、城に出仕しない侍まで現れた。ストライキである。

このような有様であったから、信忠の弟・信定を当主に据えようとの動きもあったという。そしてついに、信忠は一族や家臣の要望に応える形で、嫡男の清康（当時、十三歳）に家督を譲ることになる（一五二三年）。信忠は三河国大浜（愛知県碧南市）に引退し、享禄四年（一五三一）七月に死去（信忠引退の背景には、仏事にのめり込み、俗世を厭《いと》う傾向があったことを指摘する説もある）。

信忠は、岩津松平家の所領を併合したり、政務を強硬に推進したというから、武断的である意味、独裁的な当主だったのだろう。永正三河大乱という内乱後の当主としては、家中の引き締めも必要であり、そうした姿勢も仕方のない面があったと思う。信忠時代の大永二年（一五二二）五月頃には、安城松平家と岡崎松平家との間で合戦が発生していたようだ。家中では、弟の信定を当主に据えようとの動きもあったようだから、信忠としてはまさに内憂外患。（家中の者も信用できん）との気持ちに拍車がかかっていた可能性もある。

しかし、それが一族や家臣の反発を招き、最終的には引退させられたのである。『三河物語』が信忠をボロクソに書いていることについて「次代の清康を讃えるため、その父信忠の無能をあえて強調している」との考察もあるが、著者の大久保忠教《ただたか》としても、信忠の悪口を書きたくて書いたわけではないだろう。信忠に関する悪評が代々伝わっていたから、それを記したに過ぎないのではないか（その悪評が正当で真実か否かは別であるが）。

「無能の当主もいた」と書くよりも「歴代当主、全て名君だった」と大久保も本当は書きたかっただろう。『三河物語』には、松平家は「武辺」（武勇）・「念頃《ねんごろ》」（心がこもっていること。家臣への思いやりある言葉かけなど）・「慈悲」の想いが当主に備わっていたからこそ、存続できた家だとある。だが、信忠にはそのどれもがないと記すのである。少し可哀想なくらいの酷評だ。

それはさておき、信忠が引退したことにより、松平清康が当主の座に就く。彼こそ家康の祖父にあたる。では、清康は、家康以前の松平家の歴史にどのような爪痕を残したのであろうか。

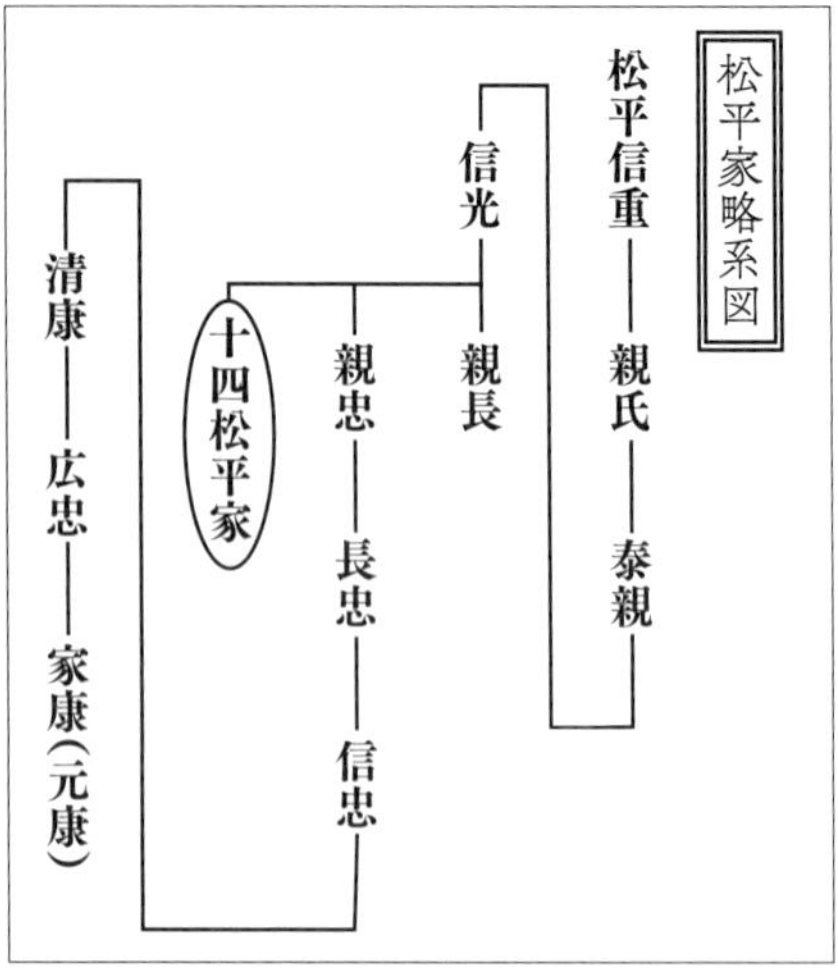

松平信光の子供たちが分家として西三河の各地を治めた。

呪われた清康・広忠時代

当主の器《うつわ》にあらず、と引退させられた安城松平家・信忠の後継となったのは、嫡男の清康であった。ところが、このとき（一五二三年）、清康はまだ十三歳。当主として、十分な働きができたとは思われない。そうしたこともあって、叔父の松平信定（信忠の弟）が安城城で実務を取り仕切っていたようだ。

翌年（一五二四）五月、安城松平家は、岡崎松平家の城（山中城）を攻め、これを落とす。清康は山中城（愛知県岡崎市）に移ることになるが、この事態は安城松平と岡崎松平の和睦《わぼく》の結果との説がある。しかし、清康の転出は、叔父・信定の意向もあったのではないだろうか。転出と言えば聞こえは良いが、清康は安城城から、山中城に追いやられてしまったと考えることもできよう。安城城主の座は、信定のものになったのだから。

一方、清康は岡崎松平氏の婿養子となり、山中城を出て、岡崎城（岡崎市上明大寺町）に入る。大永七年（一五二七）までには岡崎城に入ったと考えられている。そして、享禄三年（一五三〇）頃には、竜頭山に築城し、ここに移る。これが、現在の岡崎城である（岡崎松平家の本城は旧岡崎城と呼ぶことができよう）。

清康は、三河国内の諸城を攻め、国内の大部分を領し、更には尾張国にまで進出していく。

天文四年（一五三五）十二月には、清康は千人の軍勢を率いて、尾張国守山（名古屋市守山区）に陣をおいた。清康の尾張出兵については、さまざまな動機が提示されている。守山に居館を設けていた叔父・信定を討とうとしたとの説や、尾張の織田信秀（信長の父）と戦おうとしたとの説、いや戦《いくさ》ではなく、織田との外交交渉に出向いたとの説まである。

しかし、まず、千人余りの軍勢を率いていって外交交渉ということはないだろう。叔父・信定を討ちたいのなら、守山の居館ではなく、信定が持つ桜井城（愛知県安城市桜井）や、安城城を攻めれば良いであろう。そうすると、やはり、清康の攻撃目標は、尾張の織田氏と見て良いのではないか。

もちろん、信定との連携や同意なく、清康が守山まで出張ることはできないとの見解も一理あるが。こちらの見解を踏まえるとすると、信定は守山城を攻めることに同意しないだろうから、清康は兵を率いての出兵ではなく、なんらかの交渉のために守山まで出向いたことになる。しかし、ここでは兵を率いての出陣という説をとることにしよう。「守山崩れ」（後述）の説明がつかなくなるからだ。

当時の織田氏の宗家当主は、織田達通（尾張清洲城が居城）。その達通に、織田信秀や織田藤左衛門尉が仕えていたわけだが、信秀と藤左衛門尉の間で戦いが起こることもあり、尾張国内も政情が不安定だった。織田家は、美濃国の斎藤氏とも対立し、苦慮していた。兵を出した清康は、その間隙を衝いたのだ。守山城に籠もる織田信光（信秀の弟）を清康は攻めるつもりだったのだろう。

ちなみに、清康の叔父・信定はこの出陣には従っていない。三河国上野城（愛知県豊田市）に籠もったままだったという。なぜか？　信定の妻は織田信秀の姉妹であったとされるので、守山攻めには参加しなかったのだろう。信定は守山攻めに反対したはずだ。松平信定が織田信秀と連携していたということは、清康は信秀と対立していた織田藤左衛門尉と繋がりを有していた可能性が高い。藤左衛門尉からの出兵要請があったので、清康は兵を守山に出したのではないか。織田信秀の勢力を削《そ》ぐことは、イコール叔父・信定の力を弱めることに繋がるとの清康の想いもあったかもしれない。

しかし、清康は守山の陣にて命を散らすことになる。敵と戦っての討死ではなく、味方に殺害されてしまうのだ。松平家譜代の重臣に阿部大蔵（定吉）という者がいた。大蔵は子の弥七郎に対し「松平信定と懇意であったことから、内通を疑われている」と告げる。十二月五日の夜、守山の陣中で突如、清康の馬が暴れ出し、兵士たちも騒ぎ出す。それを聞いた弥七郎は、清康が父を殺害するために動き出したと誤解。清康の背後に迫ると、これを斬り殺してしまうのであった。清康は享年二十五。弥七郎は、その場で植村新六郎により成敗される。

総大将の突然の死に、松平軍は動揺。三河国に退却していく。これを「守山崩れ」という。清康の死によって、三河国は混迷を極めることになる。清康の子には、千松丸（松平広忠。家康の父）がいたが、十三歳の少年であった。守山崩れの直後、松平信定が岡崎城に入る。信定の奉行人のなかには、清康の旧臣四人もいるので、信定の岡崎入城には、清康旧臣の意向もあったと考えられる。安城松平家、岡崎松平家の融合は、信定の手によって果たされることになった。

しかし、信定は天文六年（一五三七）頃に岡崎城主の地位を清康の弟・信孝に譲っている。さて、清康を殺害した弥七郎の父・阿部大蔵は、千松丸を連れて、国外に逃亡する。主殺しの責任追求から逃れる意味もあったであろう。大蔵らは伊勢国（三重県北東部）や尾張国篠島（愛知県南知多町）に逃れたとする説がある。

その後、彼らは遠江国に入り、更に三河国へ移り（一五三六年）、吉良持広（東条城主）を頼みにするのであった。千松丸らは室（愛知県西尾市）に進軍するが、松平信定方の攻撃により、今橋（愛知県豊橋市）まで退却。最終的には、駿河国の今川義元を頼ることになる。今川氏の後ろ盾があったこと、そして、松平譜代家臣のなかにも千松丸の帰還を望む者がいたこともあって、天文六年六月一日、千松丸は岡崎城に帰還を果たす（信定とは和議が成立）。千松丸は、元服し、広忠を名乗った。吉良持広の「広」を拝領したのである。困難なときに助勢してくれたことや、吉良が足利一門であることが理由であろうか。

広忠は、天文十年（一五四一）頃、水野忠政（三河国刈谷城主）の娘・於大《おだい》と結婚する。そしてその於大は、翌年（一五四二）十二月二十六日、一人の男子を産む。幼名・竹千代。後の徳川家康の誕生である。

当時、尾張の織田信秀は、三河国まで勢力を拡大してきており、それに対抗する意味合いが、広忠にはあったのだろう。また、水野家と松平家はかねてより、縁戚関係にあり（於大の叔母が松平清康の父・信忠に嫁いでいた。また、於大の父・水野忠政は岡崎の松平信貞の娘を妻としていた。清康も信貞の娘を妻に迎えていた）、縁戚関係を更に強める意味合いが、広忠と於大の婚姻にはあったはずだ。家康は、当時の御多分に洩れず、政略結婚が産み出したものだったのだ。

家臣による主君（清康）の惨殺、その子・広忠の諸国流浪と岡崎への帰還。呪われたかのような松平家に一筋の光明が差したかに感じるが、再び、思いがけぬ苦難が襲うことになる。ちなみに、清康・広忠と対立していた松平信定は、天文七年（一五三八）に亡くなっている。

松平親忠が創建した大樹寺（愛知県岡崎市）

祖父である清康が当主の座を受け継いだ安城城跡（愛知県安城市）

第2章　人質から三河国大名への道のり

なぜ今川・織田の人質となったのか？

岡崎城に帰還した松平広忠は、苦難のときに付き従ってくれた阿部大蔵や大久保氏を重用したという。一方で、敵対していた松平信定派の者たちは排除されたようだ。尾張国の織田信秀との対立は深まっており、その対応策として、広忠は三河国刈谷城主（愛知県刈谷市）水野忠政の娘・於大と結婚したわけだが、天文十二年（一五四三）七月に忠政が死去すると、水野氏との関係も変更を迫られることになる。忠政の跡を継いだ水野信元が、今川方を離反し、織田方への協力を明らかにしたからだ。これにより、広忠は、於大（家康の母）を離縁する。於大は、刈谷に帰されることになったので、家康は幼くして実母と生き別れになるのであった。

広忠は、天文十四年（一五四五）には、三河国田原城主・戸田康光の娘・真喜姫と再婚している。しかし、広忠の内政・外交姿勢に反発する勢力もいて、叔父・松平信孝（清康の弟）や、酒井忠尚がその急先鋒となった。彼らは、尾張国の織田信秀と結び、広忠のもとを離れた。更に信孝は、駿河の今川義元にも接近をはかっていたようである。ちなみに、広忠と於大の婚姻は信孝が主導したとの説も存在する。広忠は信孝を追放するが、そのことも於大を離縁（水野氏との同盟関係の終了）したことと関係しているのかもしれない。

広忠は戸田康光と結んだわけだが、戸田氏は今川氏とも敵対関係にあった。戸田氏は、三河国宝飯郡（愛知県豊川市）の豪族・牧野氏（今川氏に帰属）と領土紛争（三河国今橋領をめぐるもの）を抱えていたからだ。戸田氏と同盟を結んでしまった広忠は、今川氏と敵対する立場となる。天文十五年（一五四六）十一月、今川氏は、戸田氏が籠もる三河国今橋城を攻撃。翌年（一五四七年）六月頃にはこれを落とす。今橋城（愛知県豊橋市。吉田城とも呼ばれる）は、牧野氏によって築かれたものだが、戸田氏が城主となることもあり、争奪戦の対象となっていた。順調に見える今川氏だが、田原城（愛知県田原市）の攻略は失敗に終わる。

一方、松平領国には、尾張の織田信秀が天文十六年（一五四七）に来襲。安城城（愛知県安城市）を攻め落とす。岡崎松平氏の本城・岡崎城にも織田勢の手は伸び、同年九月には陥落してしまう。織田氏による三河侵攻は、今川氏と談合のうえとの説もある。つまり、この頃は、織田氏と今川氏は連携していたのである。広忠の叔父・信孝はその頃、駿府にいたようなので、広忠に対抗するため、なんらかの工作をしていた可能性もある（織田と今川を結び付けようとしたか？）。広忠は、信孝と対抗するために、戸田氏と結び、織田・今川を敵に回したのだろうが、その代償は大きかったと言わざるを得ない。

さて、徳川家康は、幼い頃に他家（織田氏や今川氏）の人質となり、苦労したという逸話は有名であるが、人質になった経緯はこれまでは次のように語られてきた。窮地に立った広忠が、助けを求めたのが、駿河今川氏であった。今川義元は、その見返りとして、人質を出せと要求。幼い竹千代（後の徳川家康）が人質として、駿府へ送られることになる。ところが、護送途中に立ち寄った田原にて、松平と縁戚関係にある戸田氏が裏切り、竹千代を強奪。竹千代は織田信秀のもとに送られる。これが、竹千代が織田氏の人質となった経緯（通説）とされてきたものである。

しかし、戸田氏の裏切りにより、竹千代が織田の人質になったとする同時代史料は、現在のところ存在せず、通説は疑われている。竹千代が織田の人質になったのは、岡崎城が織田に攻められ、広忠が降伏したときだと言うのである。つまり、広忠は織田氏への降伏の証《あかし》として、我が子・竹千代を人質に差し出したのだ。今川氏のもとに、竹千代を送るつもりは、広忠にはなかったと言えよう。

三河国内においては、織田の勢力が拡大することになった。これに焦ったのが、田原城（戸田氏）の攻略に失敗した今川氏である。一度は連携した織田と今川氏ではあるが、対立関係になっていく。その対立のなか、松平広忠は今川氏に擦り寄り、織田方と対決する。天文十七年（一五四八）三月の小豆坂《あずきざか》合戦（愛知県岡崎市）においては、広忠の軍勢は今川氏の先鋒となって活躍。今川の軍勢は、織田信秀軍を破る。広忠は余勢をかって、自身に歯向かう者を討伐する。同年四月には、叔父・信孝の軍勢と戦い、信孝を戦死にまで追い込んでいる。松平家の内部抗争が落ち着き、明るい展望が見え始めた矢先、広忠が突然死する（一五四九年）。享年二十四。病死という説もあるが、家臣・岩松八弥が村正の脇差で広忠を刺し、殺害したとの説（殺害動機は不明）もある。

ちなみに、広忠の父・清康も、村正の刀によって斬りつけられ死去したとの逸話もあり、村正は徳川家に仇《あだ》なす妖刀との伝説が生まれる根拠になっている（俗説であろうが）。親子二代にわたって家臣により殺害されたか否かは別にして、当主が二十代の若さで相次いで亡くなったのは、松平家にとって不幸だったと言わざるを得ない。

しかも、広忠が死去したとき、嫡男の竹千代は、尾張国の織田信秀のもとにあった。松平家は当主と嫡男不在という二重の危機に陥ったのである。「どうする？　家康」と言いたいところだが、この頃、家康はまだ六歳であり、自身の力では、どうすることもできない。松平家の危機は、松平家臣によって乗り越えられていく。松平家臣は、駿河国の今川氏に助けを求めた。

今川軍は天文十八年（一五四九）十一月、三河に進軍し、織田の手に落ちていた安城城（城主は、織田信秀の子・信広）を奪う。信広は捕虜となった。ここで人質交換がなされる。今川の手にある信広と、織田の手にある竹千代が交換されたのだ。しかし、竹千代は岡崎城に戻ることを許されず、今川氏の本拠の駿府（静岡県静岡市）に送られたという。少年時代の家康が駿府にいたことは有名であるが、すぐには駿府に行かず、吉田城（愛知県豊橋市）にいたという説を唱える人もいる（家康が駿府へ赴くのは元服時だという）。しかし、『三河物語』には、竹千代は七歳から十九歳まで駿府にいたとある。このような大事なことを大久保忠教が間違うであろうか、もしくは創作するであろうか（家康がずっと駿河で人質生活をしていたとされるのは、他の人質とは異なり、駿河で英才教育を受けたことをアピールしたいがための創作であるという）。

大河ドラマでは描きづらい人質生活

天文十八年（一五四九）十一月、尾張国・織田信秀の人質となっていた竹千代（後の徳川家康）は、人質交換によって、駿河の今川義元のもとに赴く。ちなみに、尾張にいた頃（一五四七～一五四九）の竹千代は、清洲城内ではなく、熱田の豪族・加藤順盛の邸に預けられていたようだ（その後、名古屋の万松寺に移されたとの説もある）。

家康の実母・於大の方は、広忠（家康の父）と離縁して後、尾張国知多郡阿古居《あぐい》（阿久比）の豪族・久松俊勝（織田方）に嫁いでいた。熱田は、阿古居に近いということもあり、於大は、使者を遣わし竹千代に差し入れをしていたという。想像ではあるが、家康が熱田に預けられたのは、そうした配慮もあったのかもしれない。

織田人質時代の竹千代にまつわるエピソードとして、ドラマなどではよく織田信長（信秀の子）との交流があったかのように描かれている。信長は天文三年（一五三四）の生まれであり、竹千代が織田にいる頃は、十三歳から十五歳。元服し、初陣《ういじん》も果たしている（一方、竹千代は四歳から六歳の頃に織田の人質となっていた）。信長が竹千代に会いにくることは容易《たやす》いだろうが、この頃の二人に交流があったとする史料は残されていない。後に同盟を結ぶことになる両者。少年期に知り合っていたとするほうが、ドラマチックではあろうが、史料はそのことを語ってはいない。

二年間の織田での人質生活を終えた竹千代は、今川氏の本拠・駿府へ移る。最初、竹千代は少将宮町（現在の静岡市葵区紺屋町）に住み、於大の方の母・華陽院によって養育されたという。手習い（文字を書くこと）を教わるなどしたようだ。竹千代に従い駿府まで来た松平家臣（酒井正親・内藤正次・天野康景・石川数正・阿部正勝・平岩親吉・野々山元政など）もおり、それなりに賑やかな駿府での生活ではなかったか。家康の人質時代というと、独りぼっちで寂しくとドラマ等では描かれがちであるが、そうでなかった可能性が高い。

また、竹千代は今川義元から邪険に扱われていたわけではない。その逆である。一説によると、今川義元の右腕である禅僧・太原雪斎《たいげんせっさい》が竹千代の学問の師匠となったと言われる。人質生活と聞くと、暗くジメジメしたイメージがあるかもしれないが、決してそうではない。竹千代の事例を見てもわかるように、恵まれていたと言えよう。

もちろん、それは人質を迎え入れる側（この場合は今川氏）の意図や長期的戦略もあってのことであろう。つまり、慈愛をもって人質に接することにより、その人質が長じて後、そのことを恩義に感じて、忠節を尽くしてくれることを期待する思いもあったであろう。

天文二十四年（一五五五）三月、竹千代は元服し「次郎三郎元信」を名乗る。「信」の字は、信光や信忠のように、松平家当主のなかで使用されてきた文字（通字＝祖先から代々伝えてつける文字）である。「元」の字は、今川義元から「元」の字を頂いたのだ（これを偏諱《へんき》を賜《たま》うと言う）。「次郎三郎」というのは、父・広忠も、祖父・清康も使っていた称号であり、これまた松平家当主を表すものであった。

ちなみに、元信は、弘治四年（一五五八）頃には「蔵人佐元康」と改名している。「元」の字は今川義元の「元」である。「康」の字は、祖父の清康の「康」をもらったと考えられる。「徳川家康」という名乗りはまだ登場してこないが、今川人質時代の家康には、当然ではあるが、常に「松平家」（家と先祖）のことが頭にあったのだろう。

さて、弘治三年（一五五七）正月、元信は結婚している。お相手は、関口義広の娘。後に築山殿と呼ばれることになる女性と結ばれたのである。関口氏は今川氏の重臣であり、今川の一門でもあった。このことから、松平元信も今回の婚姻によって、今川一門に準《じゅん》じる立場となったのだ。これも、かなりの厚遇と見なければならない。

厚遇を受ける元信と対照的であったのが、岡崎の松平家臣だったと言われる。岡崎城には、今川氏から派遣された城代が居座り、思うがままに振る舞ったという。例えば、大久保忠教の『三河物語』には、松平家臣の苦難が次のように描かれる。

「松平家の領地は全て今川家が奪った。よって、松平家臣は扶持《ふち》米が支給されない状態となる。せめて、山中二千石の領地（松平家の本領）だけでも渡してほしい、そうでなければ、譜代の者は餓死してしまう、彼らに扶持をと頼んだが、ついに渡してくれることはなかった。だから、松平家臣たちは、自ら耕作して、年貢米を今川家に納めた。百姓と同じように鎌や鋤《すき》で妻子を養っていたのだ」と。まさに悲惨そのものである。

しかし、悲惨な状態にあっても、松平家を捨てる家臣は多くなかったようだ。中世において、主家が不利になると見限るというのは、一般的なことだった。それをしなかった松平家臣の忍耐力と忠誠心はあっぱれと言うべきだろう。松平家臣の心のうちには（元信様は、いつか岡崎城主となるため戻ってくる。そのときまでは何としても耐え忍ぶ）との思いが深く根を張っていたのではないか。徳川家康の家臣団と言えば、三河武士を中心とした結束の強さが有名であるが、それも今川時代の苦難を耐え忍び、乗り越えたという経験があるからではないだろうか。家康は忠誠心が篤い家臣を持って幸せだったと言えよう。

家康の初陣と桶狭間の戦いの真相

松平元康（後の徳川家康）の初陣は、永禄元年（一五五八）二月のことであった。尾張の織田方に寝返った寺部城（豊田市）主・鈴木重辰の討伐を、今川義元から命じられたのである。初陣は、松平家臣団を率いてのものだった。

『三河物語』によると、寺部城に押し寄せた松平軍は、外曲輪《そとぐるわ》を突破し、放火したうえで岡崎に戻ったという。その後、梅ヶ坪（豊田市）に進軍した松平勢は、敵兵を打ち破り、二の丸・三の丸を焼き払う。広瀬・挙母（何《いず》も豊田市）の城へも押し寄せ、敵兵を討ち取り、城の構えを破壊し、放火する。織田方の諸城を攻撃し、孤立させることに成功したのである。元康の勇姿に松平家臣は感涙にむせんだ。「苦しいなかで育たれ、軍略はどうかとずっと心配していたが、清康様（家康の祖父）の威勢とそっくりになられたものよ」と喜びの涙を流したのである。

初陣の戦功により、山中（岡崎市）の所領は松平家に返還された。しかし、元康は岡崎に帰ることなく、駿府にいて、岡崎領国の運営を担当していた。そうした元康の立場を変える大事件が、永禄三年（一五六〇）に起こることになる。同年五月、今川義元が大軍を率いて、尾張国へ侵攻したのだ。『信長公記《しんちょうこうき》』（信長の家臣・太田牛一が著した信長伝記）は、今川軍を四万五千としているが、さすがに多すぎであり、二万ほどではないかと言われている。

それにしても、今川義元はなぜ大軍を動かしたのか。長らく通説となっていたのが、上洛説である。『信長記《しんちょうき》』（一六一一年に小瀬甫庵《おぜほあん》が執筆）に、義元は天下を取るために挙兵したと記されていたことから、江戸時代以来、上洛説が信じられてきた。ところが、『信長公記』や『三河物語』には、義元が上洛しようとしたとは書かれていない。『信長公記』には、桶狭間《おけはざま》の戦いに至る過程が概ね次のように記されている。

信長は熱田より東方の鳴海城《なるみ》（名古屋市緑区）に山口左馬助を入れていた。ところが、山口氏は、信長に謀反《むほん》心を抱いており、鳴海城に今川方の軍勢を引き入れたばかりか、大高城（名古屋市緑区）や沓懸城《くつかけ》（愛知県豊明市）までをも調略で奪ってしまう。今川義元は、鳴海・大高・沓懸城を守備するため、多数の軍勢を入れ置いた。織田信長もそれに対抗すべく、丹下・善照寺・中嶋・丸根・鷲津（いずれも名古屋市緑区）に砦を築く。今川方の鳴海・大高城を分断し、その動きを封じるために、付け城（臨時拠点）を作ったのだ。今川方としては、鳴海・大高両城を確保するには、何より両城への補給が必要であろうし、点在する織田方の砦を除去しなければならない。

『信長公記』を見ていると、義元出陣の大きな目的はこれではないかと思うのだ（もちろん、順調にいけば、尾張国の制圧も視野に入っていたろう）。永禄三年（一五六〇）五月十七日、今川義元は沓懸（愛知県豊明市）まで進軍する。松平元康の役目は、大高城（鵜殿長照）に兵糧《ひょうろう》を入れる（補給する）ことであった。

しかし、織田方の丸根砦と鷲津砦が行手を遮っていた。そこを松平軍は突破し、兵糧を大高城に運ぶことに成功するのである。これが五月十八日のことだ。翌日、松平軍は、織田の将・佐久間盛重が守る丸根砦を攻める。『三河物語』によると「元康、攻めよ」と今川義元からの命令があったようだ。同書には「生まれつき、気のはやる殿のことなので、すぐに攻めよせる」とあり、元康（家康）のことを、生来のせっかちであると記している。

丸根砦はすぐに落ち、敵の「家の子・郎党はほとんど殺」したとある。鷲津砦も程なく落ちた。織田信長は、清洲城を出て、善照寺砦に入る（善照寺砦へ進軍中に、信長は丸根・鷲津砦が落ちたことを知る。ちなみに、善照寺砦は、前述の五つの砦のなかで最も大きなものであった）。

その頃、今川義元は沓懸城と大高城の間にある桶狭間山で休息していた。五月十九日、正午頃のことである。『信長公記』には、義元は鷲津・丸根砦を落としたことに大満足で、謡《うたい》（能の台詞）を歌ったということである。信長が善照寺砦に向かったことを知った織田方の佐々木勝通と千秋四郎は勇み立ち、兵三百ほどで、今川義元の先陣に突撃し、返り討ちにあう。それを聞いた義元は「我が矛先は、天魔鬼神も防ぐことはできない。満足だ」と述べ、またしても謡を歌ったという。義元がかなり油断していたことがわかる。その気の緩みは、今川方の武将や兵士にもある程度は伝染していたのではなかろうか。

千秋四郎らが討死したことを知った信長は、中嶋砦に向かおうとする。中嶋砦の周辺の道は狭く、しかも移動中の姿が敵（今川方）に露《あら》わになってしまうとして、織田の武将は信長を止めようとするが、信長はそれを振り切り、中嶋砦に向かう。このとき、信長軍は二千に足りない兵数だったという。信長は中嶋に着くと、更に先に進もうとするので、家臣は縋り付いてこれを止めようとした。すると信長は家臣らに次のように言い聞かせたのである。

「今川の武者は、夜通しで大高城へ兵糧を運び、鷲津・丸根砦攻めを行い、疲れ切っている。我らはそうではなく、新手《あらて》の兵。小勢だからといって、大敵を怖れるな。勝敗の運は天にあり。敵が攻撃してきたら退き、敵が退いたら攻めよ。敵を圧倒し、突き崩せ。分捕り（敵の首や武器を奪うこと）するな、切り捨てにするのだ。ひたすら励め」（『信長公記』）と。

しかし、信長が今からぶつかろうとしていたのは、鷲津・丸根砦攻めで疲弊した兵たちではなかった。朱色の鎧《よろい》を着けた武者を率いて、大高城に兵糧を運び入れ、丸根砦を攻略した松平元康（家康）の軍勢は、疲れをとるために、大高城で休息していたからだ（『信長公記』）。信長が戦おうとしていたのは、それこそ「新手」の今川兵だったのである。

信長が山際まで兵を進めたとき、凄い勢いでにわか雨が降ってきた。大きな楠《くすのき》が吹き倒されるほどの風雨であった。「熱田大明神の神軍」ではないかと思わせるような風雨は、暫くして収まる。それを見てから、信長は「それ、かかれ」と全軍に突撃を命じたのだ。巷間《こうかん》よく言われたような迂回・奇襲攻撃（甫庵『信長記』）ではなく、信長は正面から堂々と攻め寄せたことが『信長公記』からわかる。

『三河物語』は桶狭間の戦いを「敵の徒歩の兵は早くも数人ずつ山に登りはじめるので、義元軍はわれ先にと逃げ出した。義元はそんなことも知らずに弁当を食べていた。油断をしておいでになるうえに、土砂降りの雨であった」と記す。そして、信長が「三千ほど」で攻めかかると、今川軍は我も我もと敗退し、義元は毛利新助により討ち取られたというのだ。逃げるところに追い討ちをかけられ、多くの者が死んだという。

大軍（今川）が少数軍（織田）になぜ敗れたのか？　これも昔から議論の対象となってきたことだ。迂回・奇襲攻撃でなかったとすれば、尚更、疑問として残る。その疑問を解消するために、さまざまな説が提示されてきた。織田軍は二千から三千よりもっと多かったとする説。江戸時代初期に編纂された軍書『甲陽軍鑑』の記述を基に、今川軍が乱取り（略奪）をしている最中に、織田が攻め寄せてきたのではとする説。しかし、先ず『甲陽軍鑑』は事実誤認が多いとして、史料として使うには問題視されている。

『信長公記』や『三河物語』という比較的信用できる史料から考えてみると、今川の大軍の敗因は、一つは油断があったのではないか。そして、二つ目は、土砂降りの後に攻撃を受けたということもあるだろう。もの凄い雨は、人間の心を掻き乱すし、地面に泥濘《でいねい》を生み、動きにくい状況を作ったはずだ。また、大軍といっても、全てが戦闘員ではなかっただろう。前述したようなことが重なって、信長の攻撃により、混乱状態に陥り、脆《もろ》くも今川軍は崩れ、敗退していったのではないか。

『三河物語』は、「元康が殿《しんがり》（敗退する味方の最後尾で敵を防ぎ戦う）をしていたら、これほどの大敗北にはならなかっただろう」と記しているが、元康が桶狭間に在陣していたとしても、結果はそれほど変わらなかったようにも感じる。最悪の場合、元康も討ち取られていた可能性もあろう。「大高城の番を元康に命じていたのが、今川義元の運のつき」と『三河物語』は言うが、元康にとっては幸運なことだったかもしれない。

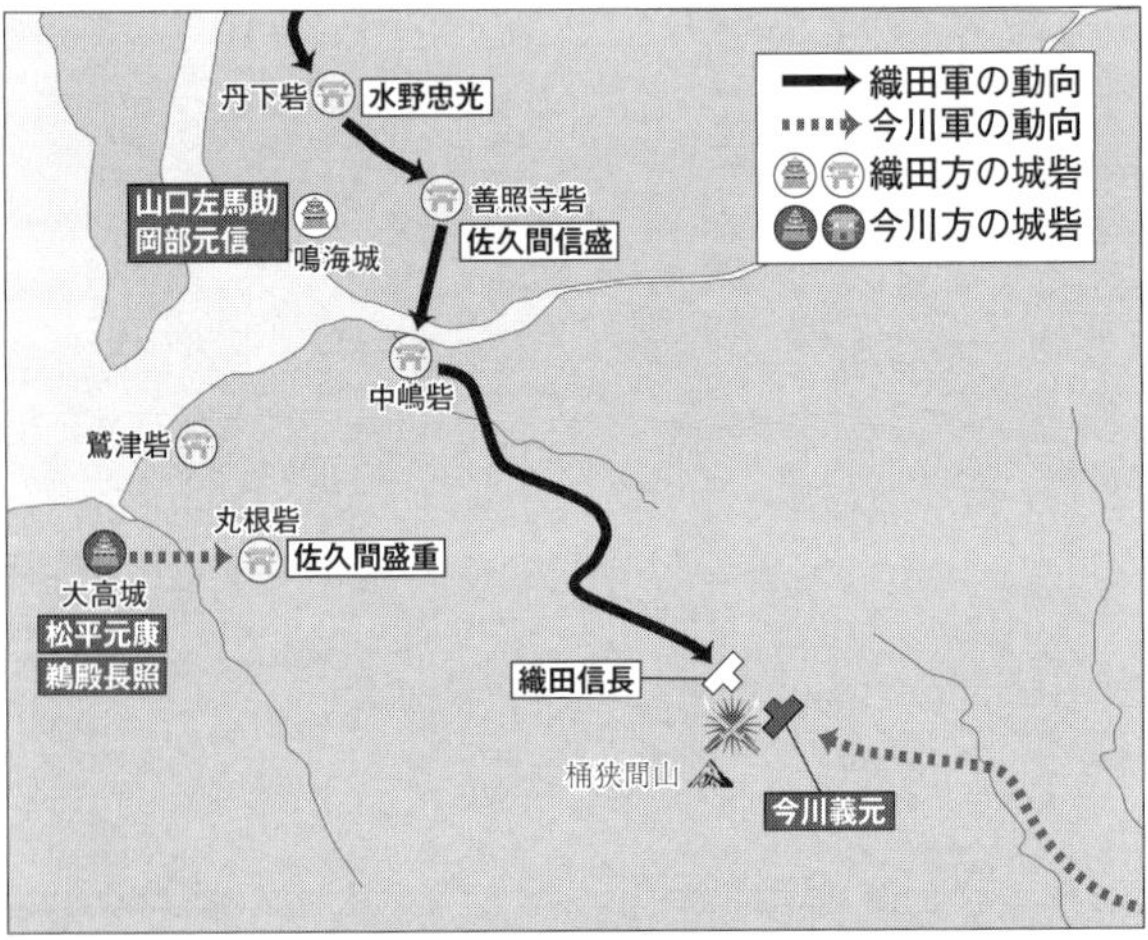

1560年5月19日。織田信長が今川義元を打ち破った「桶狭間の戦い」。家康（元康）は今川方として参加していた。

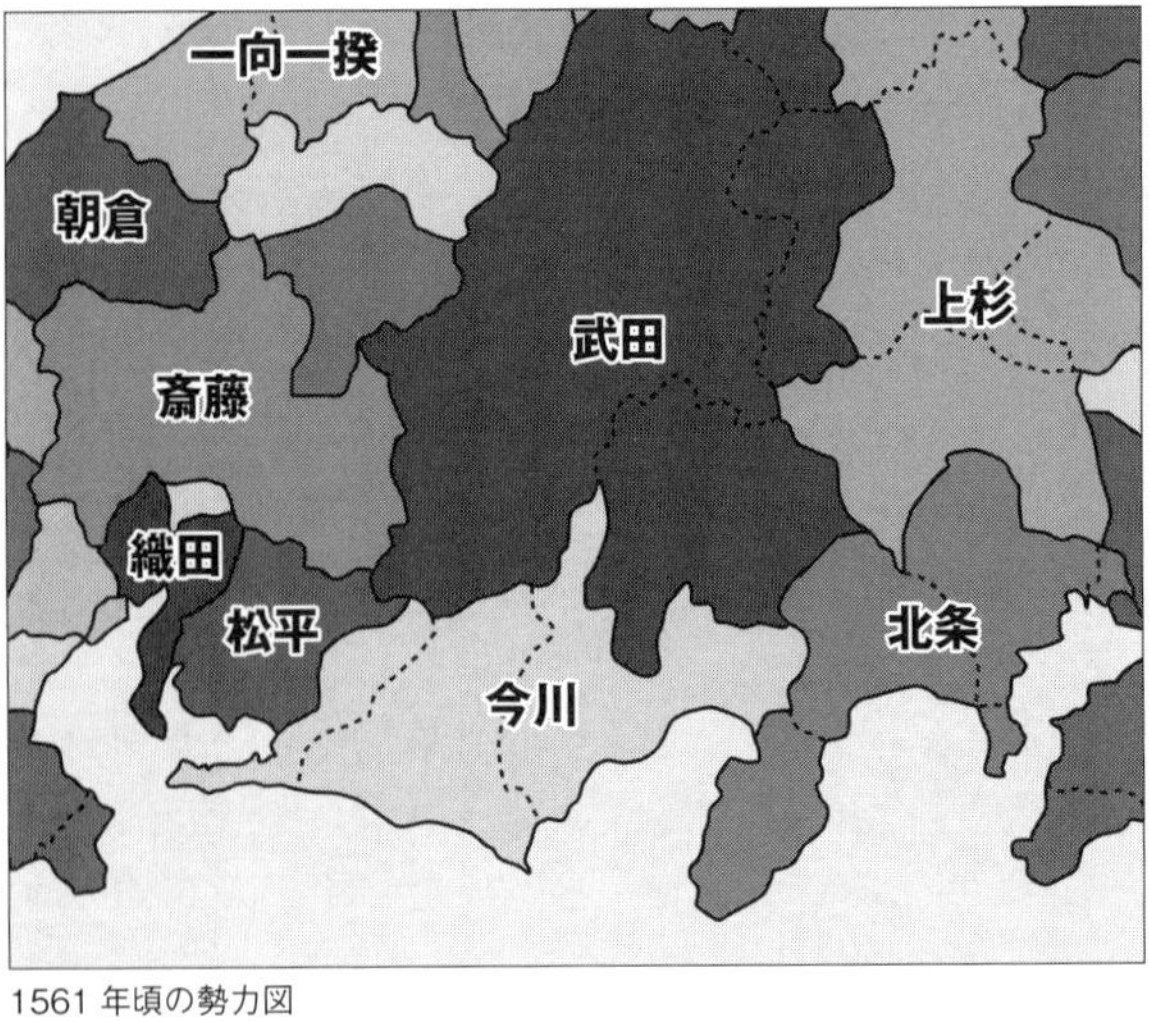

1561年頃の勢力図

織田信長との同盟を選んだ理由

永禄三年（一五六〇）五月、桶狭間の戦いにより、今川義元は尾張の織田信長に討たれた。松平元康（家康）は、主君・義元戦死の報をどのように受け入れたのだろうか？

『三河物語』から見てみよう。義元が戦で死んだことは、大高城（名古屋市緑区）にいる元康のもとにも入ってきた。元康の周りにいた家臣たちは「すぐに、ここを引き払ったほうが良いでしょう」とアドバイスしたという。ところが、元康は「義元様が戦死されたとしても、まだどこからも確実な報は入っていない。城を開けて退いた後で、義元様の戦死が嘘であったならば、再び、義元様に顔向けできようか。また、人の笑い話の種になるであろう。そうなったならば、生きていても仕方がない。よって、確実な情報が入るまでは、絶対に退却はしない」と言明する。

家康の性格を表現した有名な句「なかぬなら鳴くまで待よ郭公《ほととぎす》」（江戸時代後期に平戸藩主・松浦静山が記した随筆集『甲子夜話《かっしやわ》』に記載）を彷彿《ほうふつ》とさせるような慎重さである。そうしたところに、元康の外伯父・水野信元（家康の母・於大の方の異母兄）の使者・浅井道忠がやって来て「義元は戦死した。明日にも信長の軍勢がここに押し寄せよう。今夜のうちに用意して、早く退却されよ」と伝達するのだ。水野氏は織田方であったが、於大の方との縁により、敵である元康に退却するように知らせてやったのだろう。慎重な元康も義元戦死を信じ、大高城から退く。元康らが向かったのは、岡崎であった。

岡崎城には、まだ今川の将兵が残っていた。彼らは、岡崎城を元康に引き渡して退却したいと考えていたようだが、『三河物語』によると、元康は「今川氏真《うじざね》（義元の後継者）に義理をたてて、辞退して」なかなか引き受けなかったという。元康らは松平家の菩提寺・大樹寺（岡崎市）に入っていた。すると、程なくして、岡崎城の今川勢は、城を開け放ち、退却していく。城は無人となったので「捨て城ならば拾おう」と、元康はついに父祖の城・岡崎城に入るのである。

松平家臣たちは、当然、大喜び。「獅子猿のような奴ら（今川方）に腰を低くし、這いつくばってきたのも、一度は主君をこの城にお入れしたいがため。御主君（元康）は、六歳の時、この城を出られ、十九歳にして城に入られた。めでたいことよ」（『三河物語』）と言い、喜びを分かち合ったようだ。『三河物語』は、この話の直後に「そこで駿河と手を切り」と書いてあるが、事はそう単純ではない。

桶狭間の合戦後、今川方が劣勢となり、織田が勢い付いたのは事実である。尾張の大高城や沓懸城からは今川方は撤退、織田方がこれを収めた。その一方で、鳴海城を守る岡部元信のようにすぐには退かず、織田軍と戦をする者もいた。一戦交えて降伏し、城を明け渡すのだが、岡部は信長と交渉し、今川義元の首を貰い受けたうえで、駿河に帰っている。岡部のこの功績を『三河物語』は「立派」「武芸といい、侍の義理といい、譜代の主君への奉公といい、我が国においてはかつてなかった」と幾分、大仰に称賛する。

さて、尾張だけでなく、三河国からも今川方は退却していった。そのため、元康による西三河の制圧は順調に進行する。これは、元康がすぐ今川と手を切り、織田と結んだという単純なものではない。元康は、刈谷（刈谷市）・小河（愛知県東浦町）など、水野信元（織田方。元康の外伯父）の拠点も攻撃しているからだ。元康は更に挙母・梅ヶ坪（豊田市）など尾張と三河の国境付近の城を攻めている。『三河物語』は、その様子を「あるときは挙母の城へ押しよせ、多くを殺す。あるときは梅ヶ坪の城へ戦いをしかけ町を打ち壊す」と記す。簡潔な記述だが、それがまた戦というものの本質を映し出しているように思う。永禄三年中は、元康は未だ今川方として、織田と戦っていたといって良いだろう。

変化が見られるのは永禄四年（一五六一）に入ってからだ。この年の四月頃には、今川氏真をして「岡崎逆心」(鈴木重時宛て、今川氏真の書状)と言わせるような、元康の叛逆《はんぎゃく》が露わになってくるのである。永禄三年五月から、永禄四年四月まで、一年に近い年月があるのに、元康は一度も駿府に行った形跡がない。駿府には、元康の邸もあり、なにより妻子（築山殿と信康）がいたにもかかわらず。それをもって、永禄三年下半期の段階で、元康は心情的には今川を見限っていたと言えるかもしれない。

この頃の元康は「織田につくとか、今川を裏切る」とかいうよりも、西三河を一刻も早く平定して、自らの地盤固めをしたかったはずだ。そして、永禄四年二月には、敵対していた織田信長と和睦する。この和睦には、刈谷の水野信元の仲介があったとされる。通説では、翌年（一五六二）正月、元康は清洲城の信長のもとに赴き、盟約を結んだとされるが、『信長公記』や『三河物語』にはそのことが記されていない。重要な会見なので、会見が実在したならば、記載するであろう。よって永禄五年正月、元康が清洲を訪問しての「清洲同盟」はなかったはずだ。

その頃には、今川氏との抗争が激化しており、岡崎城を離れることはとてもできなかったということも「清洲同盟」非実在説を補強するものである。信長と和睦した後、永禄四年四月に、元康は東三河への侵攻を開始する。これが、軍事的に見て、松平元康の今川に対する裏切りであり、今川氏真が「岡崎逆心」と評したような事態の現出である。元康は、西三河を素早く平定し、続いて東三河も平定したいがために信長と結んだのだろう。また、信長は美濃・斎藤氏への攻勢を強めたいと考えていたので、元康と和睦した。両者の思惑は合致したのだ。徳川家康と織田信長――二人の同盟関係は、信長が本能寺で倒れる天正十年（一五八二）まで続くことになる。

【三大危機①】三河一向一揆をどのように収めたのか？

松平元康（家康）は、尾張の織田信長と結び、駿河の今川氏真（義元の後継者）に反旗を翻した。永禄四年（一五六一）四月頃から、東三河への侵攻を開始したのだ。元康は西郡上之郷城（蒲郡市）の鵜殿長照を攻め、永禄五年（一五六二）には、長照を討つ。長照の子二人を捕虜にしたこともあり、駿府にいた元康の妻（築山殿）子（信康と亀姫）との「人質交換」が行われることになった。長照の母は、亡き今川義元の妹であり、長照は今川氏真と従兄弟の関係にあったからだ。妻子を取り戻した元康は、安堵したろう。

今川からの離反が進む一方で、元康は織田信長との連携を強化する。信長の次女・徳姫と、元康の長男・竹千代(後の信康)との婚約が成立したのだ(一五六三年)。この永禄六年(一五六三)には、三河統一もあと一歩というところまで、元康は迫っていた。しかし、そんな元康に危機が訪れる。三河国で一向一揆が勃発したのである。

三河一向一揆（一五六三年）は、武田信玄との三方ヶ原《みかたがはら》の合戦（一五七三年）、本能寺の変直後の伊賀越え（一五八二年）と並んで「家康三大危機」の一つと言われている。その大きな危機を元康がどのように乗り切ったのかを見る前に、一向一揆とは何か、そして、なぜ三河で一揆が起こったのかを見ておこう。

まず、浄土真宗（鎌倉時代初期の僧・親鸞が開祖）本願寺派の門徒たちが中心となり起こす一揆が「一向一揆」である。本願寺派は、蓮如（一四一五〜一四九九。室町時代の僧）の精力的な活動によって、教団が拡大された。蓮如は、北陸を中心に布教した後、京都に山科本願寺、大坂に石山本願寺を創建し「本願寺中興の祖」とも呼ばれる人物だ。

蓮如は一時、三河にも立ち寄ったとされるが、三河もまた蓮如の活動期間中に、本願寺派の寺院が建立されたり、拡大している。本願寺派の僧侶たちは、世俗の権力者に従わないということが度々あり、長享二年（一四八八）には加賀国守護の富樫政親を滅ぼし、加賀を本願寺法王国としたことは有名である。

一向宗（浄土真宗）の門徒には、農民や非農業民（職人など）が多かったとされるが、武士もいた。そのことが、松平の家中を二分し、元康を危機に陥らせることになるのである。では、なぜ三河で一向一揆が起こったのか。『三河物語』には「野寺（浄土真宗の寺院・本證寺。安城市）

の寺内に悪者（犯罪者か）がいたのを、酒井雅楽助（正親）が押しこんでつかまえた」ことが発端だったと記されている。不入権（課税や外部権力の立ち入りを拒否できる権利）を犯したことが理由だというのだ。

また、『松平記』には、元康の家臣（菅沼氏）が上宮寺（真宗寺院。岡崎市）に踏み込み、干籾を兵糧として奪ったことが一揆の要因だと記している。いずれにしても、元康側が寺院の不入特権を否定しようとしたことが要因だという。このことから、元康側が本願寺系寺院が持つ権益（水運や商業）を得たいがために、意図的に一揆を誘発したのではないかとする説もあるほどだ。

しかし、三河国統一を目前に控えた時点で、元康がそのような危険な行為をするか疑問である。一揆は仕組まれたものというよりは、兵糧米の徴収等に絡み、偶発的に起こったものと見るほうが自然ではないか（永禄の飢饉や、戦に明け暮れる家康の状況も関係があるかもしれない）。

三河一揆が元康にとり、やっかいだったのは、松平家臣のなかにも門徒（信者）が多く、自らに叛《そむ》いたからである。一族をあげて一揆に加わる渡辺氏のような例もあれば、一族が敵味方に分かれる場合もあった。後者の事例としては、本多氏が有名だ。後世、家康の謀臣として名高い本多正信は、このときは一揆方に付いた。剛毅な性格から「鬼作左」と恐れられた本多作左衛門重次や、徳川四天王に数えられる本多忠勝は、元康方であった。石川氏のなかでも分裂は起こり、石川数正は元康に味方したが、石川重康や正俊は一揆に与《くみ》した。本多忠勝や石川数正らのように、元康が幼少の頃から近くに仕えていた者が、元康方になっている。

一族のなかでも嫡流《ちゃくりゅう》の者が元康方になったとする見解もある。松平譜代の重臣・酒井忠尚は一揆方に属した。忠尚は元来、今川に心を寄せるものであった。三河で一揆が勃発すると、元康に一時は従っていた豪族たちも、再び背《そむ》くようになる。東条（愛知県西尾市）の吉良義昭なども その一人であった。八ツ面城（西尾市）の荒川義広や、六栗城《むつぐりじょう》（愛知県幸田町）の夏目吉信らも元康に背き、駿河の今川方と手を結ぼうとする。

家臣団だけではなく、松平庶流家の者たち（桜井松平の家次、大草松平の四郎）も一揆に加わった。こうして見てくると、元康が対応を誤れば、彼がこれまで築きあげてきたものが全て無になる可能性もあったと言えよう。

家中を割る騒動に、元康はどう対応したのか？　一揆方との全面対決を選んだのである。『三河物語』は永禄六年（一五六三）正月に、門徒衆が集まり、土呂（本宗寺。岡崎市）、針崎（勝鬘寺。岡崎市）、野寺（本證寺。安城市）、佐崎（上宮寺。岡崎市）に籠もり、一揆を起こしたと記す。同書によると、一揆勢は主に土呂・針崎・佐崎に立て籠もったという。戦いは各所で見られたが、矢作川の東・六栗に城を構えた夏目吉信（一揆方）は、深溝松平の伊忠《これただ》（元康方）によって攻められていた。伊忠側が優勢になり、夏目は蔵のなかに籠もるほど追い詰められてしまう。

そうしたところで、元康（家康）は伊忠に使者を遣わし、伊忠の戦功を称賛したうえで、夏目は憎いが籠の中の鳥同様になったのだから許してやってはどうかと提案。伊忠は最初、納得できないと不満を漏らすが、最終的には、お言葉ならば仕方ないと矛をおさめた。この元康の処置をみて、人々は「許されるはずもない夏目を許したことは、なんと慈悲深い」と感動したという（『三河物語』）。元康のこうした対応は、一揆勢への揺さぶりであったかもしれない。抵抗しても、場合によっては許されることを示したのだ。

さて、永禄七年（一五六四）正月十一日には、土呂・針崎・野寺の一揆勢が、上和田砦（岡崎市）に押し寄せる。この砦には、大久保一族が籠もっていた。一揆勢が攻め寄せて来ると、砦の者は矢倉に登り「竹筒の貝」を吹いたという。その音を聞いた岡崎城の元康はすぐに馬に飛び乗り、先頭に立ち、砦に駆けつけた。元康の姿を見た一揆の者たちは、バラバラになって逃げ出したそうだ。敵の大将が怖いというよりは、これまで仕えていた主君に槍を向けるのが忍びなかったのだろう。

『三河物語』には、元康が戦場に駆けつけると逃げ出す一揆勢の姿が何度も描かれている。こうした有様であったので、各所で攻防が繰り返されたとはいっても、戦況は元康に有利に展開した（永禄六年十月には、吉良義昭が籠もる東条城を攻撃し、十二月までにはこれを攻略していた）。

ついに一揆方から和議の話が出てくる（一五六四年二月頃か）。一揆方は「敵対したことをお許しください。また、寺も以前のように置いてください」と提案してきたという。元康は「和議を結ぼうとする者の命は助け、寺も元のままとするが、一揆の首謀者は処罰する」と返答。一揆方は「他の者（首謀者のことか）もお助けください」と主張したので、そこで和議は一時、中断する。そこで、大久保忠俊（元康方）が元康を「首謀者も助命してください。彼らを助けたら、我が軍は増えましょう」と説得し、和解に至ったという（『三河物語』）。

元康は、一揆参加者の赦免《しゃめん》や、寺内の不入特権の保証をそのときには約束したが、一揆が解体すると、それを葬り去る。本多正信・正重兄弟、渡辺秀綱らは追放された。また、元康は土呂・針崎・佐崎・野寺の堂塔を破壊しようとする。更には、一向衆徒に宗旨変えを迫ったのである。「以前と同じようにするとの約束では」と衆徒が文句を言うと「以前は野原だったのだ。以前のように野原にせよ」（『三河物語』）と言い、元康は真宗寺院を破壊していく。これが三河一揆の顛末《てんまつ》である。

三河一向一揆

元康(家康)側

本多　重次
　　　忠勝
石川　数正
大久保忠俊
　　　忠勝
　　　忠世
松平　親乗
内藤　信成
鳥居　忠吉
榊原　忠政
平岩　親吉
青山　忠重
など

一揆側

本多　忠信
石川　重康
　　　正俊
酒井　忠尚
吉良　義昭
夏目　吉信
松平　家次
　　　四郎
など

家康の生涯における三大危機のひとつ。家臣のなかにも一向宗の門徒がおり、一族が敵味方に分かれて戦った。

一揆方の拠点となった本證寺（愛知県安城市）

「徳川家康」の誕生――改姓の謎に迫る

家康三大危機の一つと言われる三河国一揆。これを永禄七年（一五六四）の春までに制圧したことによって、以降、元康は東三河への侵攻を再び始める。

元康は前年（一五六三）、自身の嫡男・竹千代（後の信康）と、尾張の織田信長の娘・徳姫との婚約を成立させたが、もう一つの、決断をしている。元康という名を「家康」に改めたのである（一五六三年七月六日のことか）。元康という名は、その頃には既に敗死している駿河の今川義元の「元」の字を頂いて付けていた名前だ。その「元」の字を捨てたということは、今川との訣別をより一層、鮮明にした。

では「家康」の「家」という字は、何に由来するものなのだろうか。松平家の歴代当主の実名には「信光」「親忠」「清康」「広忠」などの名はあるものの「家」の文字は見えない。永禄九年（一五六六）、家康は名字（苗字）を松平から徳川に改めているのだが、実はそこにヒントが隠されている。

徳川という名字の由来がどこにあるかというと、清和源氏の流れを汲む新田氏の庶流「得川氏」からきている。松平家が、新田義重の四男・得川義季に系譜上の繋がりがあることを、家康は信じていた。徳川に名字を改めたのも、家康が自らのルーツを源氏（清和源氏）に求めていたからだ。家康がまだ元康と名乗っていた時代の古文書が残されているが、そこには（例えば永禄六年五月九日の文書には）「源元康（花押《かおう》）」と記されている。このことからも、家康が自らの血統を源氏と信じていたことが窺えるだろう。

話を「家」の字の由来に戻すと、家康は、平安時代後期の武将で、清和源氏の本流の祖と言われる「源義家」の「家」の字をもらったと考えられている。家康は永禄九年十二月に、朝廷から従五位下・三河守に任命される。ちなみに、「従五位下」以上の位階を持つ者が貴族とされた。そして、この従五位下に叙位されることを叙爵《じょしゃく》といった。貴族の身分に連なることを意味したのである。

家康は「従五位下・三河守」という官位が欲しくて、朝廷に申請するのだが、直に頼んだわけではない。慶源という京都・誓願寺の僧侶を通して、関白・近衛前久に叙任申請を頼んだのだ。慶源は、誓願寺（浄土宗）住職・泰翁慶岳《たいおうけいがく》の弟子である。泰翁慶岳は三河岡崎の出身であるとされ、朝廷や室町幕府とも繋がりがあった。慶岳は以前より、家康と京都（例えば将軍家）を繋ぐ役割を果たしていた。

永禄四年（一五六一）三月二十八日、室町幕府十三代将軍・足利義輝は、書状を慶岳に書いているが、そこには次のようにある。「この度、飛脚として使う馬を所望したが、松平元康は嵐鹿毛と名付けられた馬一疋《いっぴき》を贈ってきた。これは喜ばしいことだ。比類のない働きに、驚いている。尾張の織田信長にも、馬を所望したが、未だ贈ってはこない。そうしたところに、松平氏の素早い対応は感心である」と。ちなみに、将軍・足利義輝への献馬は、今川氏真は六月、信長は十二月に行っている。そうしたことを思うとき、三月の段階でいち早く馬を将軍に献上している家康の対応は注目される。

家康は室町将軍の信頼を勝ち得たわけだが、その裏には、京都の情勢に通じた慶岳の情報提供や尽力があったと推測できる。そういった縁もあって、家康は「従五位下・三河守」の件についても、慶岳に相談したのだろう。しかし、慶岳は当時、三河国にいて、自らが京都に出向いて交渉することができない。そこで、弟子の慶源がその役割を代行することになったのだろう。慶岳―慶源ラインが頼ったのが、関白・近衛前久であった。前久が慶岳に宛てた書状には「松平氏は昔、家来であったので、徳川改姓のことについても力を尽くそう」ということが書かれている。朝廷への申請は、武家であるならば、室町幕府の将軍を通して行われるものであるが、永禄八年（一五六五）に十三代将軍・義輝は三好氏らによって殺害されていたので、将軍職は空位となっていた。よって、関白・近衛前久に働きかけることになったのだ。

前久は動いたが、正親町天皇は、氏素性のはっきりしていない者に「従五位下・三河守」を与えることはできないと当初、渋っていたようだ。そこで、神祇官の吉田兼右《かねみぎ》が万里小路家《までのこうじけ》にある古い記録から先例を探し出して、紙に写し取って、系図を作成する。その系図は、他には見られない珍しい系図（徳川は源氏であったが、その惣領の筋が二つに分かれ、その一つが藤原氏になったというもの）であったという。その系図は吉田兼右から前久に提出された。そして、前久から天皇にも提出される。そうして、ようやく由緒ある者ということになり、松平から徳川への家名変更と従五位下・三河守の叙任が決定されたのであった。

叙任はただ（無料）で為されたものではない。当然、礼物が必要だった。前久には、百貫文を献上したうえで、毎年銭三貫文と馬一疋が献上されるとの約束であった。しかし、百貫文どころか、実際には二十貫文が進上されただけだったという。馬も随時、献呈されたようだが、年が経つにつれて、徐々になくなっていったようだ。

前久としては「騙された」との思いだったかもしれない。万里小路家から古い記録を探し出して、系図を作成することに功績のあった吉田兼右にも馬を献呈することが約束されていたが、彼が生きている間にはその約束が果たされることはなかった。家康の胸中には、目的を達成したら、後はチョコチョコ払って、うやむやにしてしまおうという魂胆が最初からあったのであろうか。

家康は念願の官位獲得と、名字（家名）の変更（松平家→徳川家）を成し遂げたのだが「氏」

は「藤原氏」となってしまった。これは、藤原氏の代表者（藤氏長者）である近衛前久に、仲介を依頼したこととも関係していようが、かねてより「源氏」を名乗ってきた家康としては、残念であったろう。家康が源氏に「氏」を変えるのは、天正年間まで待たなければならない。

家康が、従五位下・三河守という官位を求めたのは、三河一国の平定が進んでいたこととも関係しよう。三河には、足利一門の吉良家など名族がいた。また、近隣には、清和源氏の流れを汲む今川氏や武田氏も存在した。今後、そうした勢力と対抗していくには、松平家という土豪の立場では限界があった。よって、貴族の身分である「従五位下」と三河一国の国主である「三河守」の称号を求めたのである。「氏」は藤原氏となってしまったが、「源家」の血を引く徳川の名字を名乗れたことと併せて（若干の不満はあったとしても）家康は、一応の成功を収めたとして、得意だったのではないか。

ちなみに、氏というのは、同一の始祖から発した血族全体の呼称である。源、平、藤原、橘などがそうだ。源氏の一族が、足利という土地に所領を有するようになると、彼らは足利を名乗る。これが「名字」であり、所領の地名に由来することが多い。

家康の家臣団はどのように編成されたのか？

松平家・徳川家とその家臣たちとの関係については、江戸時代初期の旗本・大久保彦左衛門忠教がその著書『三河物語』で詳述している。

松平氏の始祖とされる親氏（室町時代の武将）などは、民百姓や非人にも情けをかける慈悲の人であって、その情けは家臣にも当然向けられ、家臣たちは「燃える火のなかにも、ご奉公ならば、飛び入ろう」と想いを強くしたほどであった。親氏は「寒くはないか、暑くはないか」と常に家臣を労わり「近くに来て、膝を崩し、くつろげ」と優しい言葉をかけたという。だからこそ、家臣たちは、命を惜しまず戦いに臨む気構えとなったのだろう。

親氏の子の泰親も、慈悲深い人であり、家臣の信望が厚かったようだ。松平信光も、武勇・慈悲深さとともに、先代に劣らぬ者であり、彼の跡を継いだ子の親忠も「家来・百姓・乞食・非人に情けをかけた」（『三河物語』）当主であった。よって、一大事となれば、百姓までが竹槍を持ち、戦に駆けつけたという。

その後継者の長親も武芸・慈悲に優れ、あの北条早雲率いる軍勢にも引けをとらない戦いをした。ところが、その子・信忠は、突然変異のように『三河物語』では扱われている。彼は「情け深い事績など何一つなかった」と評され、家来も民衆も恐れて、心を寄せる者がいなかったとのこと。侍たちの心もバラバラとなり、ついには、信忠隠居を求める声や、出仕を拒否する者も現れる。「主君を取り替えることなどできない」という家臣と、隠居を求める家臣の声がぶつかり、家中が二分する。これを聞いた信忠は、首謀者を手討ちにしたこともあったようだが、家臣が余りにも従わないので、自ら隠居を決断する。

信忠は、松平家に連綿として継承されてきた三つのもの、一つは「武芸」、二つは「家臣への情け」、三つは「慈悲深さ」を欠く当主とされている。見方を変えれば、前述の三つの要素を兼ね備えた当主こそ、真のリーダーとして、三河武士に仰ぎ見られたのである。それらの要素は、現代のリーダーシップ論にも繋がるものであろう。

さて、信忠は子の清康に家督を譲る。清康は家康の祖父である。清康は『三河物語』によると「背は低かったが、目は澄み、その姿形は立派」だったという。戦にも強く、誰にでも慈悲をかけたそうだ。だから、家臣たちも一命を捨てて、屍を大地に晒した。清康は、自らのお椀で家臣に酒を飲むことを勧め、家臣らが恐縮していると「侍に上下の差はない。許す、飲め」と分け隔てのない態度で接したようだ。

ちなみに、大久保彦左衛門の父・忠員は清康に仕えている。大久保彦左衛門曰く、松平家には「三ご譜代」というものがあり、それは「安城ご譜代」「山中ご譜代」「岡崎ご譜代」の三つとなる。

安城ご譜代とは、松平信光・親忠・信忠・清康・広忠と、昔から代々、松平家に奉公してきた家のこと。山中ご譜代と岡崎ご譜代というのは、清康が十四・五歳のときに攻められ降伏して、従った家臣のことである。清康はまず、山中城を攻撃し、これを従わせたので、山中（愛知県岡崎市）は「山中のご本領」と言われた。

清康は、十代前半で当主の座に就き、戦の日々を重ねた。他人の名誉を傷付けず、家臣を罰することもなく、戦上手でもあったので「清康が三十歳まで生きていたら、天下を容易《たやす》く手に入れられたであろう」（『三河物語』）と評されたほどだ。だからこそ、清康が誤解により家臣・阿部弥七郎に斬り殺されたことは、特に譜代衆にとって残念であったろう。

清康の後は、子・広忠（家康の父）が継いだが、この広忠も『三河物語』によると「慈悲や情け、哀れみ」の心を持った当主だったようだ。その広忠の子が、家康であるが、家康と家臣団との関係については、今後、詳述する機会があるだろう。

徳川家と家臣団との繋がりを考えるうえで、欠かせないのが、酒井家である。酒井家の祖・広親は、松平親氏（松平家の始祖）の子と言われている。つまり、酒井家は松平（徳川家）と親族・同祖ということである（もちろん、同祖説を偽りと捉えることもできようが、『三河物語』

に記されていることでもあり、一概に否定はできないだろう)。

さて、大久保彦左衛門の大久保家は、もともとは関東の豪族・宇都宮氏の庶流(武茂氏)であった。南北朝時代に、三河国に移住してきたという。よって、大久保家は「安城ご譜代」に数えられている。本多忠勝で有名な本多氏は、その先祖は豊後国日高郡本多郷を領していたと言われる。南北朝時代に、尾張国の二つの郡の地頭となり、その後、三河国に移り住んだ。本多氏も「安城ご譜代」の一家である。家康が継いだ松平家には、慈悲深き先祖とその家臣たちとの強い結び付きがあった。そのことは、家康にとって、何物にも代え難い宝物であったろう。

家康の時代に取り立てられた家臣には、榊原康政と井伊直政がいる。榊原康政は、家康が十三歳のときにその小姓となった。榊原家は、元来、酒井家に仕えた家であって、松平家から見たら、陪臣(家来の家来)であった。井伊直政は、今川家の重臣・井伊直親の子として、遠江国・井伊谷に生を受けた。直政が家康に仕えたのは、天正三年(一五七五)と、これまで見てきた他の家臣と比べたら遅い。しかし、直政は小姓から出発し、その忠義と武勇によって、徳川四天王(酒井忠次・本多忠勝・榊原康政・井伊直政)に数えられるまでに出世するのである。

三河国を平定した徳川氏の家臣団編成は「三備」というものであった。これは、東三河は酒井忠次が、西三河は石川家成が中心(旗頭)となって、その下に松平一族や国人衆が置かれるというものである（また、家康の下には、鳥居元忠・本多忠勝・榊原康政・大久保忠世といった旗本武将が配された）。

この頃の徳川氏には、三河三奉行という職が置かれていたという。三奉行とは、高力与左衛門尉清長・本多作左衛門重次・天野三郎兵衛康景のことである。彼ら三人は「仏の高力・鬼の作左・そのどちらでもない天野三兵」と謳われたことで知られている。家臣の個性を見抜き、それをうまく配置したとして「三河三奉行」制は、家康の眼力を示すものとも言われてきた。

ところが、この三河三奉行については、後世の編纂物でしか確認できず、しかもその根拠とされる史料の一つ（永禄十一年＝一五六八年十二月の禁制）には「濫妨《らんぼう》・狼藉」や「山林・竹木の伐採」「押し買い」などを禁ずるとした文言《もんごん》の後に、彼らの名前が連署されているだけである。翌年（一五六九年）三月にも同内容の禁制が出されているが、これだけでもって「三河三奉行制」なるものが誕生していたとするには、根拠が弱いであろう。

同じ時期には、植村氏や天野氏・大須賀氏などが連署した文書も発給されており、奉行人が高力・本多・天野の三氏のみであったとすることはできない。根拠となる新たな史料が続々と発見されたら、話は別だが、現時点においては、三河三奉行は幻想の産物であったと言えよう。

今川氏の人質時代に太原雪斎から教育を受けたとされる臨済寺(静岡県静岡市)

昭和 34 年に天守が復興された岡崎城（愛知県岡崎市）

第3章　強敵・武田信玄にどう立ち向かったのか？

大大名に囲まれた家康の生き残り戦略

東海地方の雄・今川義元が桶狭間で敗れてからの今川氏は、次第に勢威が後退していく。それは、後継者の氏真の資質というよりは、時の勢いというものもあったかもしれない。西三河の豪族たちは、尾張の織田信長になびいていったが、氏真は有効な対策を打てずにいた。

越後国の長尾景虎（後の上杉謙信。以下、謙信に統一）が、小田原の北条氏を攻めるということがあったが（永禄四年＝一五六一）、今川氏は、相模の北条氏、甲斐の武田氏といわゆる「三国同盟」を結んでいたこともあり、共闘のため、対応しきれなかったのだ。とは言え、氏真も手をこまねいていたわけではなく、西三河に軍勢を派遣することもあったが、織田方に通じる豪族を抑えることはできなかった。

永禄六年（一五六三）には、遠江国の領主である飯尾氏・天野氏・松井氏らが離反するという事態も発生。混乱が広がっていき、三国同盟にも綻《ほころ》びが目立ち始める。武田信玄が、織田信長と同盟を結んだのだ（永禄八年＝一五六五）。信長の養女（遠山氏の娘）が、信玄の四男・武田勝頼に嫁いだのである。今川にとって、織田は仇敵。その織田と武田が結んだというのだから、氏真は武田信玄に疑念を持ったに違いない。

しかし、織田と武田の同盟は、武田家の内部に亀裂を生む。今川氏真の妹を妻としていた信玄の嫡男・武田義信は、三国同盟を保ちたいと考えており、信玄の路線に反発したのだ。義信派の武将（例えば飯富虎昌）は信玄に謀反しようとしたが、事前に発覚。飯富は処刑された。義信も幽閉されたが、永禄十年（一五六七）、死去する（自害説もあったが、病死だという）。武田家内部の「今川派」が粛清されたのだ。

こうした武田氏の動きに、今川氏真も対抗する。武田信玄の宿敵というべき越後の上杉謙信と接近を始めたのだ。今川と上杉の接近・交渉は、永禄十年の前半にスタートし、両家の重臣がやり取りをしている。そして、翌年（一五六八）には「両家は裏切りや隠し事はしないこと」「事態によっては謙信が信濃国に兵を出すこと」「信玄が裏切ったときは申し入れをすること」「信玄から計略の手紙が届いたら、必ず報告すること」などが取り決められたようだ。

だが、この今川と上杉の交渉は、信玄に察知されてしまう。永禄十一年（一五六八）、信玄は駿河国に侵攻するが、これは、今川氏真が上杉と通じ「信玄、滅亡の企て」に参画したからであった。もちろん、それだけではなく、信玄の胸中には、遠江や三河の豪族が離反し、弱体化していく今川氏をこの機に攻め、駿河国を手中に収めたいという野心もあったろう。信玄は、駿河を攻める以前から、信長と「駿河・遠江国」のことについても話し合いをしていた。

駿河侵攻は、信長の合意のもとで行われたのだ。永禄十一年九月、信長は足利義昭を奉じて上洛を果たしている。信長と信玄の同盟は、信長にとっては、上洛を見据えてのもの（上洛の際、後背で信玄が蠢動《しゅんどう》することを防ぐ）であったし、信玄にとっては、駿河侵攻を視野に入れてのものだったはずだ。駿河・今川氏を攻めれば、今川と婚姻関係にある小田原の北条氏（北条氏康の娘が、今川氏真に嫁いでいた）が軍事介入してくる恐れもあった。信玄だけで今川を攻めるのは危うい。そこで、信長を通じて、徳川家康との連携が行われるのである。

武田・徳川の間では、武田の駿河侵攻に呼応して、徳川は遠江国を攻めることが事前に取り決められた。信玄は駿河、家康は遠江を取ることが決められていたと思われる。信玄と家康と言えば、後の三方ヶ原の戦いのイメージから、ずっと敵同士と思われているかもしれないが、そうではない。

そしてついに、永禄十一年十二月六日、信玄は駿河への侵攻を始める。信玄は侵攻前に、今川重臣（朝比奈氏、葛山氏ら）に調略を仕掛け、内応を約束させていたようだ。今川氏真は侵攻に抗すべく、自ら出陣するが、家臣の離反により、駿府に引き返すことになる。

武田軍は、調略が功を奏し、十二月十三日に駿府に入った。氏真は駿府の今川館から、懸川城（掛川市、朝比奈氏が守備）に逃れる。奥方（北条氏康の娘）の「乗り物」も用意できないほどの準備不足と慌てようであった。信玄が駿河を攻めると、予想通り、小田原の北条氏が今川方として、参戦してくる。北条氏の参戦により、信玄の駿河侵攻は、当初、目論《もくろ》んでいたより進展しなかった。

さて、信玄と連携していた家康も同年十二月に遠江に攻め入る。家康もまた遠江の豪族への調略を行っており、菅沼氏・近藤氏・鈴木氏などが寝返った。高天神城（掛川市）の小笠原氏も帰服する。家康の遠江侵攻は順調であったが、思わぬところから、横槍が入る。武田方の別働隊（秋山虎繁の率いる信濃衆）が、北遠江に進出してきたのである。武田別働隊は、引間（浜松市中区）に向かう勢いを見せる。

『三河物語』には「大井川を境に、駿河を信玄の領分、大井川を境に遠江が家康の領分と定まっているのに、秋山が出陣してきたのは横車を押すことになる。すぐに引き返されよ」と、家康が秋山に抗議したとある（これにより、秋山は兵を退いたという）。十二月二十三日付の信玄が家康に宛てた書状には「家康の出陣に満足していること」や「懸川城の今川氏真を攻めるべきこと」、そして何より「(武田軍）遠江国へ向かうこと」が堂々と記されている。前述したように、武田と徳川の間には事前の取り決めがあったはずだから、これは信玄による約束違反ともとれる（徳川方は大井川、武田方は天竜川を堺に国分けをすると考えていたために起こった出来事との説もある。また、川を国分けの目安としながらも、武田氏・徳川氏ともに駿河・遠江国を切り取り次第とする、とした取り決めがあったとの見解も存在する）。

家康は信玄に抗議したので、翌年（一五六九）正月八日、信玄は「秋山の信州衆が遠江に在陣していること、これを我が方が遠江国を狙っているとお疑いのようですね。秋山らの軍勢は、我が陣に招きましょう」と秋山の軍勢を駿府に退かせることを言明している。信玄は、当初から「約束違反」をして、駿河の次は遠江に侵攻する意図を持っていたのだろうか。しかし、家康軍による素早い遠江攻略と、北条氏参戦による武田軍の苦境により、信玄の目論みは潰《つい》える。

永禄十二年（一五六九）二月、信玄と家康の間に起請文（誓紙）が取り交わされた。信玄は「いささかも、疑念はありませんが、起請文を交わすことを私が希望したところ、無事に整い、めでたいことです。使者の目の前で血判をしました」と書状（二月十六日）で述べており、信玄方から誓紙を取り交わすことを願い出たこと、それは血判であったことがわかる。

家康の疑念を払い去りたいと思ったのだろう。しかし、いくら誓紙を交わしても、家康は真に信玄を信用することはなかった。それは、家康の以後の対応に如実に現れてくることになる。もちろん、信玄にしても、誓紙など単なる紙切れ、いつかは家康の裏をかき、目的を達成してやると思いを新たにしていたであろう。

今川氏をどのように滅亡させたのか？

永禄十二年（一五六九）一月、徳川家康は、駿府から懸川城（掛川市）に逃れていた今川氏真を攻撃する。城の周りに砦を築き、小笠原氏や久野氏を先鋒にして攻めようとした。小笠原氏・久野氏らは今回の遠江攻めで家康に降《くだ》った武将であった。しかし、久野氏のなかには「今こそ出世の機会ぞ。家康の敵となり、懸川の今川方と共に挟み撃ちにしよう。そうなると、遠江の侍たちも一人残らず家康の敵となるだろう。家康は袋のネズミだ」と、主人の久野宗能に裏切りを勧める者（久野宗憲・宗茂・宗政・宗益など）もいたという（『三河物語』）。

謀反を勧められた宗能は「一度、今川氏真を裏切り、弓をひくのさえ、侍の義理を違えたと赤面しているのだ。そうであるのに、家康を裏切れば、人は後ろ指をさすだろう。私は家康に従う」と述べ、誘いを拒否する。拒否された宗茂・宗政らは「今こそ出世の機会であると助言しているのに、承知しないとは。それなら、主人（久野宗能）に腹を切らせ、義兄弟の淡路（宗益）を盛り立てようではないか。そして家康を囲み、逃すまい」と決意した。

だが、さすがにそこまでは付いていけないとして、久野宗憲と本間十右衛門尉は宗茂らから離れる。二人は不穏な動きをあることを宗能に伝えた。宗能は驚き、家康に援軍を依頼。家康が援軍を差し向けると、宗能は援軍を本城に入れたので、宗能に対する謀反は起こらなかった。

不穏な動きをした宗益は切腹させられ、宗政は追放処分となる。それを見て、家康自ら、掛川に出陣する。天王山に陣を敷き、各所に砦を築く。懸川城から今川勢が討って出てくることもあり、激しい戦が展開された。

『三河物語』には、徳川方の武士たちの活躍が描かれている。椋原次右衛門尉、大久保忠佐が敵を討ち取ったこと、小坂新助という武士は、敵の正面の土塁にまで攻め入って、そこで敵を討ち、無事に引き上げたことが記される。武功により、名を挙げた者は他にもいたようだ。前述の椋原次右衛門尉は、家康に「今日、組み討ちで、敵を討ち取った」ことを言上《ごんじょう》する。すると大久保忠佐が「いいや、今日、手柄をあげた者で、組み討ちで敵を殺した者はおりません。そなたが討ち取った者も、既に鉄砲に当たって、死んで倒れていた者ではないか。その首をとったのだ。今日の手柄は、皆、死人の首ばかりだ」と口を挟む。内藤正成も「今日の手柄は、私を含め、全て死人の首」と言上する。その話を聞いていた人々は「内藤と大久保の言い分は最もだ。両人の性格そのままだ」と言い合ったという。いたずらに武功を誇るのではなく、正直な性格ということだろう。

徳川方の奮闘にもかかわらず、懸川城はなかなか落ちなかった。城は猛攻によく耐えたのだ。一方、武田信玄も駿河に侵攻したものの、小田原の北条氏が今川氏の支援に回ったため、窮地に陥っていた。信玄が頼ったのは、織田信長であった。信玄は、信長を通じて、足利義昭に働きかけ、越後の上杉謙信と和睦を結ぼうとしたのだ。春になり雪解けとなると、上杉氏が信濃方面に進出してくることを、信玄は防ごうとしたのである。

永禄十二年二月には、室町幕府将軍・足利義昭の、武田・上杉両氏に和睦を命じる書状が発給された（和睦はその年の七月頃に成立したと言われる）。四月下旬、信玄は駿府を退き、甲府に戻った。家康も懸川城を攻めあぐねており、今川氏真と和解の道を模索していた。五月上旬、氏真は城を開き、北条氏を頼ることになる。ここに、今川氏は滅亡した。氏真は北条氏を頼るが、その後、家康の庇護《ひご》下に入る。晩年、氏真は品川に屋敷地を与えられて過ごすことになる。品川に屋敷を与えたのは、氏真の話が長いので、家康が煩わしいとしてこれを遠ざけたという説もあれば、港町として繁盛していた地を与えたという説もある。

江戸時代、今川氏は高家（儀式や典礼を司る役職）として、幕府に仕えることになる。家康は、豊臣秀吉によって追放され困窮していた織田信雄（信長の次男）も庇護し、御伽衆《おとぎしゅう》（主君の側近くにあって話相手をする役）として養っている。家康は狸親父として有名であるが、これらのエピソードからは誠実な人柄が窺えよう。

閑話休題。徳川と今川の和睦に武田信玄は不満を露わにし、織田信長に不満を漏らしている

（三月二十三日）。信玄が四月に甲府に退いたのは、この和睦が成立すれば、自身の立場が危うくなると感じたからであった。甲府に戻った信玄は、北条氏に攻勢をかけ、武蔵国や相模国に軍勢を派遣。五月から十月にかけて、北条方の城（十月には小田原城を攻囲する）を攻めたり、今川の旧臣が籠もる大宮城（富士宮市）を攻め、これを攻略（七月三日）したりしている。それは、信玄が再び駿河に侵攻するための布石であった。

第一次駿河侵攻と同じく、北条氏に出てこられては敵わない。そうならないように、武蔵や相模に進出して、北条氏を撹乱、時に撃破したのである。一連の作戦を終え、甲府に帰還した信玄は、永禄十二年十二月、駿河に攻め込む。駿河には、今川旧臣や北条氏の家臣たちが未だ残存していた。蒲原城（静岡市、北条氏信が守備）を攻め落とした信玄の軍勢は、同月十三日に駿府に攻め入る。今川館に籠もっていた岡部正綱は武田に降伏する。翌年（一五七〇）一月二十七日には、花沢城（静岡県焼津市）を攻略。他の城も次々に落とし、駿河の中西部を武田氏の勢力下に収めた。

信長を戦陣で言い負かした家康の説得力

永禄十三年（一五七〇）は、四月に改元され、元亀元年となった。この年の三月、徳川家康は織田信長に従い、上洛している。信長は、家康や北畠具教《とものり》・姉小路《あねこうじ》嗣頼《つぐより》らに「宮中の修理、武家の御用、その他、天下の静謐《せいひつ》」のために上洛を求めてきたのだ。家康にとって初めての京都、彼は都を見て何を感じたであろうか。家康が東海地方を一時的とはいえ、離れたということは、同地方の情勢がある程度は落ち着いていたことを示すものであろう。

四月十四日、信長は都で、将軍・足利義昭の邸宅の修築が成ったとして、観能会を開いている。観世大夫と金春大夫が「張良」「松風」などを舞う。その会には、公家や飛騨国司・姉小路氏、伊勢国司・北畠氏、三好義継、松永久秀ら諸将に交り、家康の姿もあった（『信長公記』）。将軍・義昭は観能の席で、信長に対し「官位を与えよう」と言ったようだが、信長はこれを辞退したという。束の間の平穏の日々、しかし、それはすぐに破られる。同年四月二十日、信長が越前国（今の福井県）の朝倉義景《よしかげ》を討つために出兵したのだ。

『三河物語』には越前攻めについて「信長は金ヶ崎城を攻められた。越前の人々は強かったので、信長もこれは難しいとお思いになり、家康を前線に残したまま、なんの連絡もなく、宵のうちに退却した」と記されているので、家康も従軍していたようだ。

『三河物語』の先の記述では、詳しい事実関係が見えにくいので、補おう。信長の越前攻めは当初は順調であった。険しい山に聳《そび》える手筒山城（敦賀市）を力攻めにして「敵の首、千三百七十」（『信長公記』）を挙げているし、朝倉景恒が籠もる金ヶ崎城（敦賀市）も四月二十六日には降していた。朝倉方も奮闘はしていたが『三河物語』が記すように、勝利していたわけではない。更に軍勢を進めるはずだった信長が、退却を決意したのは、朝倉方が強かったからではなく、北近江の浅井長政が裏切ったという情報が続々と寄せられてきたからだ（長政は信長の妹・お市を娶《めと》っていた）。

信長ははじめ、浅井の裏切りを信じなかったようだが、方々から頻々と「裏切りは事実」との知らせが入るので、ついに袋のネズミになることを恐れて、徹退を決意するのである。『信長公記』には、信長は「金ヶ崎城には木下藤吉郎（後の豊臣秀吉）を残すことにした」と書いてある。殿《しんがり》を秀吉が担ったのだ。『三河物語』にも、このときに秀吉の名が見える。信長は秀吉にはなんらかの指令を出したであろうが、家康には退くという連絡はなかったようだ。

取り残された家康は驚いたことだろう。『三河物語』には、家康は「夜が明けて、木下藤吉に案内させて退却した」とある。好意的に解釈すれば、事前に、信長と秀吉の間で、家康の案内のことも話し合われていた可能性もあろう。このいわゆる「金ヶ崎の退き口」（撤退戦）のとき、家康軍も殿の一翼を担ったとの説もあるが『三河物語』にも『信長公記』にも、そのような記述はない。殿を担当したならば、そのことを書くはずである。記載がないということは、家康軍は秀吉の案内ですぐに退却したのであろう。家康はこの金ヶ崎の陣で、秀吉と初顔合わせをしたと思われる。後の二人の関係を考えたとき、感慨深いものがある。

秀吉による徹退戦は成功し、信長も秀吉も家康も落命することはなかった。信長は京都に逃げ帰り、家康は京都に戻った後で、岡崎城に帰還する。煮え湯を飲まされた信長は、同年の六月十九日には浅井攻めのため、出陣。信長としては、浅井長政が籠もる小谷城（滋賀県湖北町）を一気に攻め潰したい思いだったろうが、同城は堅城であり、周辺の町を焼き払うだけに留めている（六月二十一日）。小谷の南にある横山城を攻めることを信長は考え、長浜に陣を敷いているところに（同月二十四日）、家康が援軍として着陣するのである。

一方、浅井方にも援軍が到着する。朝倉景健の軍勢八千（『信長公記』）だ。浅井の軍勢は五千。六月二十七日の明け方、信長が陣払いをして退こうとしたところ、翌日、浅井・朝倉連合軍が動き出し、姉川（長浜市）を前にして陣を置く。織田・徳川連合軍もこれに対抗し、同日の午前六時頃、合戦となる。姉川の戦いである。

『三河物語』によると、合戦の前日、信長は家康に使者を遣わし「我が方の合戦の備えは、一番隊は柴田勝家、明智光秀、森可成《よしなり》だ。二番隊を家康殿に頼みたい」と申し入れてきたという。

しかし、家康は「是非、一番隊を命じてください」と抗議。信長は「既に部隊の編成ができている。今更、彼らを一番隊から外すのもどうかと思う。だから、二番隊を引き受けてほしい。

それに一番隊も二番隊も同じこと、二番隊といっても戦況によっては一番隊になることも多いので、是非、二番隊をお願いしたい」との返事をよこし、譲らない。

普通の人なら、信長がここまで懇願しているのだからと折れてしまうだろうが、家康は違った。

「部隊の編成が済んで、今更、一番隊の者に二番隊を任せると言いづらいのはわかります。しかし、一番隊も二番隊も同じことと仰るのは納得できません。確かに、明日の戦では、二番隊が一番隊になることがあるでしょう。が、明日の戦いが後世の書物に載ったとき、一番隊は一番隊、二番隊は二番隊と書かれることでしょう。だから、是非、家康軍に一番隊を命じてください。私が老いているなら、三番隊でも四番隊でも仰せの通りにしますが、三十歳にもならない者が、援軍にやって来て、二番隊だったと後々まで言われるのは嫌です。一番隊を命じてくださらないのであれば、明日の戦には参加しません。本日、陣払いして帰国します」と強硬に粘ったのだ。

さすがの信長も、ここで援軍に帰られてはまずいと思ったのだろう、「家康殿の言われたことよくわかった。そこまで思ってくれるのも、有り難い。家康殿に一番隊を頼もう」と折れた。一番隊予定の者たちからは「急に二番隊になれと言われても、戸惑ってしまいます」との不満が出たが、信長は「出しゃばりの若造が、わけも知らず何を言うか」と大声で黙らせたという。

家康の軍勢三千は、一番隊となり、姉川の戦いで「敵の陣を打ち破り、追いかけつつ、ここかしこで敵を殺す」（『三河物語』）という戦果をあげたようだ。信長は本陣近くまで攻め寄せられたが、家康が敵陣深く攻め入ったので、難を逃れたとは『三河物語』が記すところである。信長も「今日の合戦は、家康殿の手柄で私も名を挙げた」と大層喜んだという。

一方、『信長公記』には、前述の家康が一番隊を望む話も、徳川軍の活躍も記されていない。「敵も姉川にかかって攻めて来たが、互いに押しつ押されつ、散々に入り乱れ、黒煙をあげ、鎬《しのぎ》を削り、鍔《つば》を割り、ここかしこで思い思いの活躍をした」と記しているだけである。姉川の戦いにおける家康の逸話からは、強烈な名誉意識と、頑固さ、相手が信長であっても一歩も引かぬ押しの強さ、相手を説得する技術の高さ（相手の主張に理解を示しつつも、論理的な主張で相手を説諭）を家康から感じることができる。

武田信玄はなぜ西上したのか？

織田信長・徳川家康連合軍と浅井・朝倉の連合軍が激突した姉川の合戦（一五七〇年六月二十八日）以前に、家康は居城を岡崎から浜松に移す。今川氏の勢力を追い、新たに領国となった遠江国の経営のためである。当初、家康は浜松ではなく、見付城（静岡県磐田市）をその拠点にしようとした。見付には、古代より国衙《こくが》（諸国に置かれた役所）が置かれ、鎌倉時代以降には守護が居住する館（守護所）があり、行政の中心地であったことがその理由であろう。

ところが、見付を拠点とすることに信長から反対意見が出される。天竜川の東に居城するとなると、戦になったときに不都合があるというのだ。今風に言うと、内政干渉に当たるだろうが、家康はそれに従う。信長の意見ももっともと納得したのだろう。家康は、飯尾氏の居城だった引間城（浜松市中区）を普請し、名も浜松城と改める。元亀元年（一五七〇）六月、石垣や長屋が建てられた浜松城に家康は入った。岡崎城は嫡男の信康が受け継ぐことになる。

さて、永禄十二年（一五六九）頃より、家康は越後の上杉謙信と接近し始める。その理由は、前年（一五六八）十二月、甲斐の武田信玄と、家康が、挟み撃ちをするように、駿河・遠江国の今川勢を攻めたときの出来事が契機となっているように思う。家康と信玄の間には、駿河は武田、遠江は徳川という取り分との密約があった。それにもかかわらず、信玄は秋山虎繁が率いる信州衆を遠江に進軍させたのである。家康の抗議により、信玄は兵を遠江から引き揚げさせることを決めたが、家康の心中には、特にこのときから（信玄、油断ならぬ奴）という不信感が芽生えたはずだ。よって、年が明けてすぐに、信玄と敵対してきた上杉謙信と誼《よしみ》を通じようとしたのである。

たび重なる交渉の結果、元亀元年十月には、徳川・上杉の同盟が成立したと見られる。家康が十月八日付で謙信に起請文を出し「信玄と手切れをすること」「信長と謙信が親密になるように仲介すること」「武田と織田の間の縁組が破談になるように信長を諌めること」などを誓っているからだ。

元亀元年の夏、信長は、敵対する三好三人衆（三好長逸《ながやす》・三好宗渭《そうい》・岩成友通《ともみち》）や大坂本願寺との戦いに明け暮れていた。将軍・足利義昭から家康に対し、信長を助けるため、参陣するよう命令が出ている（九月十四日）。家康はそれに応え、出兵する。ちなみに、十五代足利将軍・義昭から家康に宛てた書状は、宛先が「松平蔵人」となっている。「徳川」とも「三河守」とも記されていない。これはなぜか？

家康の「従五位下・三河守」叙任や「徳川」改姓が、将軍空位時に近衛前久の主導により行われたこと、近衛前久が十四代将軍・足利義栄の将軍宣下に関与していたことがその理由であろう。義栄は、義昭の兄・義輝（十三代将軍）を殺した三好三人衆に擁立された将軍であった。政敵とも言うべき義栄の将軍宣下に関わった近衛前久が進めた話など認めるわけにはいかないというのが、義昭の想いだったろう。家康からすれば、とんだとばっちりである。

信長と敵対勢力との抗争は更に続き、元亀二年（一五七一）九月、信長は、浅井・朝倉に与した比叡山延暦寺を焼き払っている。『三河物語』は、比叡山焼き討ちに関して、信長の「比叡山は僧侶の身でありながら、裏切って、私（信長）を殺そうとした。よって叡山を再興させない」との言葉を載せている。『信長公記』は、比叡山が浅井・朝倉に加担したこと、僧侶が禁制の魚鳥を食い、女人を山内に引き入れているなどの悪逆が、比叡山攻めの要因となったと記す。

さて、武田信玄は、駿河国に点在する北条方の城を次々と攻め、国内への影響力を強めていた。元亀二年、信玄は遠江国の高天神城（掛川市）や東三河にまで進出してきたと言われてきたが、その根拠となる古文書の発給年が天正三年（一五七五）とされたことによって、元亀二年に武田軍は三河まで進出していないという説もある。

武田氏と北条氏は駿河などで合戦を繰り広げてきたのだが、元亀二年、一転して同盟を結ぶことになる。越後の上杉氏との同盟に積極的であった北条氏康が死去したからだ。後継の北条氏政は、正室が信玄の娘（黄梅院）であり、元来、越後との同盟に乗り気ではなかった。北条氏は上杉と手を切り、武田と結んだ。駿河国も武田が支配することが取り決められ、信玄は後方の憂いなく西上できる態勢が整った。

元亀三年（一五七二）十月三日、信玄は甲府を発し、西上の途についた。ではなぜ、信玄は軍勢を西に向けたのか。長く主流となってきたのが、上洛説である。元亀二年頃より、信長と対立する将軍・足利義昭が盟主となり、越前の朝倉氏、近江の浅井氏、大坂の石山本願寺が加わる「信長包囲網」が形成された。信玄もそれに加わり、信長を撃破し上洛しようとしたとの説だ。

しかし、義昭が反・信長の態度を明らかにし、浅井・朝倉らに書状を出したのは、元亀四年（一五七三）二月のことと言われており、信玄西上時には、義昭が盟主となるような事態ではなかったのである。では、信玄は何のために、兵を西に向けたのか。信玄は遠江への出兵について、書状のなかで「五日の内に天竜川を越え、浜松に向け出馬し、三年間の鬱憤を晴らす」（元亀三年十月二十一日）と述べているので、一つは、家康への敵対心と憤りであろう。信玄の家康への憤りが何かについては「家康が今川氏真と和議を結んだこと」など諸説あるが、元亀元年に、越後の上杉氏と家康が同盟を結んだことが真因であろう。

家康に打撃を与えて「鬱憤を晴らす」というのが、信玄の西上の眼目であった。家康に痛撃を与えた後、信玄は信長との対決を考えていたはずだ。盟友である家康を叩き潰されて、信長が黙っているはずはないし、何より、織田と武田は友好関係にあったのだ。元亀三年十月五日、織田信長が信玄に宛てた書状には「甲斐と越後の和睦調停を行っている」と書いており、信玄のため尽力していた。

しかし、その数日前には、既に信玄は西上の途についていたのだ。東美濃の岩村城（岐阜県恵那市）を守る遠山氏は、自ら武田軍に降った（城には、武田方から派遣された信州の下条伊豆守が入ることになる）。岩村城の遠山氏は、武田と織田に両属していたが、元亀三年八月、信長は庶兄・織田信広らを派遣し、遠山一族の武田派を鎮圧。岩村城主に織田派の遠山氏を据えるのである。そのことも信玄は気に入らなかったはずだ。信玄の西上には、織田との領土紛争を一挙に解決する目論みもあったであろう。信玄は信長と戦になることも覚悟の上だった。信玄は家康と信長を相手に戦おうとしたのである。

【三大危機②】完敗した三方ヶ原の戦い

元亀三年（一五七二）十月三日、武田信玄は甲府を発し、同月十日には、遠江国に乱入した。信玄の本隊は、駿河国から遠江国へ西進。高天神城（掛川市）の小笠原氏助を降す。一方、別働隊（山県昌景・秋山虎繁ら）は、信州伊那から三河・遠江へと侵入し、二俣城（静岡県浜松市）を攻めんとした。高天神城の小笠原氏はほぼ戦うことなく降伏したが、他の遠江の豪族も続々と武田に降る。降伏してきた豪族の所領の安堵を信玄は行っている。

この時代、戦の前に敵方への調略を行うことが一般的であるが、信玄は同年の七月には、奥三河の山家三方衆（奥平氏・長篠の菅沼氏・田峯の菅沼氏）を従わせている。飛騨や美濃郡上方面の豪族への調略も同時期に行っていた。十月の出陣までに、ジワリジワリと準備をしていたのである。

順調に遠江に侵攻した信玄は、十一月上旬には、二俣城を攻める。城には、中根正照と青木又四郎が籠もっていた。信玄は同城を「一気に攻め落とそう」と考えたようだが、重臣の山県昌景と馬場信春が城の周囲を廻ったうえで「この城は土塁は高く、一気に攻め落とすことはできません。竹束を持って攻め寄せ、水手を取る（水源を断つ）ならば、すぐに落城するでしょう」（『三河物語』）と助言したので、それに従って攻めることにした。城の西には天竜川、東には小さな川があったので、城内の者は、岸辺の高い崖に滑車をかけて水を汲んでいた。が、武田方が「大綱で筏《いかだ》を組み、上流から何度も何度も流して、釣瓶《つるべ》の縄を切る」（前掲書）という挙に出たので、ついに十一月末に開城する。

遠江に侵攻し、東美濃にも手を伸ばす信玄に、信長は激怒した。上杉謙信宛ての書状で、信玄の行いを「前代未聞」「無道」「侍の義理を知らない」「遺恨は尽きることはない」「国内の人々の嘲《あざけ》りを顧みないもの」「未来永劫、信玄と誼を通じることはない」と切り捨てている（十一月二十日）。信長としては、信玄のために、武田・上杉の和睦に力を尽くしていたのに、その好意を無にされたと感じ、怒りが倍増したのではないか。信長は、起請文に血判を押し「信玄退治」を誓い、謙信と同盟を結ぶ。

家康のもとには、信長はまず、簗田広正《やなだひろまさ》を遣わしている。十月十二日付の家康宛の書状に「表見廻りのため、簗田左衛門太郎を派遣した。自分の考えは簗田に十分、言い含めてある。万事、分別ある対応が大事だ」とあるので、信長は簗田を遣わし、家康側の備えを確認させるとともに、情報共有や、武田方の動きの最新情報を掴もうとしたのだろう。注目すべきは、将軍・義昭からも家康に書状が出されているということだ。その書状には、信玄による遠江侵攻を案じる内容が書かれていたことが知れるので、このことからも、将軍・義昭はこの時点では、信長・家康方の立場にいたことが窺える。信長は、簗田だけではなく、しっかりした援軍を家康に送ってきた。

『信長公記』には「ご家老衆の佐久間信盛、平手汎秀《ひろひで》、水野信元らが大将となり出陣。遠州は浜松に到着」とある。援軍は三千余だったと言われる。信玄も信長が浜松へ三千の軍勢を派遣したことを十一月中旬には把握していた。武田軍は、二俣城の普請を終え、十二月二十二日に出陣。家康が籠る浜松城を攻めるかと思われたが、攻め寄せることはなく、西に軍勢を向け、三河国に入る構えを見せた。

『三河物語』は、この辺りの徳川方の内情を記している。家康は、武田軍が浜松から僅かな距離のところまで迫っているのを見て、「一合戦しよう」と出陣する考えを周囲に告げる。ところが、徳川の宿老たちは「敵の兵は三万。信玄は熟練の武者で、歴戦のつわもの。一方、我が方の兵は八千」と劣勢を理由に、主君の出陣を止めようとした。家康はそれでも「兵数が少ないのは仕方がない。敵の大軍が自らの屋敷の裏口を踏み破り通ろうとしているのに、家に籠もり、咎めない者があろうか。負けたら、負けたときのことだ。ともかく、戦をしなければならない。戦は多勢無勢で決まるわけではない。天運による」と言い募り、ついに出陣が決定される。

家康としても、自軍が不利であることは十分承知であった。しかし、一戦も交えずに、敵を見過ごしたとなれば、援軍を派遣してくれた信長に申し訳ない。援軍を送ってくるということは、戦えということである。であるのに、敵を見過ごせば、信長の顔に泥を塗ることになるし、家康自身の侍としての名誉も立たなくなるだろう。

遠江や三河の豪族が武田方に降伏していく現状もあり、それを食い止めるには、合戦し、存在感を示し、求心力を回復する必要もある。とは言え、策もなく出陣しても、宿老たちが言うように、危険なだけだ。今、武田軍は三河方面に向かっている。そこを背後から急襲し、幾分なりとも打撃を与え、すぐに浜松城に引き返せば、損害も大きくならず、名誉も保てる。家康は、逡巡しながらも、最後にはそうした結論に達し、家臣が止めるのも聞かず、出陣を決めたと思われる。

ところが、家康の案に相違して、信玄の軍勢は、三方ヶ原（静岡県浜松市）で家康軍を待ち構えていた。信玄は、前述したように、家康が信長から援軍を送られたことを知っていた。援軍まで送られながら、我が軍の通過を見過ごすはずはない、家康は必ず城から打って出てくると信玄は踏んでいた。だから、三方ヶ原で「魚鱗《ぎょりん》の陣」（魚の鱗のような陣立て。軍を人の字形に展開させた攻撃用の陣）を敷いて、待ち構えていたのである。

『三河物語』は「敵（武田軍）が丘から祝田（浜松市北区）へ半分ほど下っていたところで、攻撃をかけたなら、容易く勝てただろうが、逸《はや》って早く仕掛けてしまった」と残念そうに書いているが、信玄軍は待ち構えの態勢にあったのであり、結果はそう変わらなかったであろう。

武田軍の魚鱗の陣に対し、徳川軍は「鶴翼《かくよく》の陣」（鶴が翼を広げたような陣立て。V字形に展開させた守備用の陣）を敷く。戦は、軍勢同士がぶつかって始まったのではない。『三河物語』によると「信玄はまず足軽を送り、小石を投げさせた」という。『信長公記』にも緒戦「武田方は、水股の者（足軽か）を三百人ばかり前線に立て、小石を投げさせ、その後、太鼓を鳴らし、攻撃をしかけてきた」とある。徳川軍を攪乱しようとしたのだろう。そして、いよいよ軍勢同士の乱戦となるのだ。

『三河物語』は、徳川軍は武田軍の小石攻撃を相手にせず、一斉に切り込んだと書かれている。それればかりか「一陣、二陣を打ち破り、敵の繰り出す兵も破り、信玄の本陣に殺到した」と徳川軍が善戦したかのように書いてある。一方の『信長公記』には、緒戦で、信長が派遣した平

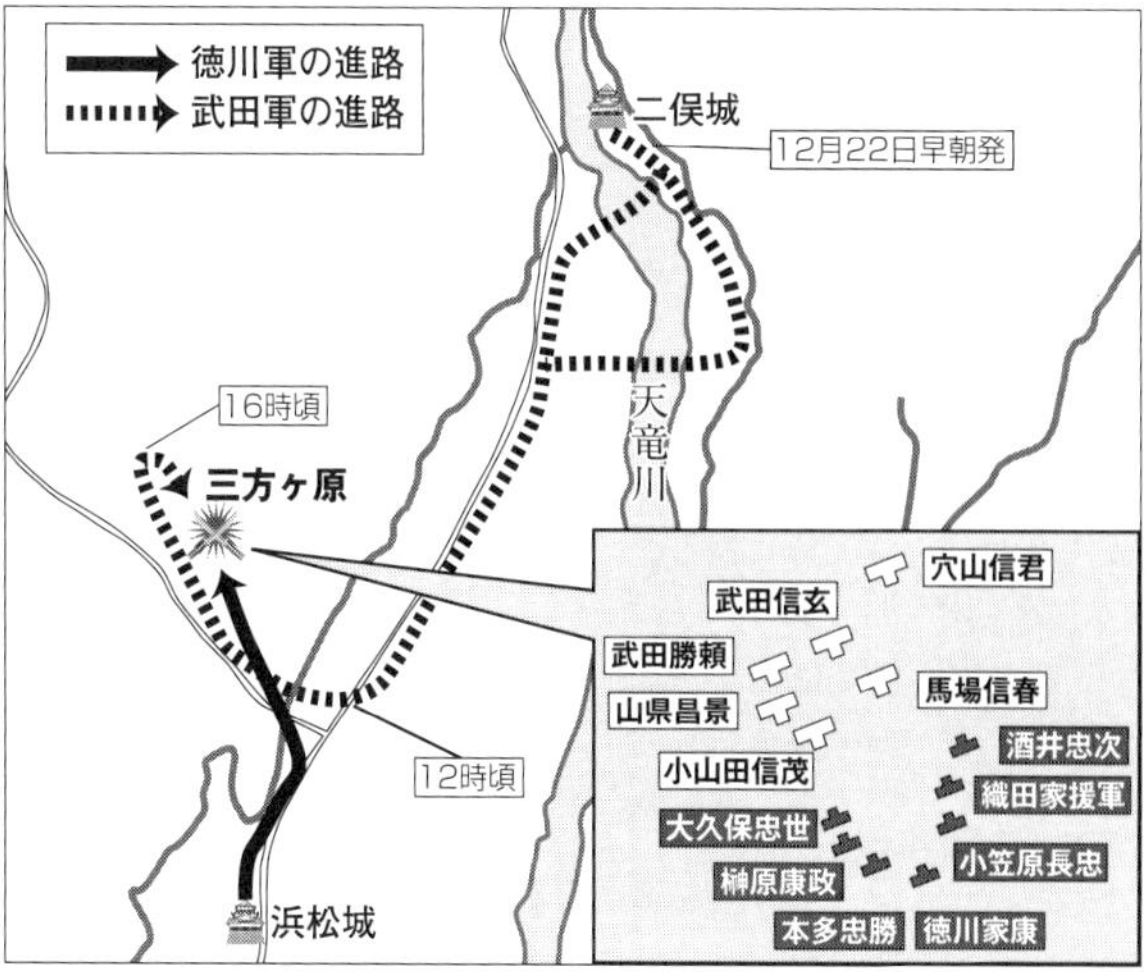

1572年12月22日。武田信玄と戦って完敗した「三方ヶ原の戦い」は、家康三大危機のひとつ。

手汎秀やその家臣、家康の身内衆の成瀬藤蔵が討死したことが記される。その後も、信長の小姓衆だった者が、先頭に立ち戦い、討死したことが記載される。徳川方が信玄の本陣にまで迫るほどの善戦をしたとは一言も書いていない。

徳川家康　三方ヶ原戦役画像

三方ヶ原合戦直後？ 家康「変顔」画像の謎

『三河物語』の記述に戻ろう。同書は、徳川軍が信玄本陣に迫るほどの活躍を見せたものの、信玄の本陣からも鬨《とき》の声をあげて攻めかかってきたため、多勢に無勢、攻め返されて敗退したと記す。戦いは、午後四時頃から始まり、二時間ほど続いたとされるが、家康はその生涯のなかでも特筆すべき、大きな敗戦を経験することになったのである。

元亀三年（一五七二）十二月二十二日、徳川家康が籠もる遠江国浜松城を通り過ぎ、三河方面に進軍する武田信玄の軍勢。織田信長から三千の軍勢を送られていた家康は、ここで武田軍を見過ごすことは面目が立たず、自身の求心力も低下すると考え、城から打って出る。背後から武田軍を襲おうとしたのだ。ところが、武田軍は、家康軍が出撃することを見越し、攻撃態勢にあった。双方の軍勢数には諸説あるが、武田軍は三万の大軍、徳川方は織田の援軍を入れても、約一万。多勢に無勢、敵《かな》うはずはなかった。徳川方の将兵は次々と討たれ、家康は退却を決意する。

『三河物語』には、家康は退却のときも慌てることなく、小姓を敵に討たせまいとして、馬をあちらこちらに走らせつつ、味方を丸く固まらせるようにして退いていったという。浜松城内では、家康より先に戻った者たちが「殿は戦死された」と口々に言い合っていたそうだ。だが、そこに家康が帰還したものだから、そう言っていた者たちは、コソコソ逃げ隠れたとの逸話がある。

さて『信長公記』は、退却時、家康は「三方ヶ原の山ぞいの道を、ただ一騎で退かれた」と記載する。武田軍は先回りし、退路を絶とうとしたが、家康は馬上から弓でもって、敵兵を次々に射倒し、駆け抜けて城に戻ったというのだ。城に戻った家康は「堅固に守りを固めた」という。幸運なことに、勢いに任せて武田軍が浜松城に攻め寄せ攻撃を加えることはなかった。家康が篝《かがり》火《び》を焚かせ、城門を開放したため、武田軍が計略を警戒し城攻めしなかったとする逸話もあるが、後世の創作である（これをあたかも事実のように書いている歴史本もあるので、注意が必要だ）。『三河物語』には、大久保忠世が百人ほどの鉄砲部隊を率いて、敵陣に銃弾を撃ち込んだのを見た信玄が「我が方は勝ったが、なかなかの敵だった。徳川方の規律も乱れていると思ったし、負け戦では強襲は難しいのに、此度の夜襲。手強い敵だ」と言い、犀ヶ崖《さいがたけ》（浜松市中区）を退き、井伊谷に入ったと書いてある。これは、信玄の発言にしても、見てきたような話であり、信用できないだろう。

とにかく、武田軍は戦で大勝したにもかかわらず、浜松城を攻めず、刑部（浜松市北区）で年を越し、三河国に進軍したのだ。鳥居四郎左衛門、成瀬藤蔵、夏目吉信、鈴木久三郎ら貴重な家臣を三方ヶ原合戦で亡くした家康。帰城した家康はこの負け戦、危難を戒めとするために、苦渋の顔を絵師に描かせたと言われてきた。「徳川家康　三方ヶ原戦役画像」（いわゆる顰像《しかみぞう》）である。

家康が顔を顰め、歯を食いしばるその画像は見た者に鮮烈な印象を残す（筆者も徳川美術館で本画像を観覧したことがある）。窮地に立った自己の姿を後々の戒めとして描かせた「家康の器の大きさ」を示すものとして、大河ドラマ等でも肖像を描かせるシーンが放送されてきた。しかし、この画像、三方ヶ原合戦直後に描かれたという「史料的根拠」はない。

まず、本画像は、十八世紀の後半に、尾張徳川家当主（宗睦）の養子となった治行の妻・従姫（紀州徳川宗将の娘）の婚礼道具の一つとして、紀州徳川家から尾張徳川家に持ち込まれたものであった。本画像は、従姫が死去した翌年（一八〇五）に、家康の遺品や関連物品を納める「御清御長持」に追納されるのだが、その際の記録には「東照宮（家康）尊影」とのみあり、三方ヶ原合戦に関連するものとも、何とも書かれていない。

「御清御長持」は明治維新後、名古屋東照宮に保管されていたが、尾張徳川家に返され、明治十三年（一八八〇）には財産目録「御器物目録」が作成された。そこには、本画像は「東照宮尊影とされつつも「長篠戦役陣中小具足着用之像」との追記があるのだ。「長篠戦役」とは、天正三年（一五七五）に行われた織田・徳川連合軍と武田勝頼軍との有名な長篠合戦のことである。織田・徳川方が鉄砲の大量投入により勝利した戦として知られている。つまり、明治十年代には、本画像は長篠合戦にまつわる家康肖像という話が付いてしまったのだ。この画像がなぜ長篠合戦と関連する家康肖像とされたのかはわからない。この画像は元来「東照宮尊影」とのみ記録にあったものであり「長篠戦役」との関連を示す史料的根拠もない。

三方ヶ原合戦に至っては、姿形もない。しかし、昭和十年（一九三五）十一月に徳川美術館が開館するのだが、その翌年（一九三六）一月に本画像が出展されると、異変が起こる。「新愛知新聞」（同年一月六日）、「大阪毎日新聞」（同年一月六日）などのメディアに本画像は「三方ヶ原の敗戦で失意のどん底にある家康公を描いたもので」などと書かれるようになったのだ。

徳川美術館関係者の対談が、同年一月十四日に「新愛知新聞」に掲載されているが、そこには侯爵・徳川義親（徳川美術館創設者）の言葉として、三方ヶ原の合戦に敗れた、家康の「敗戦の記念だといふので、まるで瘦衰《やせおとろ》へて、とてもひどい顔をしてゐる御畫像が遺つてをります」というものがある。先述の新聞記事の内容も、徳川美術館関係者に取材して書かれたものであろうから、本画像が三方ヶ原合戦にまつわるものとされたのは、同美術館関係者の情報提供によるものだ。だが、なぜ三方ヶ原の戦いに関連するものとされたのか、その確かな理由はわからないし、そこにもまた「史料的根拠」があるわけではない。

つまり、本画像は、家康画像として、江戸時代より徳川御三家（紀州→尾張）に伝わってきたのは確かであるが、「長篠合戦」や「三方ヶ原合戦」にまつわるものというのは、戦前に、確かな根拠もなく急浮上したものであり、それら合戦と本画像を結びつけることは、根拠となる新史料が発見されなければできないだろう。

ちなみに、本画像に描かれているのが、本当に家康なのかという問題もある。残されている他の家康肖像と本画像が、余りにも違い過ぎているからだ。家康の肖像は、数多く描かれているが、顔はぽっちゃりしている。一方、本画像は、痩せているし、一般的な家康の顔とは似ても似つかない。だから、この画像が、家康を描いたものではない可能性も十分考えられる。

本画像は、十七世紀の初めに描かれたと言われている。作者は不明である。仏像に多い半跏《はんか》思惟《しゆい》の姿勢、憤怒の表情で「家康」を描いていることから、肖像を礼拝するために、描いたものだとする見解も存在する。この画像が、三方ヶ原合戦直後に描かれたものでないこと、同合戦に関連するものでないことは判明したが、まだまだ残されている謎は多い。

第4章　主君？　盟友？　織田信長との関係

信玄の「上洛戦説」は完全否定するべきなのか？

三方ヶ原の戦い（一五七二年十二月）で、徳川家康を敗った武田信玄。信玄は遠江や三河国の一部の豪族を服属させ、家康をも撃破したことで、背後を突かれる心配なく、西進できることになった。信玄は、三河から美濃に向かい、岐阜の織田信長と対決しようと考えていたはずだが、それが叶うことはなかった。信玄の病が悪化したからである。

三方ヶ原で家康を敗った後も、軍勢を急がせることなく、刑部（浜松市北区）で年を越しているのも、信玄の体調が思わしくないことが原因であろう（または浜松城の攻略を狙っていたとも考えられる）。それでも信玄は軍を三河に進めて、野田城（愛知県新城市）を攻め、元亀四年（一五七三）二月中旬、これを落とす。しかし、信玄はそれ以上の行軍に耐えられない体調になっていたようで、武田軍は長篠城（愛知県新城市）まで退く。暫くして、甲府方面へ戻ろうとしたが、その途上、四月に信州の駒場（長野県阿智村）で、信玄は病死する。五十三歳であった。

『三河物語』は信玄の死を「信玄は野田の城を攻めているあいだに病気となる。野田落城後、攻めのぼることもできず、本国へ引き上げる途中、病が重くなり、信州の伊那谷で没した」と記している。信玄は三方ヶ原で家康を敗った数日後（十二月二十八日）に、手を組んでいた越前の朝倉義景に対し、書状を書いていた。書状には、三方ヶ原において合戦して、三河・遠江国の「凶徒」と岐阜の「加勢衆」（つまり、徳川・織田連合軍）千余人を討ち捕らえたので安心してほしいことや、噂で越前の軍勢の過半が国に引き上げたと聞き、信長を滅ぼすときが到来したというのにそれはあり得ないということが記されている。信玄は信長を滅ぼすことを念頭においていた。

近年、信玄の西上の目的は上洛ではないとする説が浸透している。「上洛戦説は、もはや成り立たなくなった」とまで言われている。確かに、将軍・足利義昭のもとでの信長包囲網の形成と、信玄がそれに賛同し上洛の意志を示していたということは、根拠となっていた文書が信玄死後のものであり、そう主張することはできない。だが、信玄の最終目標が「信長滅亡」であったことは否定できず、そうであるならば、信玄が死ななければ、その軍勢が京都に入った可能性はゼロではないだろう。信玄が岐阜を攻めた場合、信長は籠城するとも考えられるが、状況が危うくなれば、京都方面に逃れることも十分あり得る。となれば、信長を追って武田軍が京に迫ることもあるはずだ。

歴史の「もしも」を議論しても、詮無いこともあるが、信玄の戦略として、上洛の文字が全くなかったかというと、私はそうではないと思うのだ。「信長滅亡」を主眼とするからには、信長軍の動きによっては、京都に向かうことも信玄の眼中にあったと考えている。よって私は信玄の「上洛戦説は、もはや成り立たなくなった」とまで主張するのは、如何なものかと感じている（もちろん、信玄の胸中には、家康への憤《いきどお》りを晴らすことや、織田との領土問題を解決させることなどさまざまあったであろうが）。

信玄の西進と三方ヶ原での大勝は、中央の政治情勢にも大きな影響を与え、将軍・足利義昭は、信長と手を切り、浅井・朝倉に信長打倒を命じるまでになる（二月十三日）。前年末、義昭は信長から「十七条におよぶ意見書」を突きつけられていた。それは、義昭の怠慢や独断を責め「上様（義昭）を悪御所と庶民が呼んでいる」という厳しい内容であった。義昭の不満はかなり溜まっていたに違いない。義昭の叛逆に対し、信長は低姿勢で臨んだ。「将軍が望まれる通りの人質と誓紙を差し出し、今後とも疎略には扱わない」（『信長公記』）と言い、将軍と和議を結ぼうとしたのだ。ところが、義昭のほうが強気で、和議は成立しなかった。

信長は元亀四年三月下旬に上洛し、義昭との和平を目指したが、義昭側は受け入れない。そこで、ついに信長は、四月に入り、洛外に放火し、上京を焼き払ったのである。この放火により、義昭は和議に一旦は応じた。が、同年の七月には再び、信長に叛き、二条城を出て、槇島《まきしま》城（宇治市）で挙兵。織田軍がこれを攻めると、あっけなく降伏。以後、義昭は京都で権力を確立すること叶わず、幕府は都からは消え去った。

信玄の脅威、将軍・義昭の策動が消えると、信長に優位な状況となっていく。七月二十八日、元亀は天正と改元されるが、天正元年（一五七三）八月下旬には、織田軍は、越前の一乗谷にまで攻め込み、朝倉義景を自刃に追い込んでいる。間髪入れず、信長は近江の小谷城（城主・浅井長政）も攻め、九月一日、長政は自刃する。信長を苦しめてきた浅井・朝倉は滅亡した。

自害した朝倉義景、浅井久政・長政親子はその後、どうなったか。ドラマにも何度も描かれてきた有名な話であろうが、翌年（一五七四）正月、彼らの首は、岐阜における酒宴で見せ物にされたのだ。信長は敵将の首を「箔濃《はくだみ》（漆で固め彩色）し、折敷《おしき》（お盆）の上に置き、酒のさかなとして、出された」（『信長公記』）のである。首を箔濃にした件については、敵将への恨みの想いではなく、敬意や弔《とむら》いの気持ちだったとの説がある。しかし、『信長公記』や信長書状を読むと、敬意などなかったと考えざるを得ない。

『信長公記』には、彼らの首を「酒のさかな」だったと記しているのである。首の前で、謡などして遊び、信長は大層喜んでいたのだ。しかも、信長は敵将の首を諸将が年始の挨拶に参上し退出後、直属の馬廻衆だけになったところで披露している。弔いや敬意の気持ちがあるならば、最初から出しているだろう。「珍奇なおさかな」（『信長公記』）を親衛隊には見せてやるという信長の意図が窺える。娯楽の対象として、首を扱っていたと言えよう。

以前から信長に、彼ら敵将に敬意を示したり「敵ながらあっぱれ」のような言葉が見られたならば、話は別だが、そうではない。それどころか「一方ならざる遺恨深重」「悉《ことごと》くもって討ち果たすの条、大慶」（毛利輝元宛の信長書状）と書状に記すように、深い恨みを抱いていたのだ。浅井長政の十歳になる嫡男を捜索して、関ヶ原で磔にしたこと、朝倉義景の母や嫡男を殺害させたことも、信長の恨みとそれを晴らしたいという情念が渦巻いていたからこそだろう。長政の嫡男を処刑したことを『信長公記』は「長年のご無念を晴らされた」と記している。

かつて、信長を鉄砲で狙撃して、逃走していた杉谷善住坊（生年不詳〜一五七三）も、近江国で捕縛された結果、体を土中に埋められ、首だけ出されて、その首を人に鋸《のこぎり》でひかせるという方法で処刑される。そのときも「日頃のお怒りを晴らされた」（同書）とある。敬意や弔いの心など微塵《みじん》もない。そうしたことを考えると、信長による敵将の首の箔濃は、敬意ではなく、首を見せ物にし、日頃の恨みを晴らす行為だったと捉えることができよう。

長篠合戦への道──武田勝頼との対決

元亀四年（一五七三）四月、武田信玄は病死した。武田家は、信玄の四男・四郎勝頼（母は諏訪頼重の娘）が継承する。勝頼は、当初、武田家を継ぐ者とは見做されていなかった。信玄には、嫡男の義信（母は三条の方）がいたし、勝頼は諏訪家を継いで、更には高遠城（長野県伊那市）城主にもなっていたからだ。しかし、義信は謀反の疑いにより廃嫡され、信玄の次男は盲目、三男・信之は夭折していたこともあり、四男の勝頼が継ぐことになったのだ。

前述したように、勝頼は当初は武田家の嫡流とは見做されていなかったし、甲府入りに際し自身の家臣団を引き連れてきたこともあり、信玄の重臣たちと軋轢《あつれき》が生じる可能性もあった。信玄は亡くなる直前、遺言を残したというが、三年間は自らの死を伏せよというものが最も有名であろう（『甲陽軍鑑』）。

実は信玄は他にも遺言を残している。それは、勝頼に跡は継がせず、勝頼の子・信勝が十六歳になった際（当時は僅か七歳）に武田家当主となし、それまでは勝頼を陣代（名代）とするというもの。しかも、信玄は勝頼には、武田家当主を象徴する旗を与えないとまで言ったという。もし、信玄が本当にこのような遺言を残していたとすれば、勝頼の権威というものが著しく低下した可能性がある。だが、現実には勝頼が武田家の家督を継いでいたことは、本願寺顕如が勝頼に宛てた手紙の文面（「家督のこと、とてもめでたいことです」）からも明確であり『甲陽軍鑑』（江戸時代前期に編纂された軍書）に記された信玄遺言の内容は虚構であると考えられる。

ちなみに、信玄の遺言はまだあり「勝頼は合戦してはいけない。信長や家康の幸運が過ぎ去るのを待つことが重要だ」というものもそうだ。いたずらに戦を仕掛けるなということだ。先ほど、信玄の遺言のなかには、虚構と思われるものもあると言ったが、全てが胡散臭いわけではない。勝頼は、信玄死後も、信玄の名を記し、元亀四年五月から十月にかけて、書状を出しているので、信玄の死を秘匿しようとしたと考えられる。よって、信玄が自身の死を秘密にせよと言ったことはあったのかもしれない。

しかし、人の死というものは、長く隠しきれるものではない。何より、武田軍は、三方ヶ原で徳川軍に大勝し、三河国の野田城も落としたにもかかわらず、甲府に引き上げたのである。「おかしい」「信玄の身に何かあったか」と思うのが普通であろう。元亀四年の四月下旬には、既に「信玄が甲府へ退却したのは、病か。または死去したか。いずれにせよ、不審だ」「信玄は死去したに違いない」という話が、越後の上杉氏のもとにも届いていた。

家康も当然、武田軍の動きにおかしなものを感じていたろう。同年五月上旬には、駿河国に兵を出している。駿府辺りまで、徳川軍は「乱入」したようだ（実際は、駿府に近いところまで進出し、周辺を焼き払ったのみという説もある）。とにかく、信玄が生きていたら、そのような所までは踏み込めないとして、そのことからも、家康は信玄の死を確信したという。

家康は攻勢を強める。七月に奥三河の長篠城（新城市）を攻めたのだ。『三河物語』には、このときの長篠城攻めの記述がある。同書には「長篠の城に武力偵察にやってきた。火矢を射させてみたところ、意外なことに本城、端城、蔵屋などが全て焼け落ちた。よって、そのまま押し寄せ、攻めた」と書かれている。武田方も長篠城に対し、援軍を送ってきた。しかし、その甲斐なく、城は九月には家康の手に渡る。勝頼は落城を「無念千万」と感じたが、そのことが、後の長篠の戦いに繋がっていくことになる。

長篠城攻めの最中には、三河の豪族で、武田方に降っていた者たちに対立が起こった。奥三河の有力豪族・いわゆる「山家三方衆」（作手の奥平氏、長篠の菅沼氏、田峰の菅沼氏）のなかで分裂があったのだ。作手（新城市）の奥平定能・信昌親子が武田を離反し、家康に従ったのである。

その原因は、武田にあると言っていい。奥平定能と、田峰の菅沼定忠のあいだには、東三河の牛久保（豊川市）領をめぐり諍《いさか》いがあった。奥平定能は、甲府に使者を遣わし（六月上旬）、武田家にこの問題を訴えようとした。ところが、武田方は「山家三方衆が相談して、牛久保領を増減なく配分するようにせよ」と言うばかりか、奥平定能に対し「少々、お考えに合わない所があっても、異議を挟むことなく、問題を落着させることが肝要」と主張する始末。これは、不服があっても、奥平に譲歩せよと言っているのに等しい。このような事情があって、奥平定能は武田に不満を持ち、我が子・信昌と共に、家康に帰順しようとしたのである。

家康もこの機を逃すわけにはいかないと、奥平家と接近をはかる。家康の息女・亀姫を奥平信昌に嫁がせることを決めただけではなく、奥平家の本領や遠江国の知行地の安堵、新領を与えることまで約束する。奥平家としては、盛り沢山な嬉しい内容である。奥平の裏切りを、武田が黙っているはずもない。人質となっていた奥平定能の子・千代丸らを処刑したのである(九月二十一日)。

天正二年(一五七四)に入ると、武田軍の攻勢が強まる(こうしたことを考えると、勝頼に戦をしてはいけないという、信玄の遺言も本当にあったか怪しくなる)。同年正月二十七日、東美濃の岩村城に入り、明智城(恵那市)を攻めたのだ。信長は、先陣として、尾張・美濃の兵を援軍として派遣(二月一日)。そして、二月五日には、自らも嫡子・信忠と出陣する。数日中には、敵陣に駆け込むつもりだった信長だが、山中で難所だらけということもあり、手間取ることになる。そうこうしているうちに「飯羽氏が裏切り、明智の城は既に落城」との報が飛び込んでくる。城が落ちたのならば仕方ないとして、信長は明智城の付近にある城を普請させたり、城番を置き、二月二十四日、岐阜に帰ることになる(『信長公記』)。

五月になると、武田勝頼は遠江国に侵攻してくる。二万五千の大軍でもって狙うは、高天神城（掛川市）。同城の城主は、小笠原氏助。氏助は、武田信玄の遠江侵攻に際しては、いち早く武田に降っていた武将である。ところが、信玄の死後、家康が巻き返しをするなかで、再び、徳川に従ったのだ。武田軍が高天神城を包囲したのが、五月十二日。武田軍は攻めに攻め、二の曲輪《くるわ》・三の曲輪の塀の際まで押し寄せたことから、勝頼は十日も経たず、城は落ちるものと信じていた。城から度々降伏したいとの申し出もあったようだが、勝頼は「許容しない」と強硬な発言をしている。しかし、高天神城の小笠原氏の「領知」の安堵や合力したいとの申し出に応じたことも勝頼書状から分かり、和戦両方を睨んで対応していたと思われる。高天神城の危機に家康はどのように対処したのであろうか？

家康への謀反？ 大岡弥四郎事件の闇

天正二年（一五七四）五月、甲斐国の武田勝頼は攻勢を強め、二万五千の大軍でもって、遠江国への侵攻を開始。小笠原氏助が籠もる高天神城を攻囲した（五月十二日）。二の曲輪、三の曲輪まで攻め込まれ、苦戦する同城を救うため、家康は織田信長に援軍を乞うた。徳川軍は八千ほどの軍勢と言われており、単独での支援は難しいと考えたからだ。しかし、信長もすぐに出陣できるわけではなく、時が経つ間にも、高天神城は曲輪を次々に武田軍に乗っ取られ、三日も保たないのではないかという状況になる（六月十一日）。

城将の小笠原氏助は、早い段階から武田方に降伏の意思を示していたが、それに反発を示す者もいて、早々な開城はできないでいた。だが、六月十七日、ついに高天神城は開城する。家康の援軍も来ず、孤立無援であったからだ。開城の三日前に、信長・信忠親子は岐阜を出立。高天神が落城した日に、三河国の吉田城（豊橋市）に入った。六月十九日、信長は、浜名湖と海を結ぶ「今切の渡し」を進もうとしたが「小笠原氏助が裏切り、高天神城に武田軍を引き入れた」との報を得て、仕方なく、吉田城に引き返す（『信長公記』）。

家康は、岐阜からわざわざ助力に来てくれた信長に感謝の想いを伝えるべく、浜松を立ち吉田城に向かう。御礼を言った家康に対し、信長は「武田軍と戦できなかったことは無念」と言い、兵糧代として黄金を渡した。黄金は二つの皮袋に入っていたのだが、大人二人がかりで持ち上げなければならないほどの、夥《おびただ》しい量であった。徳川家臣はそれを見て、このような量の黄金「見たことも聞いたこともない」と驚き、信長の威光に感嘆したという。

『信長公記』は「これほどの黄金を贈られた家康公の心中の喜びは、推し測りがたい」と記すが、家康は喜びとともに、武田を何としても打ち返さなければとの緊張感に包まれたのではないか。武田勝頼と聞くと、信玄と比べ、凡将との一般のイメージがあるかもしれないが「勝頼は若輩だが、信玄の掟を守り、謀《はかりごと》にも優れているので、油断ならない」と信長がその才を認めるほどであった。

高天神城を明け渡した小笠原氏助は、武田方となり、その名も「信興《のぶおき》」と改める。信興は、同城を引き続き守ることになった。高天神城が開城したことによって、中遠地方は武田方による支配が進み、浜松城の家康もかなり焦ったことであろう。そのように、武田方が遠江国に勢力を扶植《ふしょく》しているときに起きたのが、大岡弥四郎事件である。

大岡弥四郎は「大賀弥四郎」として、これまで諸書に取り上げられてきた人物であるが、正しくは大岡氏ではないかと言う説もあり、近年では「大岡弥四郎」と記されることも多い。弥四郎は、もともとは家康の中間（軽格の奉公人）であったが、算術の才があり、勘定方に取り立てられ、更に、三河国奥郡の代官にまで出世した男と言われている（『徳川実紀』）。

普段は、家康がいる浜松にいたが、時々、岡崎の松平信康（家康の嫡男）の御用も務めたことから、両者の信頼を得て、増長することもあったという（弥四郎は、岡崎の町奉行も務めていた）。あるとき、家康の家臣・近藤氏が領地を加増されたが、それさえも、弥四郎は自らの取りなしだと主張。近藤氏は弥四郎に媚び諂《へつら》ってまで加増をされたくないと、返上を申し出たため、弥四郎の暗黒面が露見してしまう。弥四郎は捕らわれて、家財没収の憂き目にあう。

一方、『三河物語』は、弥四郎を家康の「譜代」「中間」としている。奥郡の代官を家康から任され、裕福な暮らしをしていたという。しかし、栄華に奢り、道義に悖《もと》る謀反を企て、家康を討ち、岡崎城を乗っ取ろうとしたと同書にはある。弥四郎は、小谷甚左衛門尉・倉地平左衛門尉・山田八蔵を同志とし、岡崎城を奪う相談をする。弥四郎が頼ったのは、甲斐の武田勝頼であった。弥四郎は勝頼に次のような内容の書状を出したそうだ。「是非とも、この度、岡崎城にお引き入れしたい。岡崎を獲り、家康親子を切腹に追い込みたい。家康が岡崎に入る時は、私が馬の前に立ち『家康様がお越しになった。御門をお開けせよ。私は大賀弥四郎だ』と言うと、必ず門は開きます。よって、先陣として二、三人を差し向けてください。家康の供をして、城へ易々と入り、信康を討ち取りましょう。すると、兵は皆、家康に叛き、勝頼様に付くことになるでしょう」勝頼は弥四郎の手紙を見て喜び、出陣した。

計画は現実のものとなるかに見えたが、弥四郎の同志と思われた山田八蔵が（家康様を討てないということもあろう。そうなれば、弥四郎の仲間である自分も危ない）として、家康に謀反計画を密告するのである。その頃、そうとも知らない弥四郎は妻に向かい「私は謀反しようと思う」と告げていた。妻は最初は本気にしなかったが、弥四郎が重ねて真顔で言うのを聞いて驚き、夫を恩知らずとして、謀反を思いとどまることを勧める。「間違いなく、あなたはご主君からの罰を受け、世間から詰《なじ》られ、死ぬことになる。私も火炙《ひあぶ》り、磔となり死ぬことになる。それなら、今、殺して」とまで妻は諫言《かんげん》した。

しかし、弥四郎は「わけのわからぬことを言う。お前をこの城に移し、御台所の立場にしたいのだ」と馬耳東風。妻は重ねて、夫の謀反を止める言葉を口にするが、それ以上は何も言わなかった。そして、妻の預言通り、弥四郎は捕縛。同志の倉地平左衛門尉は、逃走中に斬殺された。小谷甚左衛門尉は、服部半蔵が捕らえようとしたが、天竜川を泳いで逃げ、その後、甲斐国に入ったと『三河物語』に記されている。

弥四郎はキツく縄で縛られ、足かせをつけられ、大久保忠世によって、浜松に連行された。既に、弥四郎の妻子五人は磔にされていた。弥四郎はその前を通らされたが、最初、悪びれた様子だったのが、突如「お前たちは先にあの世へ行くか。めでたいことだ。私も後から行こう」と言ったという。その言葉を聞いて、見物人は笑ったそうだ。

弥四郎の連行は、鉦や笛・太鼓で囃し立てられてのものだったようなので、見せしめの意味もあったろう。浜松の街を引きまわされた末、弥四郎は岡崎に戻され、牢に繋がれた。そして、ついに処刑となる。それは、斬首で終わるような、生易しいものでなかった。岡崎の街の辻に穴を掘り、そこに、生き埋めにされたのだ。しかも、首板をはめられ、指十本と足の大筋を切られた後で。切られた指は、弥四郎の眼前に並べられた。生き埋めにされた弥四郎は顔だけは土中から出されていた。側に置いてある竹鋸と鉄鋸で首を切るためである。通行人は「ご主君を裏切るなど罰当たりな奴め。憎い奴だ」と言い、両方の鋸で弥四郎の首を引いたので、彼は一日も経たないうちに命を絶たれた。

これが「大岡弥四郎事件」（天正三年＝一五七五年四月）の顛末である。事件は、弥四郎の野心により引き起こされたというよりは、武田氏が攻勢を強めるなかで、家康を中心とする「対武田氏主戦派」への反発が、岡崎の松平信康周辺にはあり、それが煮詰まり、事件が起きたとの見解もある。家康を中心とする「対武田氏主戦派」は、弥四郎を極刑に処すことで、武田氏に与しようとする者への威圧と、武田氏に断固とした態度で臨むことを周囲に示したのである。

旗指物にも描かれた鳥居強右衛門の活躍

天正三年（一五七五）四月、甲斐の武田勝頼は、三河方面へ侵攻を開始する。その頃、織田信長は、大坂の石山本願寺を攻撃していたが、武田軍の三河進出は本願寺を支援する目論みもあった。また、武田方に通じる徳川家臣・大岡弥四郎らが、武田の軍勢を三河足助《あすけ》（豊田市）

方面より、岡崎城に引き入れ、クーデターを起こそうと画策していたが、そうした動きも、武田の三河侵攻に関連はあったろう。しかし、徳川家康は密告により、大岡らの野望を知り、厳しい処分を下す。大岡を鋸引きの刑に処し、クーデターを未然に防いだのだ。

武田勝頼自らは最初から三河に出張ってきたわけではない。先鋒隊を足助方面に侵攻させ、自らは同年四月十五日の出馬となった。これは同月十二日に甲府の躑躅ヶ崎館《つつじがさきやかた》において、亡父・武田信玄の三回忌法要が営まれるからであった。武田軍が足助城を包囲すると、城主の鱸《すずき》氏はすぐに降伏してしまう。豊田市にある五つばかりの小城も足助城と同じ運命を辿る。続いて、東三河に進行した武田軍は、野田城（新城市）を落とし、四月二十九日には吉田（豊橋市）方面に迫る。吉田城は、軍勢を引き連れた家康自らが籠城したため、武田軍は猛攻を加えず、城下を焼き払うのみにとどめた。そして、長篠城（新城市）に矛先を転じるのである。

武田軍が長篠城を囲んだのは、五月一日であった。長篠城を守るのは、奥平信昌。父・定能とともに武田方を離れ、家康に降った武将だ。しかも、信昌は家康の長女・亀姫との婚姻も決まっていた。交通の要衝にある長篠城を武田勝頼が落としたいと思うのは当然だが、それだけではなく、勝頼の心中には奥平氏への遺恨もあったろう。奥平信昌もそのことは十分自覚しており、武田に降るという選択肢はなかった。

武田勝頼は一万五千の大軍で長篠城を囲む。城の南には寒狭川が、東には大野川が流れ、それが天然の堀を形成していた。二つの川が合流する地点の断崖上に城は築かれていた。徒《いたずら》な力攻めは損害が増すことから、武田軍の兵士は竹束を持って、鉄砲や弓矢から身を守りつつ、慎重に攻め寄せる。また、金堀人足を雇い、堀や塀を崩し攻める戦法も使ったという。そのような戦法に、さすがの長篠城も窮地に立つ。長篠城はこのままでは落城してしまう。加勢を乞わなければということで、岡崎城にいた家康のもとに使者として派遣されるのが、奥平氏の家臣・鳥居強右衛門《とりいすねえもん》である。

強右衛門は、長篠城を脱け出し、家康のもとに辿り着き、城の窮状を訴えることに成功する。家康も単独での加勢は困難と見て、信長に援軍を要請していた。織田・徳川の来援が近いことを知った強右衛門は、長篠城に戻ろうとするが、城はもう目の前というところになって、武田軍に捕縛されてしまう。

ちなみに『三河物語』には、家康が強右衛門に「信長様は、もうご出陣であろうか。見てこい」と密かに命じたとある。強右衛門は長篠城を出て、池鯉鮒《ちりゅう》（知立市）に陣を置いていた信長のもとに向かう。強右衛門が家康のもとから来たと知ると、信長は喜び「出陣」のことに触れたという。強右衛門は、信長の言葉を胸に、竹束を背負い長篠城に走り入ろうとするが、武田方に捕まる。

強右衛門は、武田勝頼の前に引き出された。勝頼は言う。「私の言う通りにすれば、お前の命は助けよう。甲斐国にも連れて行き、十分な知行地もやろうぞ。まず、お前を磔にして、長篠城の者に見せるから、そのとき、お前は『信長は出陣していない。城を開け渡せ』と城内の者に叫ぶのじゃ。そうすれば、お前を木柱から下に降ろそう」と。すると、強右衛門は「ありがとうございます。命をお助けくださるなら、何でも致しましょう。それればかりか、知行地まで頂けるとのこと、これほど有り難きことがございましょうか。早く、長篠城の近くに磔にしてください」と感激して言上する。

強右衛門は木柱に括《くく》り付けられた。強右衛門は叫ぶ。「城の中の人々、出てきて、お聞きください。この鳥居強右衛門、城に密かに戻ろうとして、捕まり、このざまだ」と。城にいた者は出てきて「強右衛門じゃ」と聞き耳を立てる。強右衛門が城内の者に伝えた言葉は、勝頼に言ったこととは、真逆であった。「信長は出陣していないと言え、命は助け、知行地をくれると武田に言われたが、信長様はもう岡崎まで出陣している。嫡子・信忠様も出陣。先鋒は一の宮、本野が原にいて大軍。家康様、信康様は野田に移り、城を固めている。よって、三日のうちに運は開けよう。そのように、信昌殿に伝えてくれ」と言い放ったのだ。

強右衛門は、「敵の強みを言うとは。早くトドメをさせ」と、すぐさま武田方によって殺される。武田方としては、強右衛門を使って「援軍は来ない。だからこれ以上、城を守ることは無意味。開城せよ」と言わせて、長篠城内の戦意を挫《くじ》き、開城させようとしたのだろうが、強右衛門の「裏切り」によって頓挫する。強右衛門の機転と死によって、長篠城の将兵の士気は大いに上がったのである。

強右衛門は後に旗指物《はたさしもの》に描かれることになる。それが「落合左平次道次背旗」だ。武士・落合左平次が、戦のときに、背中にこの旗指物を括りつけて戦ったと言われる。その旗指物には磔になった褌一丁の凄まじい形相の男（強右衛門）が描かれていて、見た者に鮮烈な印象を残す。落合左平次は武田の臣であったが、強右衛門が処刑されるまでの僅かな時間に強右衛門に接し、その忠義心に感動。磔にされている強右衛門の姿を絵に残して、これを旗指物として使ったという。

長篠合戦の前哨戦――鳶ノ巣山砦の戦い

甲斐の武田勝頼の軍勢による三河国侵攻（一五七五年四月）により、徳川家康は窮地に陥る。交通の要衝にある長篠城（新城市。守将は奥平信昌）を武田軍に攻囲され、落城の危機に晒されたことも、家康には衝撃だったろう。武田軍の一万を超える軍勢に単独では対抗できないとして、家康は織田信長に支援を要請。しかし、この頃、信長は本願寺や三好氏との戦に手を焼いており、直ぐに三河に出兵できる状態ではなかった。本願寺が築いた城を落とし、三好氏が降伏を申し出て、やっと信長は救援に向かえる態勢となる。

五月十三日、信長は岐阜を出立。同月十八日には、設楽原《したらがはら》（長篠城の西方、約三キロメートル）に陣を敷いた。信長は、極楽寺山、家康は高松山を本陣とする。信長の援軍は約三万と言われている。この援軍を見て家康の胸にも希望の光が灯ったに違いない。

信長が設楽原一帯に陣を敷いたのは、同地の地形が一段と低い窪地になっていたからだった。窪地により、大軍の姿を隠そうとしたのだ。滝川一益・羽柴秀吉・丹波長秀などの織田部将は、有海原に陣を置いたのだが『信長公記』によると、家康は「滝川一益の軍勢の前に、騎馬武者の侵入を防ぐための柵を取り付けた」という。いわゆる「馬防柵《ばぼうさく》」である。

馬防柵の存在は『三河物語』にも「谷を前に丈夫な柵をつくって待ちかまえていた」と記載されている。五月十九日付の家康が石川数正・鳥居元忠ら家臣に宛てた書状が残されているが、そこにも「以前、申し含めた場所のこと、様子をよく確認し、柵等を念を入れて設営せよ」と書かれているので、馬防柵の設置が重視されていることがわかる。

馬防柵は信長の発案とする説もあるが、戦場で柵を設けることは珍しいことではなく、信長の天才的な閃きというわけではない。また、『信長公記』や『三河物語』にも、信長が柵を設営するように命じたとする記載はない。前述のように『信長公記』に「家康が滝川一益の軍勢の前に柵を取り付けた」とあるだけだ。

「長篠合戦図屏風」（徳川美術館蔵）には、馬防柵が合戦場のほぼ全域に構築されているように描かれているが、本屏風は「十八世紀」に描かれたと思われ、どこまで真実を伝えているかは疑問である。よって、馬防柵がどのくらいの規模で設営されたかは不明である。ある程度、信用できる史料からは、馬防柵は家康の命令によって築かれ、それも滝川一益の軍勢の前面という一部分に構築されたことが判明する。

『三河物語』には、長篠合戦が始まってからの記述として「信長の軍は柵際まで押し寄せられ、柵のなかに引き上げていた」とあり、信長の陣にも馬防柵があったことは推測できるが、どのくらいの範囲であったかは不明である。

さて、一方の武田勝頼は、本隊を率いて、有海原に布陣する。信長の援軍を得た家康方は有利になっていたにもかかわらず、勝頼はなぜ滝沢川（寒狭川）を越えて、進軍してきたのか。一つには、先述のように、信長が大軍を窪地に隠していたことも大きいだろう。武田軍を圧倒する数の軍勢がいることがわかれば、さすがの勝頼も無茶はしなかったはずだ。

もう一つは、織田・徳川連合軍の動きを見た勝頼の心理状態も関連していた。信長・家康の軍勢は、長篠城の救援に来ることなく、有海原に留まっていたが、それを勝頼は「敵は、手段を失い、一段とひっ迫している」（五月二十日、勝頼が家臣に宛てた書状）と踏んだのである。「敵陣に乗り懸り、信長・家康という両敵を倒す」（同前）との勝頼の意気込みが、武田軍を決戦の場に向かわせたのだ。勝頼は敵軍は兵力が足りず、後続部隊を待っているのではと考えた可能性もある。ならば、いち早く攻撃に出て、敵を叩き潰したほうが良い。

武田軍の前進を信長は「天の恵み」（『信長公記』）と考え、敵を悉く討ち取ろうとした。信長は、徳川の臣・酒井忠次を呼び、徳川軍のなかから、弓や鉄砲の腕が優れた者を選抜。二千人ほどの部隊を作り、そのなかに信長の馬廻りの者や鉄砲隊（五百挺）を付け、総勢四千で、鳶ノ巣《とびのす》山砦《やまとりで》の武田軍に攻撃を仕掛けたのだ（五月二十一日）。ちなみに、酒井忠次は家康の重臣であり、吉田城（豊橋市）の城主であった。

武田勝頼軍が滝沢川を渡河したのは、五月二十日か二十一日未明のどちらかと言われている。信長が酒井忠次に鳶ノ巣山砦の襲撃を命じたのは『信長公記』によると「五月二十日」である。『信長公記』には、勝頼が川を渡ったことを、この命令より前に記しているので、勝頼の渡河は五月二十日とみて良いだろう。信長は、勝頼の主力部隊の渡河を見て、酒井忠次による鳶ノ巣山砦の奇襲を命じたものと思われる。そうしたことを考えたとき、信長のほうが一枚も二枚も上手だったと言えようか。

鳶ノ巣山は大野川の左岸に位置し、長篠城を南から見下ろせる絶好の場所であった。武田勝頼が、この鳶ノ巣山に本陣を置けば、信長もなす術がなかったと『信長公記』は記すが、勝頼は川を渡り、織田・徳川連合軍との決戦を選んだ。五月二十一日、早朝、酒井忠次率いる軍勢四千は、鳶ノ巣山砦を鉄砲の一斉発射により攻め、武田方を追い払う。これにより、織田・徳川方は長篠城との連絡がつく。酒井忠次の軍勢は、長篠城にそのまま入り、城内の者と一緒になって、攻囲する武田軍の小屋（陣屋）を焼き払った（『信長公記』）。城を囲んでいた武田軍は退却していく。長篠城の救援はこれにて達成される。武田勝頼軍は、腹背に敵を抱えることになり、危うい状態に追い込まれた。史上有名な長篠の戦いは、眼前に迫っている。

三千の鉄砲による三段撃ちはあったのか？

天正三年（一五七五）五月二十一日に行われた長篠の戦い（愛知県新城市）は、日本史教科書にも太字で特筆される合戦である。『高校日本史Ｂ』（山川出版社、二〇一四年）には次のように記載されている。織田信長は「１５７５（天正３）年には、三河の長篠合戦で多くの鉄砲を使って武田氏の騎馬軍団を破り、翌年、近江に壮大な安土城を築きはじめた」と。

また、笠谷和比古氏が著した『徳川家康』（ミネルヴァ書房、二〇一六年）にも「武田軍左翼の旗頭である山県昌景は、自ら前線に出て騎馬部隊を率いて突撃を試みたが、織田・徳川方の鉄砲の射撃によってあえなく最期を遂げた。鉄砲の一斉射撃の威力はすさまじく、突撃してきた騎馬部隊の馬上の武士たちが一瞬にして消え去ってしまったという」と記される。信長の鉄砲の一斉射撃という戦術によって、騎馬部隊の突撃を主体とした武田軍が撃破されたという点で、先の教科書の記述と同じである。

江戸時代初期の儒学者・小瀬甫庵が著した『信長記』には、織田・徳川連合軍は、三千挺もの鉄砲を用意したという。そして、実戦においては、敵を引き付けたうえで、鉄砲隊（千挺ずつ）に「立ち替わり、立ち替わり、打た」せたとある。

それが、明治時代になって、日本陸軍の参謀本部（旧日本陸軍の中央統帥機関）が纏めた『日本戦史・長篠役』（明治三十六年＝一九〇三）になると、鉄砲隊を千挺ずつ三段に重ね、一列目が射撃、二、三列目が弾込めをし、一列目が射撃を終えると後ろに回り、二列目、三列目が射撃を行う（その間に一列目が弾込めする）「三段撃ち」という新戦術を信長は編み出したとなってしまう。この見解は人口に膾炙《かいしゃ》し、大河ドラマでもそのようなシーンが繰り返し描かれてきた（例えば、一九九二年の大河ドラマ「信長」）。

しかし、織田・徳川連合軍による三千挺の鉄砲による三段撃ちは、本当にあったのであろうか。比較的信用できる史料から、実態を探ってみよう。信長に仕えた太田牛一が著した『信長公記』には、戦の直前、信長は家康の陣所がある高松山に登ったという。小高い山に登った信長は、敵の動きを見たうえで、命令が下り次第、すぐに軍勢が動けるようにしておけと命じたようだ。そして、鉄砲約千挺を佐々成政、前田利家、野々村正成、福富秀勝、塙直政という五人の奉行に配備。敵の方に足軽を詰め寄らせた。長篠合戦の前哨戦とも言うべき鳶ノ巣山砦攻めの際、信長は鉄砲五百挺（『信長公記』）を酒井忠次に付けた。三千挺という鉄砲数は『信長公記』には見えない。

『三河物語』にいたっては鉄砲数は記されていない。武田軍の将兵が「雨脚のような鉄砲にあたって、戦死した」と記されているのみである。甫庵『信長記』は信憑性《しんぴょうせい》が乏しく、太田牛一『信長公記』は比較的信用できる史料と言われていることからすると、私は『信長公記』の記述に重きをおきたい。とは言え、『信長公記』にも、織田・徳川連合軍の鉄砲の全体数が記されているわけではなく、総数は謎と言わざるを得ない。

しかし、『信長公記』の記述を基に考えると、最低、千五百の鉄砲を信長は戦場に持ち込んでいたことはわかる。もちろん、他の部隊にも鉄砲を持たせたであろうから、千五百挺より多い鉄砲が長篠に持ち込まれたであろう。が、それが三千挺であったか否かは、信用できる史料からは確認できないのである。

それでは、鉄砲の三段撃ちはどうであろうか。『信長公記』に依り、長篠合戦の流れを再現してみよう。武田軍は、進軍を合図の推し太鼓を鳴らし、織田・徳川軍に打ち掛かってくる。一番目は、山県昌景の軍勢が来襲してきたが「鉄砲で散々にうち立てられ」退却した。二番手は、武田逍遙軒《しょうようけん》（信廉。信玄の弟）の軍勢であったが、彼の軍勢は入れ替わり立ち替わり、攻めては退き、退いては攻めを繰り返していたという。織田軍は、逍遙軒の軍勢に銃弾を浴びせ、軍兵の過半を討った。すると、逍遙軒の軍勢は退いていった。

三番手・西上野の小幡氏の赤武者が、馬を用いて、推し太鼓を打ちつつ、攻めてきたときも、織田方は「軍兵を揃えて身を隠し、鉄砲で待ち受けて、撃った」。小幡氏の軍勢も鉄砲により、大半が撃ち倒された。四番手の黒武者たちも、これまた織田方の鉄砲により、撃たれる。五番手の馬場美濃守の軍勢も同じ目にあう。

長篠合戦は、『信長公記』によると、五月二十一日の日の出から午後二時頃まで続いた。武田軍は、入れ替わり立ち替わり、騎馬武者を差し向けてくるが、織田方の鉄砲により撃退されている。織田方は射撃した後に、足軽を使い、敵方を軽くあしらう程度であった。武田軍は、多くの軍勢が討たれたこともあり、退却を始めるのだが、列が乱れたこともあり、そこを信長により突かれる。山県昌景・馬場信春など武田の重臣が討たれることになる。以上、『信長公記』により、長篠合戦の展開を見てきたが、織田方が鉄砲の三段撃ちをしているとの記載は見られなかった。

では『三河物語』はどうであろうか。同書には武田「勝頼も土屋平八郎、内藤修理、山県三郎兵衛、馬場美濃守、真田源太左衛門尉など度々の合戦で名を馳せた人々を入れかえ入れかえ、ひたすら攻め寄せて、退却することもなかったが、これらの人々は雨脚のような鉄砲にあたって、その場で戦死した」とある。『信長公記』の描写と同じと言っていい。『三河物語』にも、鉄砲三段撃ちの記述は見られない。よって、鉄砲の三段撃ちはなかったと言っていいだろう。

武田氏も信玄以来、鉄砲の装備を推進してきたが、玉薬と弾丸の確保が不十分であり、銃兵の訓練もうまくいっていなかった。一方、織田軍は、鉄砲や弾丸・玉薬を大量に用意できていた。それは、信長が京都や堺といった畿内を押さえていたことが大きいだろう。京都や堺においては、鉄砲などを購入することは容易である。

一方、甲斐の武田氏は、地理的な問題もあり、大量の鉄砲を確保することは難しかった。武田軍が敗れたのは、鉄砲の数量の差、そして軍勢数の差、織田・徳川連合軍の兵力の実態を掴めず、力攻めをしたことである。『信長公記』によると、武田軍が戦場から退却する時にも、多くの者が討たれている。その数は「侍・雑兵一万ほど」だったという。山に逃亡し、飢え死にした者、橋から落とされ川で溺死した者も数限りなく存在したということだ。

家康は信長の大軍が加勢に来てくれたからこそ、武田軍を撃退し、窮地を脱することができた。約八千の軍勢しか動員できない家康が単独で、一万五千の武田軍と激突していたら、敗北していた可能性もあろう。家康は信長の勢威と同盟の有り難さを改めて思い知ったに違いない。ピンチに陥った時、家康は信長に加勢を頼むということが度々あった。「寄らば大樹の陰」（同じ頼るならば、勢力のある人のほうがよい）の実践が家康の危機脱出法と言えよう。

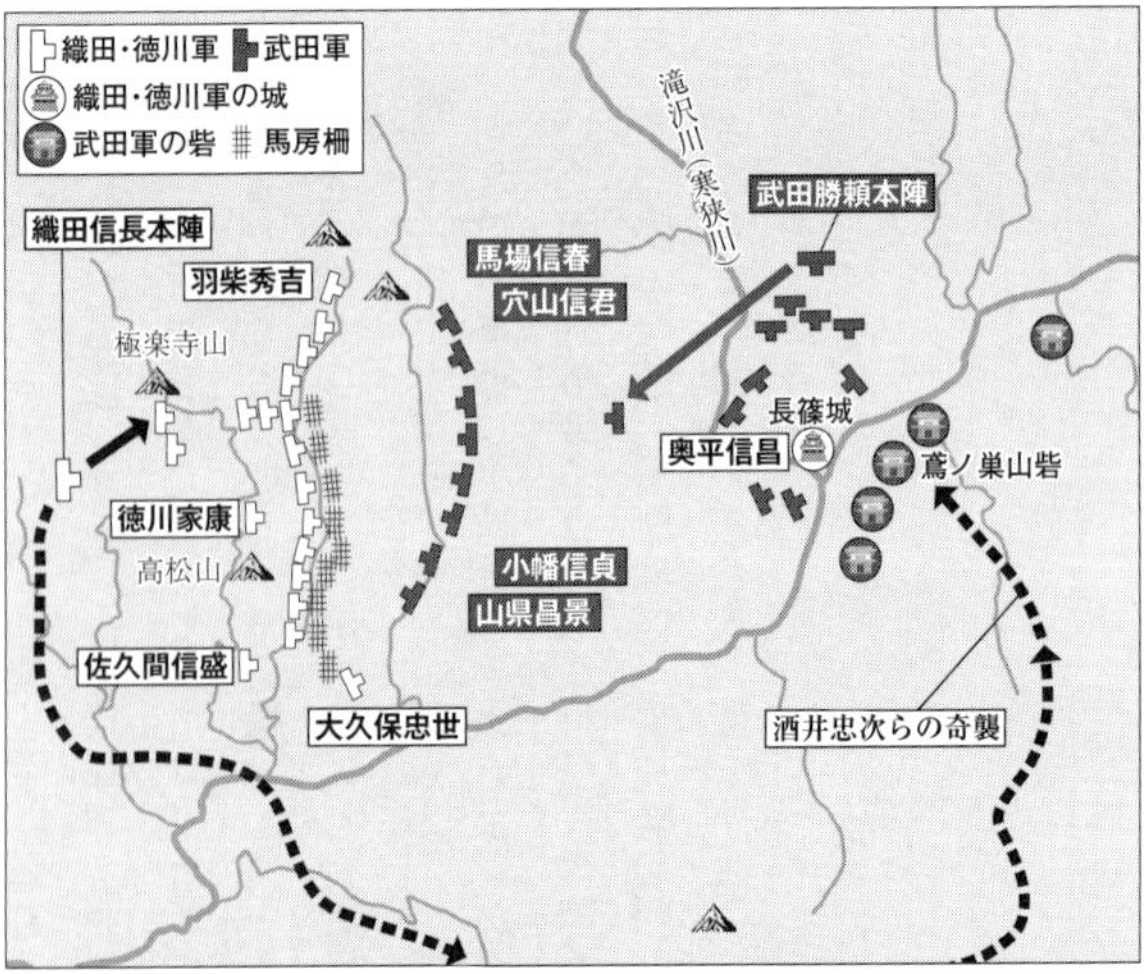

1575 年 5 月 21 日。家康からの援軍要請を受けた織田信長は、大量の鉄砲を用いて武田勝頼を撃破した。

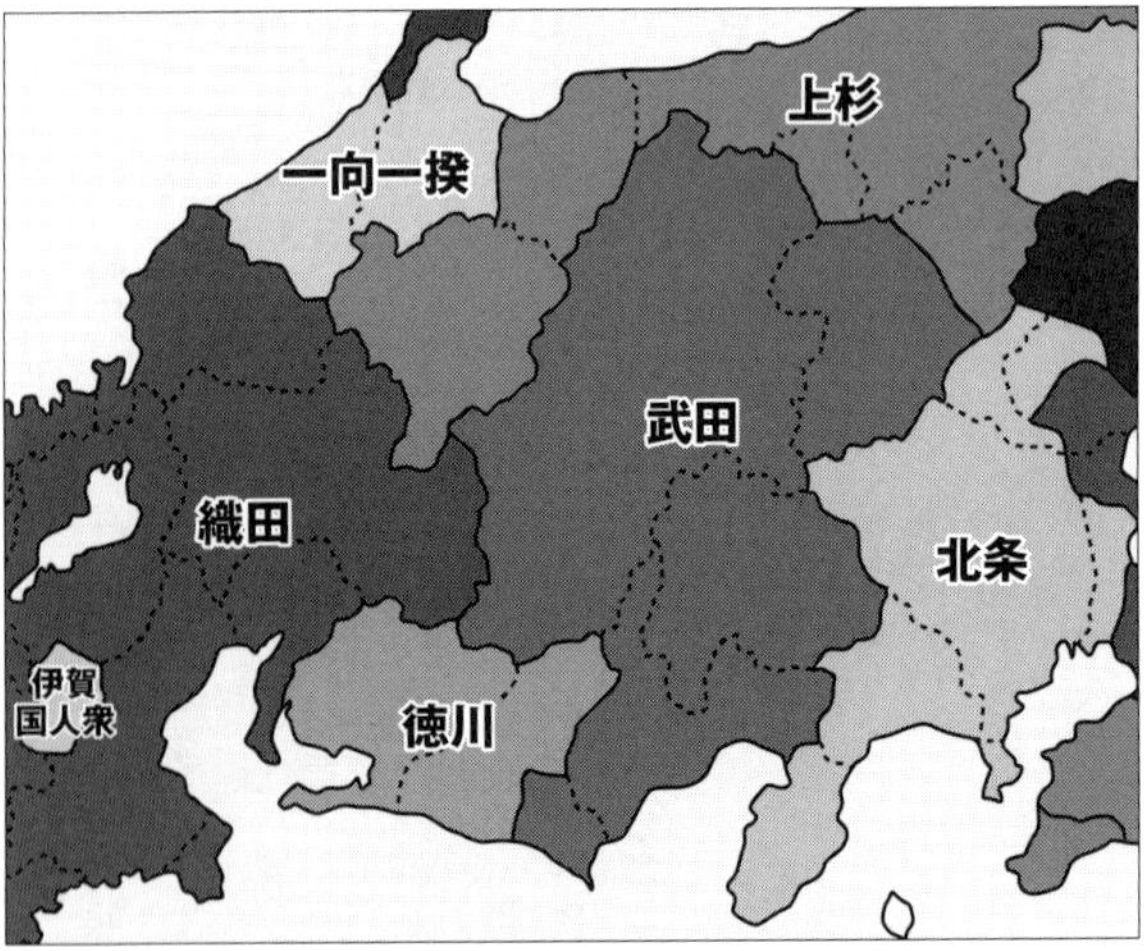

1575 年頃の勢力図

長篠合戦後の信長と家康

天正三年（一五七五）五月二十一日の長篠の戦いで、甲斐の武田勝頼軍を破った織田信長は、同月二十五日には岐阜に帰還した。戦いに勝利した勢いで、徳川家康は、六月二日、駿河国に侵入し、至るところに放火して、威勢を示したという（『信長公記』）。しかし、家康がまず集中して攻めたのは、遠江国の諸城（二俣城・光明城・犬居城）であった。光明城（浜松市天竜区）と犬居城（同前）はそれぞれ六月と七月に落城した。七月には、諏訪原城（島田市）を攻め、八月下旬にはこれを落とす（諏訪原城は牧野城と改名される）。続いて、徳川軍は小山城（静岡県吉田町）を包囲するが、九月上旬、同城を支援するため、後詰として、武田勝頼が大井川辺りに現れるのである。一万三千もの大軍であったという。武田軍は小山城を修理し、高天神城（掛川市）に兵糧を運び入れたため、家康も小山城と高天神城は落とすことを諦め、退く。

この戦には、家康のみならず、その嫡男・信康も同行していたようで、『三河物語』に一つの逸話が載っている。武田軍が大井川を越えてきたので、退却となったとき、信康は父・家康に向かい「これまでは、我が軍は敵に向かっていましたので、私が先に進みましたが、これからは、敵を背にして引き上げることになります。まず、上様（家康）がお引き上げください。どこに、親を後ろに置いて、引き上げる子がおりましょうか」と言上する。しかし、家康は「倅はわけのわからぬことを言う。お前が早々に引き上げよ」と言って聞かない。

親子は何度も何度も押し問答を繰り返したというが、信康はとうとう先に退却しなかった。家康は折れて、先に引き上げたというのだ。信康はその後で、整然と隊列を組んで引き上げたという。この逸話からは、親（家康）を想う子（信康）の情愛と、信康の勇気を窺うことができるだろう。


さて、家康は五月末から二俣城（城主は依田信蕃）を囲んでいたが、同城はなかなか落ちなかった。しかし、徳川方も五ヶ所の付城を築いて、粘り強く攻めたことから、同年（一五七五）十二月下旬、二俣城は開城する。武田勝頼は、長篠合戦で大敗しても戦意は喪失していなかった。「軍役条目」（十二月十六日）を定めた勝頼はそのなかで「来年は、尾張・美濃・三河・遠江で、当家の興亡をかけた戦をする。累年の忠節を尽くすのはこの時だ」「鉄砲は重要だ。今後は長柄（柄の長い刀）を減らし、良い足軽を選び、鉄砲を持参するようにせよ」などと述べ、信長・家康と決戦する覚悟と対策を示している。鉄砲を増やすように指示していることは、長篠合戦での敗戦が影響しているのだろう。

『信長公記』には、長篠合戦直後に「信長公は三河・遠江両国のことを家康公に任された。家康公は長年の心配がなくなって、満足であった」との一文を載せる。同合戦後に家康が遠江の諸城に攻め寄せて、その幾つかを攻略していることを見ても、長篠合戦の勝利により、武田の脅威が軽減したことがわかろう。

一方、信長にとっても東方の脅威が減ったことは喜ばしいことであった。同年八月十二日、信長は岐阜から越前に出兵する。越前の一向一揆を鎮圧するためだ。越前へ侵攻した信長は、敵対する勢力を次々に破り、降伏してきた者を殺し、捕虜となった者「一万二千二百五十余り」を小姓に命じて殺させたという。生捕りと殺害された者を合わせると「三、四万」にもなった（『信長公記』）。

九月二日には、北庄に入り、ここに城を築くことを命じる。そして、越前国に国掟（九ヶ条）を定めるのだ。それは、

・国内に不法な課役を申し付けてはならない
・国の警備に置いている侍を、気ままに扱ってはいけない
・裁判は道理が根本である
・京都の公家の領地は、此度の争乱以前の知行地は返還せよ
・越前国の関所を廃止せよ
・越前支配に油断があってはならない。武具や兵糧を備えておけ

・鷹狩をしてはならない
・二、三ヶ所は家臣に与えぬ所領を残しておけ。働きに応じて、それらの所領を与えることを示すのだ
・新しい事態が起こっても、信長の指図に従うことが肝要だ。兎《と》に角《かく》、我々を尊崇し、たとえ、後ろ影を見たとしても疎《おろそ》かに思ってはいけない。我々がいるほうへ、足を向けぬ心がけが大事である

というものであった。

織田方（信長）への服従を強制したのである。十一月に入ると、武田勝頼が、美濃国の岩村城（恵那市）の援軍として、出兵したとの報が入る。信長は、すぐに京都を立ち（十一月十四日）、昼夜を問わず駆け、岐阜に着く（同月十五日）。同月十日には、岩村城を攻める織田方に武田軍から夜討ちがかけられていた。夜襲により、陣を構えていた水晶山から織田は追い払われる。武田軍は岩村城に入り、夜襲の軍勢と共に、織田方を挟撃しようとしたのだ。

武田軍の攻勢を食い止めたのは、信長の嫡男・織田信忠だった。信忠軍は、敵の城兵を城に押し返し、夜討ちに及んだ敵兵を探索、大将二十一名と、侍千百余名を成敗したのである。岩村城の城主・秋山虎繁は精魂尽き「一命を助ける」ことを条件に降伏する。

十一月二十一日、秋山虎繁や座光寺、大島氏らは織田軍に御礼に参上したところを、捕縛され、岐阜に連行された。そして、長良川の河原で磔刑に処したのだ。信長が家康に宛てた書状によれば「秋山をおびき寄せ、磔にした後、籠城していた者の首も残らず刎《は》ねた」とある。それにより「近来の鬱憤を散らした」というのだ。秋山虎繁の妻となっていた信長の叔母も磔にされたという。赦免という条件で降伏したにもかかわらず、殺された秋山氏や城兵たちは哀れである。

十一月二十八日、信長は信忠に家督を譲渡。岐阜城と尾張・美濃国も信忠に譲る。翌年には安土に築城を命じ、二月下旬には安土に移ることになる。「天下人」としての道を歩む信長から、家康に命令が下る。家康の叔父・水野信元（家康の母・於大の方の異母兄）を殺せというのだ。水野領の三河国刈谷（刈谷市）や尾張国小川（愛知県東浦町）の者たちが、岩村城の秋山虎繁に物資を提供していたというのがその理由である。織田の重臣・佐久間信盛が信長に讒言《ざんげん》したという。水野信元は、十二月二十七日、切腹して果てたのである（殺害説もあり）。

家康と信元は、かつて、今川方と織田方に分かれていたことがあるとはいえ、桶狭間の合戦（一五六〇年）直後には「今川義元は戦死したこと。信長軍が押し寄せてくるから、早く退却すべきこと」を家康に伝達したこともあった。ある意味、命の恩人ともいうべき者、それも親族を殺せと命じられた家康はどのような想いだったろうか。後年、信長から家康には更に過酷な命令が下ったとされる。それは、我が子を殺せという命令だったというが、果たして真相はどうだったのか？

『三河物語』が描く松平信康事件の顛末

天正七年（一五七九）、徳川家康、生涯の痛恨事といっていい事件が起こる。いわゆる「松平信康事件」だ。事件の内容や真相に触れる前に、信康とその生母・築山殿について、簡単に触れておこう。

信康は、家康の長男として、永禄二年（一五五九）に生まれる。当時、家康はまだ「松平元康」と名乗っており、駿河・今川家の部将であった。信康の母は、今川の有力家臣・関口親永の娘・瀬名。後に築山殿と呼ばれる女性である。永禄三年（一五六〇）、桶狭間の戦いで、今川義元が討死すると、それから暫くして、家康は織田信長と結び、岡崎に留まり今川から離反していく。瀬名と信康は駿河に残されたままだった。言わば、人質である。

『三河物語』には、敵となった家康の子・信康（幼名は竹千代）を「すぐに殺せ」「明日、殺せ」という声が今川家中で巻き起こったという。しかし、今川の親族でもあり、有力家臣でもある関口氏の孫であったので、殺されることはなかった。そうこうするうちに、永禄五年

（一五六二）、家康に捕縛された今川の臣・鵜殿氏と、築山殿・信康の人質交換が成立。築山殿らは、家康がいる岡崎に赴くことができた。

元亀元年（一五七〇）、家康は本拠を浜松に移すが、それに伴い、竹千代は元服し「岡崎次郎三郎信康」を名乗る。岡崎城主にもなった。「信康」という実名は、信長と家康から、それぞれ一字を貰ったものだ。信康は、信長の娘・徳姫と永禄十年（一五六七）に結婚しており、信康にとって、織田信長は妻の父であった。

信康は、家康と共に戦に参加すること多く、長篠合戦（一五七五年）にも親子で参戦している。信康は、勇猛な武将に成長し、武田軍が迫り「退却」となったときも、家康を先に逃がし、自らは後で整然と退いた。危険な殿《しんがり》を務めたのだ。『三河物語』に記されたこの逸話からは、父子関係は良好であったことが窺える。

ところが、天正七年（一五七九）、それが突如、暗転する。『三河物語』は、そのきっかけを作ったのが、信康の妻・徳姫（信長の娘）だったと記す。徳姫は信康と不和となり、信康を中傷する書状（十二ヶ条）を、徳川の重臣・酒井忠次に持たせて、信長に送ったのだ。

信長は、酒井忠次を近づけて、一つひとつの内容について「これは本当か」ということを尋ねたという。それに対し、忠次は十ヶ条の内容について「その通りです」と答えたそうだ。すると信長は「徳川家の重臣が、全てその通りというならば、疑いのないこと。これは、とても放置しておけぬ。信康を切腹させよと家康に申せ」と忠次に伝えるのである。

酒井忠次は、岡崎には寄らず、浜松の家康のもとに行き、家康に信長の意向を伝える。家康は、我が子を切腹させよという信長の考えを聞いても、狼狽することはなかったという。「あれこれ言うまい。信長を恨みもすまい。身分が高い者も低い者も、子を可愛いと思うのは同じこと。信長は書状の内容を十ヶ条まで指さされ、お尋ねになった。酒井が知らぬと申し上げたならば、信長もここまでは言わぬはず。その通りと言上したから、こう仰ったのだ。信康は酒井忠次の中傷により、腹を切らせることになった。私も大敵に直面し、背後に信長がいては、信長に背き難い。あれこれ言うまい」というのみだった。

そう述べる家康に対し、家臣の平岩親吉は「軽々しく、信康様に腹切らせては、後悔されましょう。私は信康様の守り役。万事、私の不行届。私の首を切り、信長に差し上げてください」と身代わりになることを懇願。家康は、信康を殺すことの無念を述べたうえで「武田勝頼という大敵と戦っている最中に、信長を裏切ることはできぬ。お前（平岩）を切って、首を持たせて、信康の命が助かるのならば、お前の命を貰いもするが、酒井忠次の中傷ならば、どうにもならん。そのうえ、お前を失っては、恥の上塗り。可哀想だが、信康を岡崎から出せ」と命じたという。

信康は岡崎城を出され、大浜（碧南市）・堀江城（浜松市西区）・二俣城（浜松市）と転々とする。そして、二俣城において、切腹させられたという。信康享年、二十。

『三河物語』を基に「信康事件」の経緯を辿ってみた。同書は、信康に悪い点はなかったとしている。悪いのは、夫を中傷した徳姫だというのだ。「夫婦なのだから、子供のためといい、人の噂といい、あれこれ考えたら、こんな中傷はするべきではない。酷い」と主張している。『三河物語』が続けて非難するのは、酒井忠次である。酒井忠次は、徳川の重臣であるにもかかわらず、徳姫と一緒になって、口裏を合わせて、信康を中傷したと同書は批判する。徳川の臣の多くが、酒井を憎んだが、信長の勢威を恐れて、なす術はなかった。

『三河物語』は、信康を礼賛しているといって良い。信康の死を「残念」とし、信康ほどの器量の者はそうそう現れるものではないと言う。だから、上下の者が信康の死を嘆き悲しんだ。武勇に秀でた者を側に召して、合戦の話ばかりしていたという信康。乗馬と鷹狩が趣味だったという信康。信康が語ったことを、家臣たちは「信康様はこう仰ったものだ」と後々まで、感心しつつ語りあったそうだ。家康も「我が子ながら、器量良し」と信康を称賛していたが、信長に従わねばならないときなので、泣く泣く腹を切らせたというのが『三河物語』が語る「信康事件」の顛末である。

しかし、この『三河物語』（著者は旗本・大久保忠教）の記述は、大変偏っていて、史実とは異なるという指摘もある。大久保忠教は、家康や信康を庇おうとして、偏向した記述になったというのだ。確かに、『三河物語』には、徳姫が夫・信康を中傷したとする書状の内容などは記していない。ただ、信康を素晴らしい器量の持ち主だったと賞賛するだけである。なにより、家康は我が子・信康だけでなく、妻の築山殿も死に追いやっているのである。信康の不行跡があったとしても、なぜ、妻まで殺害する必要があるのかという疑問も残る。

『三河物語』は、築山殿の死については触れていない。信長が信康の切腹を家康に命令したということも本当であろうか？　娘の夫のこととはいえ、他家のことであるし、不行状が理由で切腹というのもやり過ぎの気がする。最悪の場合、家康は気分を害し、織田を離れることにもなりかねない。信康事件の真相は、『三河物語』だけではなく、史料を多角的に見ていくことにより、見えてくるものであろう。

なぜ家康は妻子を殺したのか？

徳川家康の痛恨事、松平信康事件（天正七年＝一五七九年九月）。家康は嫡男の信康だけではなく、自らの妻・築山殿もこのとき、殺害している。家康はなぜ妻子を殺害したのか？　これまで通説とされてきたのは、江戸時代初期の旗本・大久保彦左衛門忠教が著した『三河物語』を基にした次のような話である。

信康の妻は織田信長の娘・徳姫であったが、彼女は信康と不和となり、信康を中傷する内容の書状を、徳川重臣・酒井忠次に持たせて、父・信長に見せる。信長は、書状の内容の事実関係を具に忠次に確認し、間違いないことがわかると「とても放置できぬ。信康を切腹させるように家康に命じよ」と言い放つ。

家康は我が子に死を与えたくないと思うも、武田勝頼という宿敵がいるなか、勢威ある信長の意向に背くわけにもいかず、泣く泣く信康を切腹に追い込む。これが、信康事件の通説的見解であり『三河物語』は、家康の親心を察するとともに、武将としての器量があった信康の死を惜しむ。その一方で、信康を中傷した徳姫と、徳姫の書状を信長のもとに持参し、信長の指摘に「間違いありません」と頷いた酒井忠次を批判するのである。しかし、『三河物語』以外の史料を見ていくと、信康事件に関して、また別の側面が浮かび上がってくるのだ。

その史料の一つが『当代記』である。『当代記』は、江戸時代初期に編纂された日記風の年代記であり、編纂者は姫路藩主も務めた松平忠明（一五八三〜一六四四。家康の外孫）とも言われているが、詳細は不明である。戦国時代末から江戸時代初期の情勢を知るうえでの「重要史料」「貴重な史料」とされている。

その『当代記』に信康事件に関する次のような一文があるのだ。「八月五日、岡崎三郎信康が牢人となった。彼は信長の婿であったが、父・家康の命令に常に背き、信長をも軽んじたからだ。また、家臣にも情けがない、非道な振る舞いをした。これらのことを、先月、酒井忠次を派遣して、家康は信長に、信康の振る舞いや、それにどのように対処するかを伝達をしている。信長は、そのように父や家臣に見限られるうえは仕方がない、家康が思うように処断せよと返答する。

家康は岡崎にやって来て、信康を大浜に退け、岡崎城には本多作左衛門を入れた。信康は、これは暫くのあいだのことだと思っていた。家康は西尾城へ移り、信康を遠州・堀江へ移し、それから二俣城へ移送。九月十五日、この地において、信康は切腹する。信康の母（筆者註・家康の妻の築山殿）も浜松で自害した」

『当代記』の内容は、『三河物語』が記す「通説」とはかなり異なることがわかる。徳姫が夫・信康を中傷する書状を信長に送ったのではなく、家康自身が酒井忠次を信長のもとに遣わし、信康の処遇について「このようにしたいと思います」と伝えているのだ。それに対し、信長は「信康を切腹させよ」とは言わず、家康の判断に任せると答えている。

酒井忠次が、信長がいる安土に赴いたことは『信長公記』からも確認できる。同書の天正七年七月十六日の箇所に、家康から酒井忠次を使者として、馬が献上されたことが記されているからだ。しかし『信長公記』には、信康事件についての記述は一切ない。酒井忠次は馬を献上するためだけに、安土に行ったのではなかった。

家康が信長の家臣・堀久太郎に宛てた書状（同年八月八日）には「今回、酒井忠次を使者として遣わしたときの、信長様の様々なお心遣いは、久太郎様の取りなしのお陰であり、御礼申し上げます。さて、信康は不覚悟であったので、今月四日に岡崎から追放しました。なお、事の詳細は、小栗大六と成瀬藤八が申し上げます」とある。信康の「不覚悟」という語句が何を指すのかは不明だが、不覚悟には「油断して失敗を招く」「覚悟ができていないこと」の意味がある。

松平家忠（深溝松平家当主、一五五五〜一六〇〇年）が記した日記『家忠日記』には、同年八月三日、家康は浜松から岡崎に向かい、翌日、家康と信康は話し合ったうえで、信康は大浜へ退いた旨の記載がある。同日記には、信康に手紙などを出したりしないよう、家康は国衆に起請文（誓紙）を書かせたとの一文が見える（八月十日）。単なる不行状で追放されたにしては、厳戒体制だ。いったい、何があったのか。

『安土日記』に「三州岡崎三郎殿、逆心の雑説申し候」とあるのが、注目される。つまり、信康に謀反の噂があったというのだ。よって、信康を八月四日に岡崎から追放したという。ちなみに『安土日記』とは、信長の一代記『信長公記』の諸本のなかで、最も古いものと言われ、信用が置かれている書物である。

この『安土日記』でも、信長は信康を切腹させよとは述べていない。信康が本当に謀反しようとしたのか、その真偽はわからないが、前述したような厳戒態勢を敷いていることを考えれば、何もなかったということはできまい。なんらかの親子対立があったと思われる。

『当代記』や家康書状からわかることは、家康が信長に我が子・信康の対処方針を示し、信長はご随意にと言っていることである。通説とは正反対だ。おそらく、信康に謀反か、それに類する動きが見られたので、家康は素早く動いて、信康を岡崎城から追放し、自害に追い込んだものと考えられる。信康が切腹する九月十五日より前、八月二十九日には、信康の母・築山殿が殺害されている。信康の「逆心」となんらかの関わりがあったと考えていいだろう。

信康に日頃から乱暴な振る舞いがあったのならば、廃嫡すればよく、切腹させるほどのものではない。死を命じるほどの事態となると、相当のことがなければいけない。ただ、一つ気にかかるのは、信康事件に関連して、処罰された家臣がいないことである。謀反となると、やはり、そこには信康に賛同する、いくらかの家臣がいなければならないだろう。ところが、そのような者は見当たらないのだ。「反家康」の派閥が岡崎に形成されていたようには思えない。では、信康は母と二人で「逆心」しようとしたのか。

『松平記』（江戸時代前期に成立。徳川氏の創業を記した史料。作者不詳）には、築山殿は、家康に恨みがあり、甲斐の武田氏に通じており、信康を唆《そそのか》し、謀反を勧めたと記している。『松平記』の記述を全て信じるわけにはいかないが、築山殿と信康がほぼ同時に殺害されていることを思えば、似たようなことがあったのではと私は考えている。

この時代、親子対立はよくあることだった。甲斐の武田信玄も、嫡男の義信が謀反に関与したとして廃嫡、幽閉している。この「義信事件」のときは、義信に与したとして、処刑や追放された武田家臣も出た。今川領国への侵攻を志向する信玄に、義信（今川義元の娘を妻とする）らが反発、信玄への謀反を企てたと考えられている。

信康の場合、謀反の動機がいまいち掴めないが、家康書状の「不覚悟」（油断して失敗を招く）という語句から、母・築山殿に唆されたということも十分あり得るのではないか。築山殿は今川家に縁のある女性であり、家康が織田方と連携することを不快に感じていた可能性もある。『松平記』は「御母築山殿も日頃の悪逆があり、同じく自害に及ぶ」とあり、築山殿が不穏な動きをしていたことを示す。築山殿が謀反を主導し、信康がそれに引きずられ、母子自害という最悪の結果になってしまったのではないか。

長篠合戦の舞台となった設楽原（愛知県新城市）

信康が切腹させられた二俣城跡（静岡県浜松市）

第5章　天正十年の徳川家康

高天神城をどのように落としたのか？

天正五年（一五七七）閏《うるう》七月、徳川家康は武田方の高天神城を本格的に攻撃し始める。甲斐の武田勝頼は、高天神城を救援するため、出陣。しかし、両軍の主力は激突することなく、勝頼は十月二十日には大井川を越えて引き上げていく。翌年（一五七八年）三月、越後の上杉謙信が急死するが、後継者を定めていなかったため、上杉景勝（謙信の甥）と上杉景虎（謙信の養子。北条氏政の弟）との間で家督をめぐり、内戦（御館の乱）が勃発。武田勝頼は、この内乱に介入し、最終的には上杉景勝と結ぶことになる。

天正七年（一五七九）三月、内乱は上杉景虎が自刃したことにより、終結。しかし、武田氏と小田原の北条氏との同盟は、武田が上杉景勝に味方したこともあり、崩れた。勝頼は、上杉景勝との関係強化をはかり、妹・菊姫を景勝のもとに嫁がせる。勝頼の父・武田信玄が上杉謙信と何度も干戈《かんか》を交えていたときのことを思えば、隔世の感があるが、ここに甲斐と越後の同盟が成立したのだ。

勝頼は、北条氏との対決を睨んで、常陸の佐竹義重とも同盟を結んでいる(同年十月)。しかし、北条氏政は家康と結んだため、武田勝頼は東西から挟撃される状態となった。そこで、勝頼は常陸の佐竹氏を通して、織田信長と和睦しようとするが、信長は見向きもしなかった。そういった諸々の状況があり、武田勝頼は、次第に遠江国へ出馬できなくなり、高天神城の後詰も叶わなくなる。天正七年が、勝頼自らが遠江に出陣した最後の年になった。

そうなると、高天神城の攻防戦は、家康方が有利となる。徳川方は、大坂砦・相坂砦・中村砦・獅子ヶ鼻砦など数々の砦を築き、高天神城の包囲を狭め、追い詰めていく。ついには高天神城に籠城していた者たちも音を上げ、矢文でもって降伏を申し出る状態に陥る。助命されるなら、同城のみならず、小山城や滝境城も譲るとの申し出もあった。

しかし、それを拒否したのが、織田信長である。信長の拒否の論理は次のようなものだ。「私は一、二年の間に駿河や甲斐に攻め込む。もし、武田勝頼が高天神城の後詰めに出てくるのであれば、手間はない。討ち果たして、駿河・甲斐国を手中にする。勝頼が後詰めに出てこず、高天神城などを見捨てるのであれば、彼は信頼を失い、駿河の諸城を保つことはできなくなるだろう」。勝者の余裕というものが伝わってくる。家康は信長の意向に従い、高天神城の降伏を認めなかった。

『三河物語』には、高天神城の攻防戦の最終局面も記されている。同書によると、高天神城の包囲は、城中から蟻一匹這い出る隙のない厳重さであったという。四方には深く堀が掘られ、高い土塁や板塀が築かれ、堀の向こうには七重八重の大きな柵が設けられていたのだ。そうしたなかにあって、城中の者たちは打って出てきた（三月二十二日）。高天神城の大将である岡部元信は、大久保彦左衛門が太刀にて負傷させたという。そしてその配下の本多主水が討ち取ったそうだ。彦左衛門が言うには「岡部丹波（元信）と相手が名乗っていたならば、配下の者に討たせる事はなかったが、名乗らなかったので、そうした」とのこと。

さらに『三河物語』には、徳川方が「堀一杯、敵を殺した」「夜があけて首をとった」「大方を殺した」との記述が見られ、徳川方が圧倒的に優勢だった様が窺える。『信長公記』にも、このときの高天神城攻めが記載されており、籠城する武田方が兵糧不足で大半が餓死したので、残党がもはやこれまでと城を打って出てきたという。同書には、徳川方で、武田の将兵の首を討ち取った武将の名がズラリと記されている。高天神城はついに落城した。武田勝頼が高天神城の救援に出馬しなかったことは、勝頼の信用を傷付けるものだった。

『信長公記』には「武田勝頼は、甲斐・信濃・駿河において、多数の勇士を討ち死にさせた。また、高天神城の将兵を餓死させ、援軍を送ることもできなかった。よって、天下の面目を失った」とある。続けて同書は「これは、信長公の御威光であるが、同時に家康公の勝利のゆえである」と、家康の貢献の大きさを説く。更には「三方ヶ原では武田信玄と戦をし、長篠合戦では武田勝頼と合戦をした。いずれも勝ち戦で、その手柄はめざましい。しかも、武と徳の両道に優れ、神のご加護もある」と過剰に家康を誉めあげている（三方ヶ原では、家康は信玄に敗北している）。家康は、高天神城を奪い返し、遠江国全域をほぼ平定することになる。

追い詰められた武田勝頼は、天正九年（一五八一）には、新府城（韮崎市）の築城を始め、新館に移るが、武田一族や重臣のなかには、新府への移転に反対する者もいた。新府移転は、勝頼と家臣との軋轢を生んだというが、天正十年（一五八二）になると、離反者が現れた。

勝頼の妹婿である信濃国の木曽義昌が、織田信長に内通したのである。勝頼は、すぐに兵を出し、一万五千の軍勢でもって、木曽義昌を討伐しようとした。二月二日には、信濃の諏訪上原（茅野市）に陣を敷いた。信長はこの機を逃さなかった。翌日二月三日には、多方向からの侵攻を命令したのだ。駿河からは家康が、飛騨からは金森長近が、関東からは北条氏政が、信濃伊那からは信長・信忠父子が攻め入ることが決められる。

家康は、二月十八日に浜松城を出て、同月二十一日には駿府に入った。信長や家康軍が攻め寄せると、武田を裏切り、織田方に味方する者も現れてくる。早くから内通していた穴山梅雪もその一人である。梅雪は、駿河国の江尻城（静岡市清水区）にあったが、「信長公の味方して、忠節を尽くせ」との指令があると、すぐに寝返ったのだ。甲斐の府中（甲府市）に人質としてあった梅雪の妻子は、雨夜に紛《まぎ》れて密かに脱出させたという（二月二十五日）。

梅雪は武田一族であり（生母は武田信玄の姉）、その裏切りは武田勝頼にとってショックだったろう。梅雪が織田方に降ったことによって、甲斐への進軍は容易となった。勝頼は新府に戻るが、館に火をかけ（三月三日）、重臣の小山田信茂を頼ろうとした。しかし、信茂にも裏切られて、三月十一日、追い詰められた勝頼は、妻子と共に田野（甲州市）で自害して果てる。名族・武田家はついに滅亡した。

駿河国をもらった家康が信長にした「おもてなし」

天正十年（一五八二）三月十一日、甲斐国の武田勝頼は、織田信長や徳川家康に攻められ追い詰められて自刃する。

『三河物語』には、主（勝頼）を見捨てて逃げる者（跡部尾張守）と、最後まで主君に尽くす者（土屋惣蔵）の姿が描かれている。逃げようとする跡部は、土屋に見つかり、矢を射られてそれがきっかけとなり討たれてしまう。土屋は、矢を次々と射て敵を倒し、勝頼とその子・信勝の介錯をしてから、自らも腹を十文字に切り、息絶えたという。『三河物語』は、土屋の忠義を「昔も今も稀である」と称賛する者が多かったと記す。『信長公記』にも土屋の行動は記されており「較べるもののない活躍だった」とする。

武田勝頼の首は信長に進上された。『信長公記』には、そのときの信長の言葉は書かれていないが、『三河物語』には記されている。「日本にまたとない武人であったが、運がお尽きになり、こうなられたことよ」――これが、信長が勝頼の首実検をした際に漏らした言葉であると言われる。信長は勝頼の武勇を認め、評価していたことがわかる。

さて、三月二十九日、武田氏の旧領が、信長から諸将に割り当てられた。甲斐国は河尻秀隆に、信濃国の高井・水内・更科・埴科《はにしな》四郡は森長可《もりながよし》に、上野国は滝川一益に、そして駿河国は徳川家康にそれぞれ与えられることになった。家康はこれにより、三河・遠江・駿河の三国を領有することになる。

この論功行賞を見ても、信長と家康の関係は、同盟関係というよりは、主従関係に近いことがわかろう。家康は直接、信長に宛てて書状を出すことができなくなっていったとされ、取次の近臣（西尾吉次）を介して、連絡を取り合う仲になっていた。信長から家康への書状にしても、下位者に向けての文言となり、立場の違いは歴然となっている。

四月十日、信長は安土に帰るため、甲府を立つ。その途中には、駿河国を通るのだが、家康は信長のために、茶屋や厩《うまや》、立派なご座所を設け、信長をもてなす。それは「家康公のお世話ぶりは大変なものであった」（『信長公記』）と記されるほどのものだった。富士の裾野、大宮、府中、掛川などに茶屋は建てられ、信長は歓待された。信長からも家康に脇差や馬を贈っている（家康の家臣にも、兵糧米八千俵を分配したという）。浜松においては、今切の渡にて、家康が美しく飾った御座船を用意し、船中で、信長に一献差し上げた。浜名の橋や今切の由来、舟方衆の生活を、家康の臣・渡辺弥一郎が具《つぶさ》に説明すると、信長は興味深く聞き入っていたようだ。説明が終わると、信長から渡辺に黄金が与えられた。

このときの家康の行動を見ていると、大きな仕事を与えてくれた大企業の社長（信長）を、必死に接待する下請企業の社長を彷彿とさせる。『三河物語』には、信長が家康に駿河国を与えたことは記されているが、家康が信長を贅《ぜい》を尽くして歓待したことは書かれていない。四月二十一日、信長は安土に到着した。暫くして、家康と武田旧臣・穴山梅雪は、安土を訪問することになる。家康にとっては駿河を頂いたお礼、梅雪にとっては領土を安堵してくれたお礼のためである。

信長は家康がやって来ると聞いて「ひときわ、心を込めたもてなしをせよ」「街道を整備して、家康殿が泊まるごとに、国持・郡持大名が出ていって、立派に接待せよ」と命令した。家康も信長を迎えたときには、街道を整備、岩石の露わな悪路を、石を除去して平らにしている。信長の頭には、安土に帰る途上で、家康から受けた接待の数々があったに違いない。その接待の内容に劣ることは許されないくらいの想いはあったであろう。

五月十四日、近江の番場までやって来た家康と梅雪を迎えたのは、惟住《これずみ》五郎左衛門（丹羽長秀）だった。丹羽は、番場に仮館を作り、酒や肴を用意して、家康をもてなした。その番場には、信長の後継者・織田信忠も到着したことから、丹羽は信忠のもとにも顔を出し、一献差し上げたという。信忠はその日のうちに安土に向かった。

翌日には家康らも安土に到着。安土に着いた家康を接待したのが、明智光秀である。『信長公記』には「光秀は、京都・堺において珍物をととのえ、大変素晴らしいおもてなしをした。それは十五日から十七日まで三日にわたった」と記されている。そこには、俗書に見えるような、光秀の不手際（家康に出す魚を腐らせて信長が怒り饗応役解任）は書かれていない。

五月十七日に、光秀は安土から坂本城に戻る。中国地方へ出陣する準備のためだ。当時、織田の部将・羽柴秀吉は、備中国（岡山県岡山市）高松城に攻め寄せ、同城を水攻めにしていた。高松城を守るは、毛利氏に仕える清水宗治。高松城救援のため、毛利輝元・吉川元春・小早川隆景は軍勢を率いて出陣。秀吉軍と対峙する。この状況を見た信長は「自ら出兵し、中国の有力大名を討ち、続いて九州まで平定してしまおう」と考えたという（『信長公記』）。そのうえで、明智光秀らに先陣として、出動するよう令したのだ。安土における家康接待は、戦を前にした信長の束の間の休息といって良いだろう。

五月十九日、安土城下の惣見寺で、信長は幸若八郎九郎大夫に舞をまわせた。翌日には、丹波猿楽の梅若大夫に能を演じさせ、観覧する。その桟敷《さじき》には、近衛前久・信長・家康・梅雪らが入った。信長の小姓衆や馬回り、年寄衆、そして家康の家臣も陪席を許される。同日の能は「家康が召し連れてきた人々に見せて、道中の辛労を慰める」ために演じられた。信長の家康に対する思いやりである。

最初に舞われた舞は上出来だったようで、信長の機嫌は良かったが、肝心の能は不出来で、演者の梅若大夫は信長に大層叱られたという。その場で叱ったならば、歓待の席に緊張感が走ったであろう。余談となるが、鮨屋においても大将が弟子を叱り、客が気まずい想いをすることがあると仄聞《そくぶん》するが、家康もそれと似た気まずさを感じたであろうか。

不出来な能を見た信長は、その場を盛り上げるため、幸若八郎九郎大夫を楽屋から呼び寄せ「和田酒盛」という舞を舞わせる。前日同様、優れた舞であったので、信長の機嫌も直ったようだ。幸若には森蘭丸が使者となり黄金十枚が与えられた。梅若大夫には褒美を与えようかどうか、信長は迷ったそうだが、黄金の出し惜しみをしたと世間から思われるのもどうかと考え、梅若大夫にも黄金十枚が下された。信長というと、世間の評判など気にしない、我が道を往くイメージがあるかもしれないが、世間の目というものを、思いのほか、気にしていることが『信長公記』を読むとわかる。

さて、五月二十日、信長は家康の接待を、丹羽長秀・堀久太郎・長谷川竹・菅屋九右衛門の四人に命じる。お座敷での食事の際には、信長自らがお膳を据えるという「サプライズ」もあった。食事が終わると、信長は家康らを安土城に招待し、帷子《かたびら》を下賜したりした。翌日、家康は上洛する。「京都・大坂・奈良・堺をゆっくり見物されよ」という信長の意向に沿ったものだった。案内者は、長谷川竹。織田信澄と丹羽長秀は大坂で家康をもてなす手筈となった。和泉国堺を見物中、家康に衝撃の情報が入ることになる。それは「本能寺の変」の一報であった。

明智光秀謀反の真相――家康は黒幕だったのか？

天正十年（一五八二）六月二日、織田重臣・明智光秀は、主君の織田信長を京都本能寺に急襲、殺害した。光秀が謀反した理由については諸説あり、信長が光秀に暴力を振るった、徳川家康の饗応役を解任され恥をかかされたなどもあるが、これらはいずれも近世初期の信憑性が低い俗書に描かれたものであり、筆者は同説を採らない。

謀反の理由としては、次のようなものもあった。光秀の母は人質として、丹波八上城の波多野秀治のもとにいた。しかし、波多野秀治・秀尚兄弟は捕縛され、信長の命令で殺害されてしまう。これに怒った八上城の者たちが、光秀母を磔にして殺す。信長が波多野氏を殺したことが、母が死ぬ契機となったとして、光秀は信長を恨んだというのだ。だが『信長公記』を見ると、天正七年（一五七九）八上城を攻めていた光秀は、兵糧攻めにより、波多野氏を追い詰めており、母を人質に出す必要など全くない。同書には光秀の母が人質になっていたなどの記述は見られない。光秀の母人質説は『総見記』（軍記）、『常山紀談』（逸話集）などの江戸時代初期から中期に誕生した書物に記されており、人質であった光秀母が殺されたというのも創作であり、事実ではない。

また、本能寺の変には黒幕がいるとして、羽柴秀吉・徳川家康・足利義昭、朝廷、果てはイエズス会の名前までが挙がっているが、いずれも確固とした根拠はなく、想像の域を出ない。

家康が信長打倒の「黒幕」だったとする説であるが、かつて、信長が家康の嫡男・松平信康に切腹を命じたことを家康が恨んでいたということが、同説を補強するものとしてあるように思うが、史料を見ていくと、信長は信康の切腹を命じていない可能性が高い。逆に家康が信康を切腹に追い込んだのである。そうなると、家康が信長を恨むということはあり得ず、家康黒幕説というのは、更に成り立たなくなるだろう。

光秀謀反の理由として、最近よく取り上げられるのが「四国説」というものである。これに絡んでくるのが、土佐を統一し、四国制圧を目指していた長宗我部元親《ちょうそかべもとちか》だ。信長と元親は、最初は良好な関係で、同盟を結んでいた（大坂本願寺や阿波の三好氏などと信長は敵対しており、その背後にいた長宗我部氏と同盟を結ぶというのは戦略として的を射たものだろう）。その同盟を仲介したのが、明智光秀だった。

ところが、天正九年（一五八一）頃から、信長は親三好に舵を切る。本願寺が降伏したことで長宗我部氏の利用価値が低下したこともあろうが、勢いづいている長宗我部を今度は三好氏と結ぶことにより抑え込みたいとの想いが強まったからだろう。信長は当初、長宗我部に四国は切り取り次第と伝えていた。だが、突如として、土佐一国と阿波南郡半国の領有を認めると方針転換。長宗我部元親はこれを拒絶する。

光秀は石谷頼辰（光秀の重臣・斎藤利三の兄。頼辰の義妹は長宗我部元親の正室）を使者として元親を説得させたようだが、なかなかうまくいかず、織田信孝（信長三男）による四国征伐が間近に迫ろうとしていた。信長の四国外交の転換により、光秀の発言権や政治生命が危機に晒されていたのではないか、それを覆すために謀反という挙に出たというのが四国説である。

魅力的な説ではあるが、この四国説であっても、謀反の真因とするには未だ早計だ。天正十年（一五八二）五月二十一日付の長宗我部元親書状（光秀重臣・斎藤利三宛）には、元親が信長の提案した国分（土佐一国と阿波半国の領有）に応じる旨が記されている。元親も信長に攻められたら、身の滅亡を招来することは十分理解しており、全面戦争直前に激突を回避しようとしていたのだ。よって、この元親の意向が、信長の耳に入っていたのか、光秀はどう受け止めたのかを慎重に検討する必要がある。そうしたことが明らかになるまでは、四国説も謀反の根拠としてはまだ薄いと思われる（そもそもの問題として、四国外交の転換が、光秀にそれほど打撃を与えるものなのかという疑問や問題もあるが）。

筆者は、光秀謀反の動機は、取り敢えずは、光秀本人が語っていることを第一に考えるべきだと思う。実は、光秀が謀反の動機を語っている書状があるのだ。その書状は、本能寺の変後の六月九日付のもので、光秀と姻戚関係にあった細川幽斎に宛てた書状である（幽斎の息子・忠興に、光秀の娘・玉が嫁いでいた）。

この書状は、信長の死を悼んで出家した幽斎に、自らに味方するよう促したものだが、そのなかに「この度の思い立ちは、他念はありません。五十日・百日の内には近国も平定できると思いますので、娘婿の忠興等を取りたてて自分は引退して、十五郎（光秀の息子）・与一郎（細川忠興）等に譲る予定です」とあるのだ。つまり、信長殺害は、娘婿の忠興や自分の息子を取り立てるためだったと言っている。

もちろんこれは、細川を味方に付けるための甘言とも考えられるが、全くの嘘を言っているようにも思えない。一説には光秀は当時六十七歳。年齢のこと、四国出兵を求める側との政争に敗れようとしていたこと、政争に敗れたあとの自分や我が子の未来、そうしたさまざまなことが頭をよぎっていたとも考えられる（重臣でありながら、信長に追放された佐久間信盛のことも頭に浮かんだだろうか）。

光秀が起こした本能寺の変は、事件後の光秀の対応を見ても、計画性のあるものではない。信長・信忠父子が京都にいる、織田諸将は遠方という状況を狙って突発的に起されたと見てよい。ちなみに『信長公記』は、光秀は「信長を討ち果たし、天下の主になろう」として挙兵したと書く。天下の主になりたい、つまり野望説を採っている。

宣教師ルイス・フロイスは『日本史』において、光秀のことを「裏切りや密会を好む」「己を偽装するのに抜け目がなく、戦争においては謀略を得意とし、忍耐力に富み、計略と策謀の達人であった」と記している。光秀の軍功については、信長も「天下の面目をほどこした」（『信長公記』）と称賛しているし、織田家の生え抜きでもないのに、ここまで出世したということは、秀吉と同じく光秀も只者でないことを示していよう。好機を狙い、信長を急襲し、自らが天下の主となる野心を抱いたとしても不思議はない。

光秀の謀反の真因を一つに絞りたがる「癖」が世上にあるように思うが、人間というものは一つの動機だけで行動するものでもない。野望説や四国説との混合など、柔軟性を持って、動機に迫ることも必要ではないだろうか。

『三河物語』に記された信長の最期の一言

天正十年（一五八二）五月二十六日、織田重臣・明智光秀は、中国地方に出陣するため、近江坂本を立ち、丹波亀山城に到着。翌日には、亀山から愛宕山に赴き、一晩、参籠し、神前で御籤《おみくじ》を二度、三度と引いたという。同月二十八日には、連歌を興行し「ときは今あめが下知る皐月《さつき》哉」（時は今である。雨が世に降る五月であることよ）と光秀は詠んだ。そして同日には亀山に帰城する。

一方、織田信長は、同月二十九日に上洛。夕刻には宿所である本能寺（法華宗本門流、四条坊門通西洞院にあり）に入る。本能寺は広い寺域を持ち、水堀や土居（土塁）で囲まれていたため、城と同様の防御性を持っていた。供の者は、小姓衆二、三十人のみであった。国に戻り出陣の用意を整え、命令があり次第、出立するよう命じられていたので、信長の周りに軍兵はいなかったのだ。

後世から見れば、これは信長の油断と言うこともできようが、信長からしてみたら、まさか自分を襲う者がいるとは想定外だったろう。信長＝独裁者、独裁者は猜疑心《さいぎしん》が強いというイメージから、信長を疑り深いと思っている人もいるかもしれないが、そうとばかりは言えない。信長はこれまで多くの武将に裏切られてきた。妹婿の浅井長政、臣従した松永久秀や荒木村重……彼らの謀反情報が入ったとき、信長は謀反を信じられないといった態度を示している。浅井が寝返ったときも裏切り情報は嘘だと最初思い込んでいたし、松永や荒木が謀反したときも「どのような事情があるのか。存分に思うところを申せ。望みを叶えてやろう」と鷹揚に振る舞っている（『信長公記』）。

信長のそうした発言からは、彼らが裏切る理由もわからないし、裏切ることなど余り想定していない信長の心理を垣間見ることができるように思う。よって信長が少数の供の者を連れて本能寺に入ったことは、これまでの信長の言動を見ていれば、それほど驚くことではない。

さて、六月一日、公家や僧侶が信長のもとに挨拶にやって来る。信長は彼らと話をし、同月四日には西国に出陣する、戦は大した手間はかからないなどと述べたという。信長の後継者・織田信忠は、家康らの警固のため上京後は堺まで同行するはずであったが、信長上洛を知り、自らも京都に留まっていた（宿泊所は本能寺の至近距離にある妙覚寺）。もし、信忠が堺に行っていたら、彼は生きていた可能性が高く、そうなると後の歴史（天下の趨勢）も変わったであろう。

同じ頃（六月一日の夜）、明智光秀は信長への謀反を企て、重臣らと謀議していた。『信長公記』によれば、信長を討ち、天下の主にならんがために挙兵したという。『三河物語』には、光秀謀反の理由などは書かれてはいない。

明智の軍勢は、中国方面に向かうはずであったが、途中で引き返し、馬首を京都・本能寺に向けた。本能寺を取り巻いた明智軍は四方から乱入。信長や小姓たちは初め、これを下々の者の喧嘩と認識したようである。が、鬨の声が上がり、鉄砲を撃ち込んできたのがわかり「謀反」ということが顕現する。「如何なる者の企てぞ」と問う信長に対し、森蘭丸は「明智の者に見えます」と応答。「是非に及ばず」（やむを得ない）――信長はそう発すると、弓を取り、矢を放ち抗戦した。

そうしたうちにも、明智の軍勢に押されて、供の者は次々に討死していく。弓矢を放ち戦っていた信長だったが、弓の弦が切れてしまい、途中からは槍で応戦した。しかし、肘を敵の槍で突かれたことから、前線からは退く。そのとき、女中衆に対して「女たちはかまわぬ。急いで脱出せよ」と述べたという。既に本能寺からは火の手があがり、延焼していた。信長は敵に最期の姿を見せたくないと思ったのか、寺中深く入り、戸口には鍵をかけ、自害するのであった。

『三河物語』にも本能寺の変の描写があるが、『信長公記』に比べて簡素である。それは『明智光秀は、信長が取り立てた者で、丹波国を与えられていたが、突然裏切った。光秀は夜襲をかけ、本能寺に押し寄せ、信長に腹切らせた。信長は表に出て「信忠の裏切りか」と仰せになったが、森蘭丸が『明智の裏切りのようでございます』と答えると『明智の変心か』と述べた。信長は明智の配下に槍で突かれると、奥に引き下がる。蘭丸は槍で戦い、戦死する。館に火を放ち、信長は焼死した』というものだ。

内容は『信長公記』とほぼ同じだが、軍勢が押し寄せたとき、信長が「信忠の裏切りか」と言い放ったというのが特徴的だ。信長が本当にこんなことを言ったのかはわからないが、信長の身になって考えてみたら、自身の一番近くにいるのは信忠ぐらい。「信忠が裏切ったのか」と感じたとしても、大きな違和感はない。

四十九歳で自刃した信長。父が急襲されたことを知った嫡男・信忠は妙覚寺を出て、父と共に戦おうと思い立つ。しかし、寺を出たところで、村井春長軒父子に出会い、本能寺は既に焼け落ち、敵がこちらに攻め寄せてくること、堅固な二条御所に立て籠もることをアドバイスされる。

二条御所に入った信忠に対し「まずは安土に引き上げては」と助言する者もあったが、信忠は「このような謀反を起こすくらいだから、敵は我らを易々と逃しはしまい」と京都に留まり、決死の覚悟で戦うことを決意する。

そうこうするうちに、やはり明智の軍勢は攻め寄せて来て、次々と信忠の周りにいた者を討っていった。明智の軍兵は、近衛前久の御殿の屋根にまで上がり、弓や鉄砲で攻撃を加えてきた。そのため、信忠方の死傷者は続出。ついに、御所は無人に近い状態になる。明智軍は御所内に侵入し、放火する。信忠は「私が切腹したら、縁の板を外し、そのなかに入れよ。死骸を隠せ」と命じたうえで、家臣に介錯させた。

『三河物語』にも二条御所の戦いの記載はあるが、『信長公記』の文を基に先述した内容と比べると、こちらも簡潔である。「明智は、信忠の館へ押し寄せた。織田九右衛門尉、福富をはじめ、百余名が籠もっていたので、火花を散らした戦いがあった。信忠はじめ、その殆どが戦死した」と。

信長・信忠を討ち果たした光秀は、落人《おちうど》狩りのため、家々を捜索させた。洛中の町屋に明智の軍勢が踏み込んできたので、都は騒然となった。光秀は信長を討てば多くの者が自分に味方してくれると考えていたかもしれないが、その見通しは甘かった。「人質を出し、味方せよ」と勧誘した勢田城主・山岡景隆に「信長公には高恩がある。同意できかねる」と早々に加勢を蹴られている。光秀は、近江から織田方の軍勢が進軍してくるのを恐れ、その日のうちに近江国へと向かう。

安土にいた織田に仕えていた人々は「信長死す」の噂が流れてくると、初めは狐につままれたような顔をしていたが、次第に大混乱となる。信長や信忠の死を嘆き悲しむ者はおらず、皆、自身の進退に汲々とする有様であったという。貴重な道具類もそのままに、妻子のみを連れて、故郷に帰る者が多かった。本能寺の変は、多くの人々に衝撃を与え、混乱の坩堝《るつぼ》へと突き落とすことになったのだ。

【三大危機③】「伊賀越え」の試練

天正十年（一五八二）六月二日の朝、徳川家康は、京都に戻るため、堺を出立した。思えば、甲斐の武田氏を織田信長と共に討伐し、駿河国を拝領した御礼のため、穴山梅雪（武田旧臣）と安土に到着したのは、同年五月十五日のことであった。それ以来、安土城下での舞や能の観覧、贅《ぜい》を尽くした接待、食事の際は信長自らお膳を据える等の心尽くし。家康も満足したに相違ない。

五月二十一日、家康は上洛するが、それも信長の「京都・大坂・奈良・堺をゆっくり見物されるが良い」との言葉によるものであった。案内者として、長谷川竹（織田家臣）が同行した。大坂では、織田信澄と丹羽長秀が家康をもてなすことになっていた。

家康らが堺に入ったのは、五月二十九日。六月一日には、茶会が開催され、津田宗及(堺の商人)や松井友閑《ゆうかん》（堺代官）の接待があった。そして、翌日（二日)、家康は京都に戻るべく堺を出立。するとそこに、驚くべき情報がもたらされたのであった。京都・本能寺にて、織田信長が家臣・明智光秀に襲撃され自害した「本能寺の変」（六月二日）に関する報である。

この報を誰がもたらしたのかというと、京都の豪商・茶屋清延ではないかと言われている。一説によれば「家康は本能寺の変に関する第一報を、六月二日朝、堺の宿泊先で聞いたのだろう」とし、それは茶屋清延の使者がもたらしたものだとする。そして「確信的な情報を得た茶屋清延は、自ら第二報をもたらすべく堺に向かっていた」とされる。しかし、京都から堺までの距離は、約六十キロメートル。そのような長距離であるから、六月二日未明の本能寺の変の第一報が、その日の朝にすぐ堺に届くことはないだろう。よって、茶屋からの第二報というものはなく、茶屋清延自身による第一報によって、家康は本能寺の変を知ったはずだ。また、家康近臣の本多忠勝が、京都に先に向かっている道中に、茶屋清延と出会い、変事を知り、堺に引き返して、家康に本能寺の変を伝えたともいう。

『徳川実紀』によると、忠勝が引き返してきた様に只ならぬものを感じ、供の者を遠ざけ、井伊・榊原・酒井・石川・大久保などだけを側に呼び、茶屋の報告を聞いたという。家康が一報を聞いたときの言動は『三河物語』には記されていないが、『徳川実紀』には次のように書かれている。

「今、手元にもう少し軍兵がいたならば、光秀を討ち、織田殿（信長）の仇をとりたい。しかし、現状は無勢。それは叶うまい。中途半端なことをして恥をかくよりは、急ぎ都に上り、知恩院にでも入り、腹を切り、織田殿に殉じようではないか」と。

しかし、その家康の意向に本多忠勝が異を唱える。年来の信義を守り、織田殿と死を共にしようというお考えは義に叶うもの。とは言え、織田殿の御恩に真に報いようと思うのであれば、まずは本国に帰り、軍勢を率いて、光秀を討つことこそが、大切なのではと忠勝は主張したのだ。酒井や石川といった近臣たちもそれに納得、賛同したが、家康は尚も粘る。「本国に帰り、軍勢を率い、光秀を討つことはもとより望むところ。しかし、本国に帰るには、知らぬ野山を彷徨《さまよ》うことになろう。その途上には、山賊や一揆の者どもがここかしこにおろう。そのような者に討たれるよりは、都にて腹切るべし」というのが家康の考えだった。そのとき、案内者の長谷川竹（織田家臣）が、帰国のことはそれがしにお任せくださいと申し出たので、さすがの家康も近臣の再度の諫めもあり、領国に帰る決意をする。

家康は同行していた穴山梅雪（武田旧臣）にも「一緒に帰国しましょう」と誘うが『徳川実紀』によると、梅雪は内心「家康を疑っており」、共に帰ることは拒否。別の道を歩むことになる。『三河物語』にも「梅雪は家康を疑って」と書いている。梅雪は、元来は武田に仕える家臣だったが、信長の甲州征伐が始まると、信長に内応。以降は織田の国衆となっていた。梅雪が家康の何を疑っていたのかはわからないが、ともかく、家康と別行動をとった。そして哀れにも、落武者狩りにあい、宇治田原（京都府）で討たれてしまう。『三河物語』は、その死を「家康について引き上げていたなら、何事もなかったものを、ご同道されなかったことが不運である」と悼む。

落武者狩りは、家康が本国に帰ることを渋っていた理由の一つである。敗残の将士を討ち取り、鎧・武器・馬などを奪う、あるいは、高名な武将ならばその首を（今回の場合は）明智方に届け、恩賞に預かる者たち。本国に帰るにしても、そうした無頼の徒をうまく避けなければ落命してしまうだろう。家康のこの逃避行が「神君三大危機」の一つに数えられているのはそのためである。

家康は六月二日中には、山城国宇治田原に着く。その日は、山口光広の館に宿泊。堺からの距離は、約五十二キロメートル。翌日（三日）には、南近江路を通り、信楽（滋賀県甲賀市）に到着。そして、多羅尾光俊の小川城に一泊。この日の移動距離は、約二十四キロメートルだった。四日には伊賀・伊勢路を通り、伊勢国白子（三重県鈴鹿市）に出る。この日は、六十八キロメートル以上移動したという。そこから船で三河国大浜（碧南市）に至り、五日に岡崎城に帰還する。『三河物語』は、この「伊賀越え」について次のように記す。

「家康は伊賀国を通って引き上げた。かつて、信長が伊賀国を攻められたとき、伊賀の国の者どもを皆、殺した。他国へ逃げた者も、捕まえ殺した。だが、家康は三河に落ち延びてきた伊賀の人々を一人も殺すことなく、生活の世話をした。伊賀国にあって、そのときのことを覚えていた者がいて、御恩返しをしなくてはと思い、家康らをお送りした」と。

この場合は、家康の過去の温情が、後年、自らの身を救ったと言えよう。『徳川実紀』には、茶屋清延が土豪に金を与え、道案内させたこと、一揆の者どもが道を遮ったときは、本多忠勝が力を尽くして、これを追い払ったことなどが書かれている。また、同書にも『三河物語』と同じく、家康が伊賀の者に温かく接していたことで、同地の人が助けてくれたことが記載される。

こうして、堺から三河へと無事に帰ることができた家康だが、もし堺に居らず、京都にいたならば、光秀は軍勢を差し向け、家康をも殺していただろう。それを思うと、本能寺の変の際、堺にいたということは、家康の運の強さを示すものかもしれない。

家康は、本気で信長の弔い合戦をするつもりであった。家康は尾張清洲城に逃れていた三法師（信長の孫、後の織田秀信）を擁し、光秀を討つ算段だったようだ。六月十四日、尾張国鳴海へ出陣した家康。数日後、そこにまた驚くべき知らせが家康のもとに、届けられることになる。

堀川四条近くに立つ石碑付近にあった当時の本能寺跡（京都府京都市）

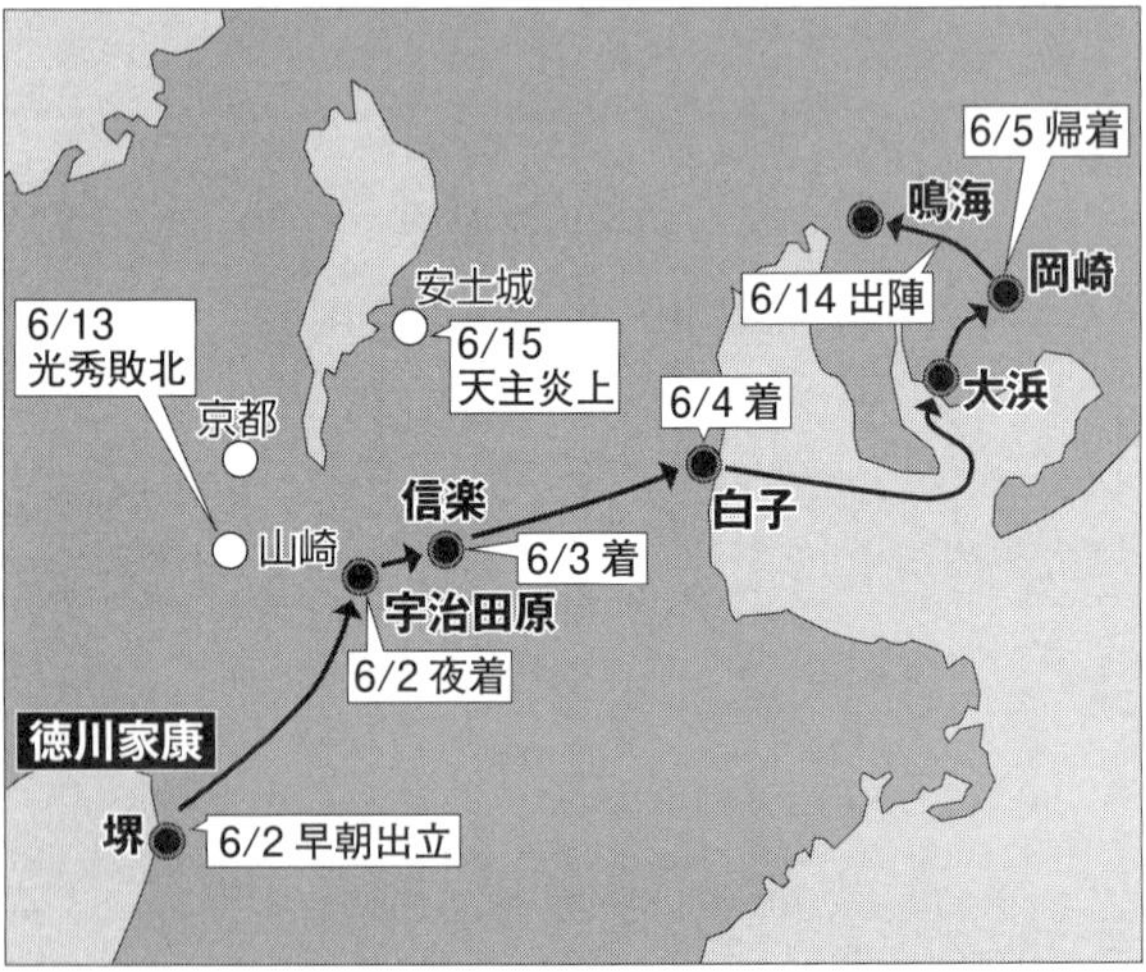

1582 年 6 月 2 日。本能寺の変を堺で知った家康は、三河本国へ戻るため三大危機のひとつ「伊賀越え」を決意した。

甲斐・信濃を奪った天正壬午の乱

天正十年（一五八二）六月二日、本能寺の変により、織田信長は家臣・明智光秀に討たれた。その報を和泉国堺で聞いた家康は逡巡しつつも、堺を抜け出し、南近江路、伊賀・伊勢路を通り、三河国岡崎城に帰還（六月五日）するという一大避難を敢行する。

家康三大危機の一つと言われる「伊賀越え」を終えた家康は、恩義ある信長を討った明智光秀を討つため、尾張国に向けて出兵（六月十四日）。しかし、その前日（十三日）には、明智光秀自体、既にこの世にいなかった。信長横死を素早く聞きつけた織田家臣・羽柴秀吉が、中国地方の戦場から急遽引き返し、山崎の戦いで光秀軍を撃破、光秀は落ち延びる途中で落武者狩りにあい、落命したのだ。

同月十九日、羽柴秀吉から、上方は平定したので、帰陣してほしいとの通知があったので、家康は浜松に帰ることになる。信長の死は関東甲信にも激動をもたらす。家康は当然、そのことを見越していたので、六月六日には早くも、武田旧臣の岡部正綱を甲斐国河内領へ派遣している。同領は、もともとは穴山信君の領土であったが、信君は本能寺の変による避難に際し、家康と同行しなかったため、落武者狩りにより死亡。信君の後継者は十一歳と年少の勝千代であり統治は困難であった。家康はそうした状況を鋭く読み取り、穴山氏を軍事的従属下に置いたのだ。

旧武田領の甲斐国では、一揆が蜂起していたこともあり、家康は本多忠政（信俊）を派遣する。甲斐を統治していたのは、織田家臣だった河尻秀隆。秀隆は、本多忠政の派遣を当初は援軍と感じ「有り難い」と見ていたようだ。ところが、秀隆は（忠政は一揆に乗じて、自分を討とうとしているのではないか）と疑い、忠政を招き寄せ、ご馳走を振る舞って、寝ているところを長刀で突き殺してしまう（『三河物語』）。これに怒ったのが、本多忠政の家臣である。彼らは一揆を形成し、河尻秀隆を討ち取ってしまった（六月十八日）。

上野国でも変動があった。同国は織田家臣・滝川一益のもとにあったが、小田原の後北条氏がその奪回に乗り出してきた。一益は、北条氏の軍勢を迎え撃つも敗北し、本領の伊勢に敗走することになる。信濃国でも、森長可ら織田勢は、旧領美濃に撤退。越後の上杉氏が川中島四郡（長野市）に侵攻し、同地を制圧することとなった。かつて、織田信長は、武田家を滅亡に追い込んだあと、甲斐国は河尻秀隆に、上野国は滝川一益に、信濃国の四郡は森長可に与える知行割を行ったが、信長の死により、瞬く間にそれは崩壊してしまった。

『三河物語』などを見ていると、家康は大須賀五郎左衛門尉・岡部正綱ら武田旧臣の者を使い、甲斐の争乱を抑えにかかっている。また、信濃国には、同国佐久郡の国衆・依田信蕃（武田旧臣）をもって、信州の豪族の懐柔を担当させていた。家臣を派遣して、甲斐国・信濃国の経略を進めていた家康だが、自身も浜松から出陣（七月三日）し、同月九日には甲府に到着する。

この一週間ほど前には、織田氏の諸将が集まり、清洲会議（愛知県清須市）が開催され、織田信忠（信長の嫡男）の遺児・三法師が織田家の後継者に決定していた。三法師の叔父の織田信雄と織田信孝が後見人となり、羽柴秀吉、柴田勝家、丹羽長秀、池田恒興《つねおき》ら四人の重臣が補佐する体制が出来上がったのである。

家康も、この「新・織田政権」の承認を得て、甲信地方の平定を進めていくことになる。織田氏の統治が崩壊した甲斐・信濃国などをめぐって、徳川氏と北条氏が干戈を交えることになるが、その争乱は「天正壬午の乱《てんしょうじんごのらん》」と呼ばれる。天正十年が壬午《みずのえうま》の年に当たるからである。

天正十年六月中旬、北条氏の当主・氏直は約二万の軍勢でもって、滝川一益の軍を神流川の戦いで破ると、信濃国に侵攻して来た。信濃国衆、例えば真田昌幸や諏訪頼忠らは、北条氏に降ってしまう。『三河物語』によると、徳川重臣・酒井忠次が、信濃国衆の懐柔のため、信濃にやって来たはよいが「信濃を私に下さるなら、諏訪頼忠も手懐《てなず》けよう」と公言したため、諏訪氏は機嫌を損ね、北条氏に加勢したという。北条氏は北信濃を制圧しようとしたが、内応を約束していた上杉方の武将（海津城代の春日信達）が処刑されたこともあり、北信濃平定を断念し、甲斐国に向けて、進軍することになる。

北条氏は、八月七日、若神子（山梨県北杜市）に着陣。信濃にいた酒井忠次・大久保忠世ら徳川家臣も甲斐に向かい、徳川本隊と合流する。家康は、甲斐の守備を鳥居元忠らに任せて、新府(韮崎市)に移ることになる(八月十日)。二万の北条軍に対し、徳川軍は二千と劣勢であった。

しかし、徳川の重臣・鳥居元忠は、黒駒（山梨県笛吹市）において、北条氏忠の軍勢を破り、三百人を討ち取っている。討ち取られた北条氏の兵士らの首は、晒し首場に並べられたという。その首は、数百はあったというが、それを見た北条氏の兵士たちは「これは私の親だ」「これは私の兄」「これは兄」「甥」「従兄弟」「我が叔父」「兄弟」だと口々に泣き叫び、戦意喪失したということだ（『三河物語』）。

北条氏に付いていた武将も、徳川に帰順するようになる。八月から九月にかけて、木曽義昌・真田昌幸が徳川方に降る。徳川方の勢いが増し、北条方の砦が攻略されたこともあって、北条氏直はついに家康に和睦を申し入れる。信長子息の織田信雄・信孝兄弟から停戦せよとの働きかけも家康にあったという。十月二十九日、和睦は成立する。

北条氏が押さえていた信濃佐久郡と甲斐都留郡は徳川に割譲されることになった。上野国は北条氏のものとすることが決まり、家康の娘・督姫を北条氏直の正室にすることとなった。敵対関係から一転、両者（徳川家と北条家）の間に、婚姻を基にした同盟が結ばれることになっ

天正壬午の乱で本陣とした新府城跡（山梨県韮崎市）

北条氏直が本陣とした若神子城跡（山梨県北杜市）

たのだ。天正壬午の乱は終結し、家康は甲斐・南信濃・三河・遠江・駿河の五ヶ国を領有する大大名となった。乱後も暫く家康は甲府にいて、甲斐・信濃の経略に努める。本能寺の変後の混乱を家康はうまく乗り切り、大きく飛躍したと言えよう。

真田昌幸の拠点でもある上野国にあった岩櫃城跡（群馬県吾妻郡）

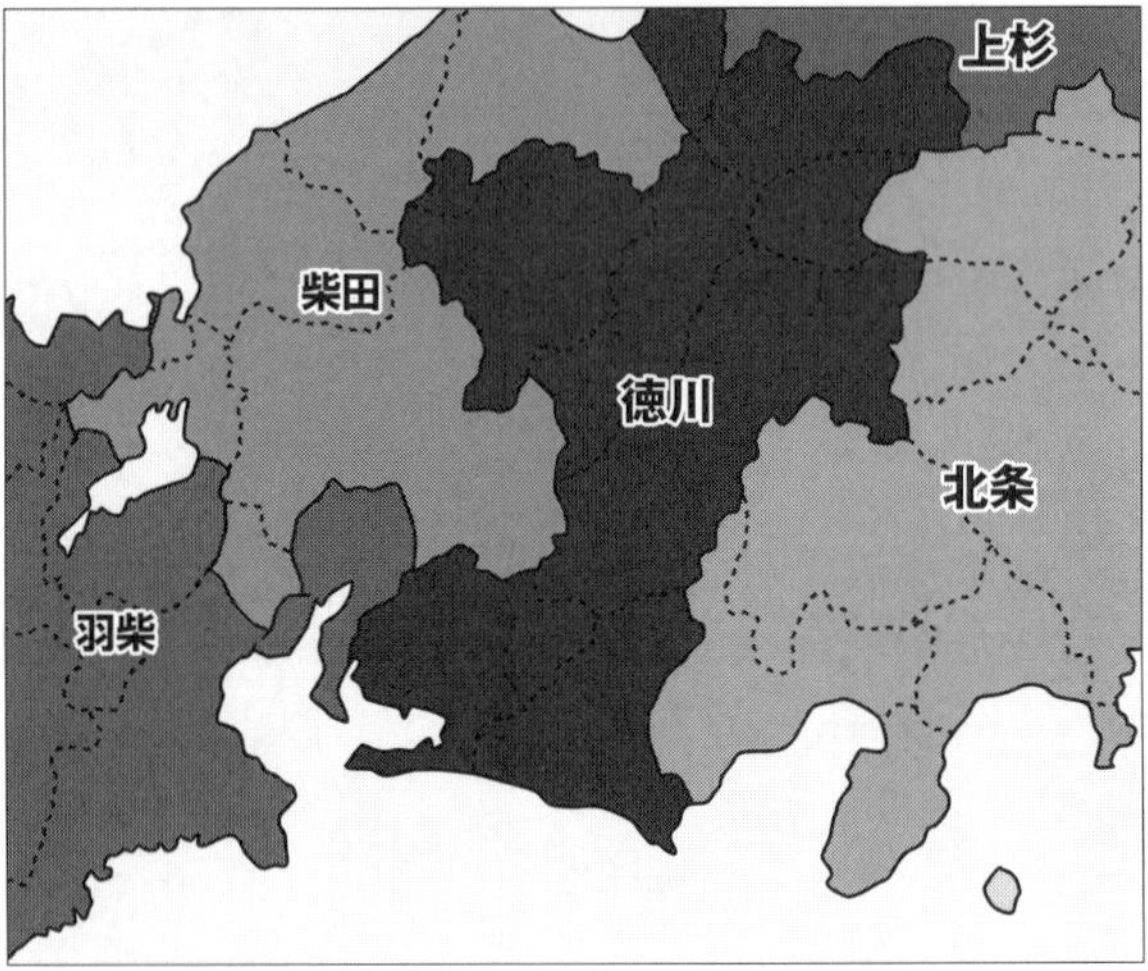

1582 年頃の勢力図

第6章　ライバル・豊臣秀吉との対決

信長の後継者争いはどのように展開したのか？

本能寺の変（一五八二年六月）で、家臣・明智光秀によって倒された織田信長。逆臣・光秀を山崎の合戦（同年六月十二日）で、いち早く討ち取ったのが、光秀と同じ織田重臣の羽柴秀吉だった。同年六月二十七日には、織田家の後継問題と領地再分配を取り決めるため、織田家の諸将が尾張国清洲城へ集結する。いわゆる清洲会議である。

清洲城で会議が開催された理由は、織田信忠（信長の嫡男。明智光秀により討たれていた）の嫡男・三法師がいたからだ。三法師はこのとき、三歳という幼少だったが、織田宗家を継ぐ資格を有していた。信長には信忠以外にも息子がいたが、次男の織田信雄は伊勢北畠家に、三男の織田信孝は神戸家（北伊勢の豪族）の養子となっていた。よって、信長は嫡男の信忠を自身の後継者と考えていたのだ。他家に養子に入った信雄・信孝ではなく、信忠の子・三法師が家督継承者と目されたのは、そうした事情もあろう。

しかし、三法師は未だ幼少。名代（後見人）が必要であった。名代を織田信雄・信孝のどちらが務めるか。両者は互いに譲らなかった。よって、織田家の宿老（羽柴秀吉や柴田勝家、丹羽長秀、池田恒興）は、信雄・信孝を名代とせずに、三法師を当主として、宿老を中心とした政権運営を進めていくことにする。三法師は、安土城の修築が成るまで、叔父・織田信孝（信長三男）がいる岐阜城に滞在することになった。信孝は三法師を手中にして、政治の主導権を握ろうとするが、織田信雄（信長次男）はそれに反発。信雄は羽柴秀吉と結び付き、信孝は柴田勝家と組むことになる。その背景には、宿老同士の対立（羽柴秀吉VS柴田勝家）もあった。

天正十年（一五八二）十月二十八日、羽柴秀吉は、山城国本国寺（京都府京都市）において丹羽長秀・池田恒興と会談する。そして、織田信雄を名代とすることに決めるのだ。秀吉側の言い分としては、柴田勝家の企みで、織田信孝が謀反を企てたので、信雄を名代に立てることにしたと言う。が、柴田勝家からすると、秀吉らの行動は、清洲会議の取り決めに背くものだった。

同年十一月一日付の秀吉書状（家康の家臣・石川数正宛）が残されているが、そこには、前述の旨が記されると共に、家康にも信雄擁立に賛同してほしいとする内容の記載がある。この秀吉書状には、家康に自分の意向を伝えてほしいと書かれているので、実質上は、家康宛の書状と見てよい。家康は、信雄の織田当主擁立に賛意を示すことになる。

秀吉らのやり方に反発した柴田勝家は、織田信孝や滝川一益（織田重臣）と一緒になり、挙兵する（一五八三年四月）。秀吉は、賤《しず》ヶ《が》岳《たけ》の戦い（滋賀県長浜市）で柴田軍を破ると、四月二十二日には、柴田勝家の本拠・北庄城（福井県福井市）を落城させ、勝家を自刃に追い込んだ。織田信雄は、信孝が籠もる岐阜城を攻め、開城させる。五月二日、信孝は尾張国内海（愛知県御浜町）で自害させられた。

反信雄派の討滅に功績があったのは、これまた羽柴秀吉であった。そのことから、秀吉の勢威は増し、彼が天下人として政治を推進していくことになる。同年、秀吉は摂津の大坂に城を築く。織田信雄は、戦の勝利により、尾張・伊勢・伊賀の三国を領有する（本拠は、伊勢長島城）。だが、秀吉と信雄の関係はその後、急速に冷却していく。

秀吉としては、織田家中の権力闘争を勝ち上がり、実力者となった今、信雄の存在価値は低下していた。信雄としては、秀吉が天下人たらんとして台頭してきたのが気に入らない。天正十一年（一五八三）の十一月には、上方で信雄が切腹したという風聞が流れるほどであり、秀吉と信雄の対立は臨界点を迎えようとしていた。

信雄の重臣のなかにも、秀吉と対立するべきではないとの見解を持つ者もあった。津川雄光・岡田重孝らがそうである。しかし、その一方で反秀吉派の家臣もいて、信雄は津川雄光と岡田重孝・浅井長時を伊勢長島城（三重県桑名市）で殺害してしまう。秀吉に内通したという嫌疑であった。これが三月六日のことである。三重臣の殺害は、秀吉と断交すると宣言したに等しい。台頭してきた秀吉に対抗するため、信雄が頼りにしようとしたのが、家康であった。

家康は信雄と組むことになるが、その背景には関東の情勢にまで介入し始めた秀吉への対抗心というものがあったかもしれない。天正十二年（一五八四）二月、家康は酒井重忠を尾張に遣わし、信雄と密談させている。三月上旬の信雄三重臣の殺害は、家康と相談してのうえのことだったのである。家康は秀吉と対決する道を選んだのだ。

激突！　秀吉VS家康――小牧・長久手の戦い

本能寺の変で織田信長を討った明智光秀を山崎の戦い（一五八二年）で破った羽柴秀吉。その後、秀吉は織田家の宿老・柴田勝家と対立を深め、賤ヶ岳の合戦で柴田軍を打ち破り、最終的には勝家を自刃に追い込む（一五八三年）。このとき、秀吉は織田信雄（信長次男）と手を組んでいたが、戦後、次第に秀吉と信雄の関係は冷却化する。

信長後継の天下人たらんと着々と歩を進めていく秀吉に、信雄は嫌悪感を抱いていたのだろう。信雄は秀吉に対抗するため、徳川家康と結ぶ。『三河物語』には「天正十二年（一五八四）、秀吉が織田信雄に腹を切らせようとし」、信雄は家康を頼ったとある。それに対し、家康は「是非とも援助しよう。秀吉は酷いことを言う。秀吉は、柴田勝家と織田信孝殿（信長三男）が同盟を結ぶと、賤ヶ岳で柴田と戦い、滅亡させた。そして、信孝殿も殺した。信雄殿を秀吉が盛り立てようと言っていたので、世は平穏になるかと思っていたのに。信雄殿に腹を切らせるという。是非とも、信雄殿をお助けしよう」と言い、信雄援助を決断したという。

信雄は誼があった信長の子であり、見放すことはできないと思ったのだろうか。単にそれだけではなく、この頃、関東・信濃の状況にも秀吉は関与し始めており、家康としてはそれを食い止めたいという狙いもあったかもしれない。そのような思惑はあったとはいえ、家康は秀吉とどうしても戦をしなければならない理由はなかった。

前提として、信雄と秀吉の対立があり、信雄の要請を受けて、家康は立ったと見ることができる。小田原の北条氏直に対しては、秀吉がほしいままの振る舞いをするので、信雄と共に秀吉を討つために出馬したと家康は伝えている。天正十二年の二月、家康は酒井重忠を尾張国に派遣し、信雄と会談させている。翌月六日、津川雄光・岡田重孝・浅井長時という親秀吉派の三重臣を伊勢長島城（三重県桑名市）で殺害した信雄。これは、秀吉への宣戦布告に等しいものだった。

三月七日、家康は浜松を出陣し、三河岡崎城に入る。かなり素早い対応である。信雄と打ち合わせていたのだろう。同月十三日、家康は尾張国清洲城に入り、信雄と対面する。『徳川実紀』によると、信雄は家康の来訪を喜び、涙を流し感謝したという。一方、秀吉は、信雄と家康の動きを見て、三月十日に大坂を立ち、京都に入る。そこで軍勢を集結させ、信雄討伐のため、伊勢・尾張方面に出撃するのである（信雄は、尾張・伊勢・伊賀を有していた）。

秀吉軍は優勢で、伊賀はほどなく攻略される。秀吉方の武将・池田恒興と森長可は尾張国へ出陣する。彼らは三月十三日には、犬山城（愛知県犬山市）を攻め落とす。犬山城は無防備で、一日で落城してしまう。池田恒興は織田家の重臣であり、その母・養徳院は信長の乳母であった。そのような関係から、信雄は池田恒興が自らに従うことを期待していたが、その願いは脆《もろ》くも崩れ去る。

家康は、酒井忠次らの軍勢を伊勢方面に派遣していたが、一部を尾張国に回す。そして、三月十七日、羽黒（犬山市）で、酒井忠次の軍勢と森長可軍がぶつかり、酒井軍が勝利する。これまで押されていた織田・徳川軍だが、羽黒での勝利により持ち直した。

三月二十八日、家康は小牧山（小牧市）に陣を置く。秀吉は、楽田（犬山市）に布陣。一説（『当代記』）によると、織田・徳川軍が約一万六千、秀吉軍が十万人だったという。しかし、秀吉軍十万というのは誇張で、実際は約六万だったのではないかとする説もある。六万だったとしても、大きな兵力差ではある。

さて、秀吉軍は高い土手を築き、そのなかに陣を置いたというが、一方の家康は小牧山に柵は巡らさず、無防備だったと言われる（『三河物語』）。だが、家康軍は敵の土手まで何度も繰り出し、敵を翻弄したという。秀吉は小牧山を力攻めにはしなかった。大軍勢を擁しているとはいえ、犠牲が増えることを良しとしなかったのだろう。力攻めではなく、小牧山から家康の軍勢の一部を他に出させて、そこを突く作戦に出たのだ。

秀吉は家康の領国の三河に侵攻したのである。そうなると、家康も軍勢を割かざるを得ないだろう。三河侵攻を買って出たのが、池田恒興と森長可であった。羽黒の戦いでの敗戦を受けて、名誉を挽回しようとしたのだ。秀吉は、池田・森、甥の三好秀次（後の豊臣秀次）を大将とする二万五千の大軍を三河に向かわせる（四月六日）。

しかし、家康は秀吉軍の行動を掴んでいた。『徳川実紀』には「郷民」が家康にそのことを知らせたという。二万を超える大軍勢の動きは把握しやすかったであろう。家康は、酒井忠次・石川数正・本多忠勝らを小牧山に残し、自らは、小幡城（名古屋市）に入る（四月八日）。

そして翌日、榊原康政・大須賀康高らに三好秀次の軍勢を奇襲させるのだ。不意を突かれた三好軍は敗退。激戦のなかで、池田恒興・森長可は討死する。このときの三好軍の死傷者は七千～一万人とも言われる（三千人との説もあり）。秀吉にとっても大きな衝撃だった。敗戦を受けて秀吉は、竜泉寺（愛知県名古屋市守山区）に出陣するが、既に家康軍の姿はなかった。敗戦を終えると、小牧山に帰還していたのだ。

その後、秀吉、家康軍の主力がぶつかることはなかった。秀吉は矛先を岐阜に向け、加賀野井城（羽島市）や竹鼻城（同前）など織田方の城を、それぞれ五月上旬、六月上旬に攻略している。この岐阜の諸城の攻撃も、家康の軍勢を小牧山から引き摺り出し、討ち取るための秀吉の戦略だった。しかし、家康は秀吉の挑発には乗らず、動くことはなかった。

六月十二日、家康は小牧山の守りを酒井忠次に任せ、清洲城に入る。そして、羽柴方の滝川一益が籠もる蟹江城（愛知県蟹江町）を攻め、これを落とすのである（七月三日）。

八月中旬、秀吉は再度、尾張に向けて軍勢を進め、徳川勢と干戈を交えることはあったが、戦の決着がつくことはなかった。長期化の様相を呈し始めた戦であるが、九月には講和の動きが見られる。しかし、同月七日に交渉は決裂。だが、秀吉軍の攻勢を受け、桑名まで進攻されていた織田信雄は、十一月十二日に和議に応じる。信雄側は、人質を差し出し、南伊勢と伊賀国を割譲させられた。信雄は敗北したのである。

これを受けて、十一月十六日に家康は岡崎に戻る。これにて、約八ヶ月にわたる小牧・長久手の戦いは終わった。家康も十二月には、秀吉の人質として、次男の於義伊（結城秀康）を差し出している。このことを見ても、最終的な戦の勝者は秀吉であった。

家康を苦しめることになる真田家との戦い

天正十二年（一五八四）、徳川家康は織田信雄（信長次男）と結び、羽柴秀吉と戦をした。小牧・長久手の戦いである。当初は秀吉軍が優勢であったが、時に家康軍も奮闘し、秀吉の別働隊に大打撃を与え、家康の言葉によると「一万余り討ち捕らえ」たという。家康は、池田恒興・森長可らを討ち取った長久手での戦勝を過大に宣伝したとも見られ、畿内周辺では秀吉方の戦死者は実は三千人ほどではないかと噂されている。

二〇二二年二月二十四日に起こったロシアによるウクライナ侵攻でも、両軍のネット・SNSを駆使した情報戦が展開されているが、戦国の世にもそうしたことはあったのである。戦の習いというべきか。

織田信雄・家康方は局地戦で勝利することはあったが、最終的には秀吉に押されていく。同年十一月中旬には、信雄は和議に応じ、人質（叔父の織田長益ほか）を出し、南伊勢と伊賀国を割譲することになった。家康もまた次男の於義伊（後の結城秀康）や重臣・石川数正の子どもを秀吉へ差し出している。徳川家中では於義伊を秀吉の養子として差し出したものと認識する者もあったが、やはり人質には違いなかった。

小牧・長久手の合戦終結後、秀吉は次々に敵対勢力を追い詰め、粉砕していく。和泉国・紀伊国の一揆を鎮圧し、四国の長宗我部元親を攻めこれを降す（一五八五年八月）。

北国の佐々成政も攻められ、八月中に降伏した。織田信雄と家康が秀吉との対決に際して、共闘を呼びかけた勢力が次々に秀吉の軍門に降っていったのだ。それに伴い、秀吉の官位も上昇し、天正十二年（一五八四）十一月には従三位権大納言、翌年（一五八五）三月には正二位内大臣、七月には従一位関白となったのである。

天正十四年（一五八六）には、朝廷から豊臣の姓を賜ることになる。この世の春を迎えようとする秀吉に対し、家康は一つの困難に直面していた。それは、小田原北条氏との領土問題にも関わることだった。

本能寺の変後の天正壬午の乱（一五八二年）において、徳川家と北条家は甲斐国などで戦をする。しかし、その年の十一月には両家は和睦。家康の次女・督姫が北条氏直に嫁ぎ、甲斐国・信濃国は徳川領、上野国は北条領とする国分が行われた。そして、北条氏が領していた甲斐国都留郡と信濃国佐久郡は徳川方に引き渡すこと、徳川方は上野国沼田領を北条に引き渡すことも決められていた。

ところが、沼田領は信州上田城の真田昌幸が支配していたことから一悶着が起こる。当時、昌幸は家康の傘下にあったので、沼田領の割譲を要求されたのだが、昌幸はこれを拒否したのだ。真田側にとって拒否は当然のことであったろう。が、徳川にとっては、沼田領の北条氏への割譲が実現できなければ、北条氏との関係にヒビが入ることにもなりかねない。

天正十三年（一五八五）、真田昌幸は徳川を離反、代わって、越後の上杉景勝に接近し、同年七月には軍事的保護を得る。真田の行動に怒った徳川は、同年閏八月、真田が籠もる上田城を攻撃した。これが第一次上田合戦である。

『三河物語』によると、徳川方は鳥居元忠・平岩親吉・大久保忠世・諏訪頼忠・柴田康忠・保科正直らを上田に差し向けた。城に攻め寄せた徳川軍は、二の丸まで乱入し放火しようとしたが、柴田康忠が「放火してしまえば、城内の敵方が出てこれまい。火を放つまでもなかろう」と渋ったという。柴田は城内の敵とぶつかり、戦功を立てたかったのだろう。

結局、火攻めにしなかったこともあり、城内からは敵が次々に繰り出してくる。退却する徳川勢は敵に追撃され、痛手を受ける。『三河物語』によると「諸部隊の人々が、四・五町逃げる間に、三百余人が殺された」という。

大久保忠世は神川（上田市）まで退却したが、鳥居元忠の配下の兵士が隊列を乱し退くのを見て、ただ一騎でそちらに向かう。それに従ったのが『三河物語』の著者・大久保彦左衛門忠教（忠世の弟）である。忠教は「銀の揚羽蝶の羽の九尺もある指物」を掲げ、敵に向かっていく。黒い具足を着用し、槍で真田方の兵士を殺していったのだ。そのとき、倒した者の首をとることはなかったと書かれているのは、手柄よりも敵を倒すことを優先したからだろう。

乱戦のなか、十七歳頃と見える真田方の少年が大久保忠教のところへやって来た。その少年は、忠教らを敵と認識していないようだ。忠教の隣にいた天野小八郎が少年を槍で突こうとしたが、それを止めたのが忠教だった。「子供だ。可哀想だから、許してやれ」と制止したのである。

混戦のなかでは、誰が敵か、誰が味方か、見分けがつかないことが結構あったようだ。真田の配下の日置五右衛門尉も、徳川兵がいるなかを敵と知らずに馬に乗り、通っていたとのこと。それを目敏《めざと》く見つけた忠教は「あれは、三つ巻をしていない。敵だ。突き落とせ」と叫ぶが「いや、敵ではない」という声もあり。それでも忠教は「日置だ。突き落とせ」と主張したので、最初は足立善一郎という者が走り寄り、日置を槍で突いた。だが、その槍は敵の鞍に当たる。日置の供の者も反撃してきて、善一郎も槍で突かれた。

日置は大久保忠教の目の前にやって来る。忠教はチャンスと思ったのだろう、日置の「胴の真ん中」を突こうとした。しかし、忠教の槍は、日置の供の者の槍によって、絡めとられ、跳ね除けられてしまう。諦めずに、忠教はもう一度、日置を突こうとするが、態勢を整えているあいだに、日置は通り過ぎてしまった。敵に向かって進もうとする忠教だが、退いてくる味方もいて、彼らは「この先は行ってはいけない。見知っている者（味方）は誰もいない」という有様であった。

　徳川方の劣勢は明らかだった。そうこうするうちに、敵が馬に乗って攻め寄せてくる始末。味方（徳川方）のなかでも仲間割れに類することが起きていたようだ。大久保忠世は、平岩親吉の部隊に乗り込み「あなたの部隊を、川を越えさせて、我らの部隊の後ろにつけてください。敵方がまとまらないうちに、我らが斬ってかかろうと思う」と提案。が、平岩は忠世の提案をとんでもないと感じたのか、返事もしない。業を煮やした忠世が再び同じ言葉を平岩にかけるも、それでも平岩は頷かず。忠世は「日頃からそんな考えの奴だから、役に立たぬのだ。浅ましい」と捨て台詞を残して、平岩のもとを去った。

　忠世は、今度は鳥居元忠のもとに向かい「平岩に援軍を要請したが、震えるばかりで物も言わぬ。そこで、元忠の部隊を我が軍の後ろから前進させてほしい」と主張するが、なんと元忠も返事せず。さすがの忠世も呆れて「下戸に酒を強《し》いるようだ。役に立たぬ」と言うと、保科正直のもとに駆け込む。しかし、保科はこれまでの者以上に体を震わせ、返事もしない。

　忠世が自分の部隊に戻るときに出会ったのが、大久保忠教だった。忠教は忠世に「敵が川を越せば、味方は敗れる。鉄砲隊を河岸にお出しなされ」と勧めるも、今度は忠世が無言となり、ただ手を振るのみ。忠教が「手を振っていても、仕方がない。早く出撃を」と粘ると、忠世は「玉薬がない」と呟く。「玉薬がないということはないでしょう。早く出撃を」と忠教は更に主張。すると忠世は「若造が何を言うか。我が方は、全ての者の腰が抜けて、出撃する者は誰もいない。腰が抜けたといえば、言った者が他人に弱みを見せたことになろう。だから、玉薬がないと言ったのだ」と本音を吐き出す。忠教はその言葉を聞いても、河岸に向かったようだが、敵は川を越えては来ずに退いたので、忠教も引き上げることになる。

『三河物語』に記されたこれら逸話が、どこまで真実を伝えるものかはわからないが、本当であるならば、戦を重ねた武将であっても、敗戦となれば、身体が震え、思考が停止するということであり、戦のリアルがわかり、興味深い。上田城の戦いで、徳川方は千三百人が討たれたという。徳川は真田氏に敗退した。

側近・石川数正はなぜ家康を裏切ったのか？

天正十三年（一五八五）閏八月、徳川家康が派遣していた軍勢は、信州の上田城において真田昌幸に敗れ、兵を退いた。そうしたなかにおいても、豊臣秀吉の威勢は益々高まり、家康に人質を更に差し出すよう要求してくるのであった。家康は既に小牧・長久手の戦い（一五八四年）直後に、次男の於義伊（後の結城秀康）を秀吉のもとに養子（実質は人質）に出していた。更なる人質要求は、家康だけでなく、徳川家中を悩ませる。

　同じ年（一五八五年）の六月、越中の佐々成政と家康が手を組んで秀吉に対抗しようとしているとの風聞が立った。かつて、小牧・長久手合戦で家康と連合した織田信雄（織田信長の次男）は、このとき秀吉の疑いを晴らすため、徳川の宿老から人質を出すように家康にアドバイスしていた。信雄のアドバイスは、秀吉の耳にも入り、自ら（豊臣氏）に臣従するよう執拗に徳川に促す契機にもなっていた。

　そうしたときに、徳川から人質を出すように主張していたのが、家康の重臣・石川数正である（数正は康輝という名に改名しているが、ここでは人口に膾炙《かいしゃ》している数正で通す）。数正は、家康がまだ幼名・竹千代を名乗っていた頃から、つまり、駿河今川氏の人質時代から、家康に側近く仕えていた武将であった。

　桶狭間の戦い（一五六〇年）後、家康は今川氏から離反。家康の妻（築山殿）と子（竹千代、後の松平信康）が未だ今川氏の手中にあったとき、その奪還に功績あったのも数正だった。「家康の嫡男を殺せ」との声が今川家中で巻き起こるなか、数正は「幼い若君一人を殺させる場合、お供する者もいないだろう。それは、人目にも寂しく映る。我らが参り、最期のお供をしよう」

と言うと、率先して駿河に向かったという（『三河物語』）。

この数正の発言に、身分の高下を問わず、感動する者が続出したと言われる。そのようなとき、徳川方の捕虜となっていた鵜殿氏と、家康の妻子を交換しようとの話が持ち上がる。この人質交換は無事に成功し、数正も築山殿や信康と共に岡崎に戻る。このとき、数正は「八の字の髭をピンとそらし、若君を自分の鞍の前に乗せて」行進したという。『三河物語』は、数正の態度を「見事」と評している。

数正は、戦において、殿《しんがり》を命じられた際に、追走してくる敵軍（武田勝頼軍）を逆に襲撃、見事勝利したこともあり（一五七七年）、武将としても一流だった。

その数正が、更に人質を秀吉に差し出すべきと徳川家中で主張していた（数正は、秀吉との交渉役であった）。ちなみに、数正は自身の息子（嫡子の康長、次男の康勝）を於義伊（家康次男）と共に大坂へ人質に出しており、何も他の宿老だけに犠牲を負わせようとしているわけではなかった。

数正の心情は、更なる人質を出すなどして秀吉に臣従の意を示さなければ、いずれ秀吉は本格的に、そして大規模に徳川に攻勢をかけてくる、局所では徳川が勝利することもあろうが、長期戦にでもなれば、最終的には徳川方は敗れる。そうなれば、最悪の場合、主君（家康）は切腹、御家は瓦解してしまうかもしれない。そのような思いから、人質を出すことを主張していたと感じる。

秀吉方と交渉していた数正は、秀吉政権が日々隆盛を極めていくさまを肌身に感じていたに違いない。だからこそ、秀吉と全面対決することの不可を説き続けていたのだろう。だが、数正の願いも虚しく、徳川から新たな人質は出さないことが決定された（一五八五年十月二十八日）。

家康が諸将を浜松城に集め、評定した結果であった。強硬論が幅をきかせ、数正の意見は採用されなかったといえよう。数正は徳川家中で孤立していたと思われる。何より、自らの融和路線が採用されなかったということは、今後の数正の出世にも影響してこよう。孤立し排斥され、政治生命が断たれる可能性が高い。いや、生命まで絶たれることもありうる。同年十一月十三日、岡崎城の城代を務めていた数正は、突如、妻子と共に出奔。豊臣秀吉のもとに身を寄せるのである。その背景には、これまで述べてきたような事情があったと考えられる。

幼い頃から仕えてきた忠臣・数正の「裏切り」は、家康にとって、衝撃でもあり、打撃でもあった。数正出奔の翌日（十四日）には、岡崎城に宿老の酒井忠次を入れている。家康も十六日には、岡崎に赴いている。翌月には、本多重次が新・岡崎城代に任命された。

一方、秀吉のもとに奔《はし》った数正は、秀吉から一字を与えられ「吉輝」を名乗る。数正が徳川家に戻ることは二度となかった。秀吉に臣従した数正は、後の小田原攻めの功により、信濃国松本城を与えられる。そして、文禄元年（一五九二）に没するのであった。

秀吉は、徳川からの人質差し出しの拒否を受けて、家康征伐のため、来春に出陣する意向を示していた。家康も三河東部城（愛知県幸田町）や岡崎城の普請を行うなど、秀吉軍の襲来に備えることになる。家康と秀吉の対立は、どのような結末を辿るのであろうか？

さて、石川数正の「裏切り」は、『三河物語』の著者・大久保彦左衛門忠教や大久保一族にも衝撃を与えたようで、同書には次のような逸話が記されている。当時、大久保忠世(忠教の兄)は、信州は小諸城に在番していた。その側に忠教もいたのであるが、忠世のもとには「数正が裏切ったので、小諸から早く帰ってこい」という飛脚が頻々とやって来ていたとのこと。忠世はここで小諸を離れたら、信州を徳川が支配することはできまいと考えていたようで、帰国要請になかなか従えずにいた。

それでもやって来る飛脚。そのとき信州小諸にいた三河武士の心中には「数正が裏切ったからには、岡崎に馳せ参じたとしても討死することになろう。またここにいても、いずれは討死することになるだろう。そうであるならば、妻子の消息もわからない、こんな遠方の地に留まることはあり得ない」との考えが充満していたようだ。そんななか、忠世は「そういうことなら、どこで戦死しても奉公としては同じだ。忠教、ここで討死してくれ」と忠教に告げるのである。

それに対し、忠教は「同じ奉公なら、岡崎に参り、家康様の眼前で討死すれば、それがお目に入ることでしょう。ここで戦死すれば、人も知ることもなく、死に甲斐もない。岡崎に行って戦死しよう」と反論する。

それでも忠世は「その通りだ。しかし、お前をここに留めておかなければ、他の者たちを留めておくことはできぬ。ご主君に差し上げる命だ。ここはひとまず、命を私に預けてくれ」と説く。ついに忠教は納得し、自身は小諸に留まる決意をするのだ（忠世は、岡崎に戻ることになる）。数正出奔は、大久保一族にとっても、大騒動だったのである。

家康を試した秀吉の無理難題

天正十三年（一五八五）十一月十三日、徳川家康の重臣・石川数正（岡崎城代）は、妻子と共に出奔し、豊臣秀吉のもとに身を寄せた。これは、前月二十八日、家康が諸将を浜松城に集め、評定した結果、秀吉に対して新たな人質は出さないことを決めたことに一因があった。

秀吉に人質を出すべきという「融和論」の数正は、「強硬論」が座を占める徳川家中で孤立していた。そのようななかでの人質提出の拒否決定は、数正の今後の政治生命を断ちうるものだった。よって、数正は徳川家を出て、秀吉のもとに奔り、活路を見出したのである。

徳川の人質差し出し拒否を受けて、秀吉は、来春（一五八六年の二月）には出陣する意向を示していたが、思わぬ天災によって、目論みは潰える。その天災とは地震である。

天正十三年十一月二十九日の夜、近畿から東海・北陸を強い地震が襲ったのだ。天正地震と呼ばれるこの地震の規模は、マグニチュード7・9あるいは8・0とされ、畿内では建物が倒壊し、多数の死者が出る。この地震により、秀吉は出陣を延期したばかりか、家康を平和裡に懐柔する作戦に切り替える（家康の領国は被害をそれほど受けなかった）。家康と秀吉を仲介する役割を担ったのが、既に秀吉に降っていた織田信雄（織田信長の次男）であった。

天正十四年（一五八六）一月二十七日、家康と信雄は岡崎で会見、家康は秀吉に和睦を請うことになる。信濃国衆（例えば小笠原貞慶）の徳川離反、重臣・石川数正の出奔、そのうえで、秀吉による討伐を受ければ、いずれはジリジリと負けていくことを、家康はよく見通していた。だから、秀吉との和睦に舵を切ったのだ。

秀吉は、信州の真田昌幸らに、家康が人質を出し、如何様にも秀吉の仰せに任せると願ったので赦免したと伝えたようだが、それは誇大宣伝だった。秀吉は実の妹・朝日姫を家康の正室として嫁がせているし、甲斐国・信濃国の支配は家康の裁量に任せられることになったからだ。

天正十四年四月中旬、秀吉は妹・朝日姫を家康のもとに嫁がせることを決める。これにより、秀吉と家康は義兄弟の関係になるのである。家康は、朝日姫の輿入れを決断した秀吉への御礼のため、家臣の天野康景を秀吉のもとに遣わす。すると、秀吉が突如、怒り出したのだ。「儂の知らない家臣を派遣したな」という理由であった。さらに「酒井忠次か、本多忠勝か、榊原康政のいずれかの者を派遣せよ」と要求し、四月下旬に予定されていた朝日姫の輿入れも延期させてしまう。

現代から見ても、無茶な怒りようである。家康もそう思ったようで、秀吉がやかましいことを言うので、手切れにしようと考えたらしいが、そこにまたしても、織田信雄の仲介があった。信雄の使者で重臣の土方雄良がやって来て「ここで秀吉と手切れしては、両者の仲をとり持った主君・信雄は面子《めんつ》を失ってしまう」と秀吉の言に従えと説得するのであった。

家康は信雄の説得に応じ、四月二十三日、本多忠勝を秀吉のもとに遣わす。これにより、朝日姫は無事に家康のもとに輿入れすることになり、五月十四日、姫は浜松城の家康のもとに嫁いできた。

秀吉はなぜ急に「自分の知らない家臣を遣わしたな」と家康に怒ったのか。それは、単なる我儘《わがまま》ではなく、無理難題に家康がどう対応するかを見るためではなかったか。このくらいの無理難題で家康が手切れを望みそれを実行するのなら、やはり征伐してしまおうと秀吉は考えていた可能性もあろう。しかし、家康の忍従により、破局は避けることができた。

九月二十四日、秀吉は家康に臣従の証としての上洛を求めてきた。家康は秀吉に上洛中の身の安全を保証するよう要求。それに対し、秀吉は、上洛要請になかなか応じようとしない家康に、大政所（秀吉の生母）を三河に下向させることを伝える。家康に何かあった場合は、大政所は殺されることになるから、人質である。

十月十八日、大政所は三河岡崎城に入った。それを確認した家康はついに岡崎を立ち、京に向かうのである。『三河物語』によると、上洛前に、酒井忠次が「上洛はおやめください。道理に合いません。考え直してください」と家康に迫ったようだ。忠次だけではなく、他の家臣も「秀吉と断交になるからといって、上洛するのは納得いきません。考え直してください」と口々に家康に言上したという。

それに対し、家康は次のように述べた。「皆、なぜそのようなことを言うか。私一人、腹を切って万民を助けるのだ。私が上洛しなければ断交となる。秀吉方が百万の軍勢で押し寄せてきても、打ち破ってみせるが、戦というのはそういうものではない。私一人の決断で、民百姓や諸侍たちを山野に野垂れ死させるならば、その亡霊の祟りのほうが恐ろしい。私一人が腹を切って多くの人の命を助ける。お前たちも、いろいろ言わず、謝罪し、多くの人命を助けよ」と。

この家康の言葉に、上洛に反対していた家臣たちも「ごもっともにございます。そのお考えなら、上洛してください」と従う。家臣の返答に家康は「さすが、重臣の返事じゃ」と満足気であった。同書には家康が、秀吉が母・大政所を岡崎まで人質として遣わせたことについて「そこまでには及びませんでしたのに、有り難い」と言ったと記されている。

徳川家臣たちは、大政所の三河来訪を人質が来たと安心し、喜んだという。これで主君の身の安全が保証されたと思ったのだ。が、家康は気を抜いていなかったようで「もし私が腹を切ったら、大政所に腹を切らせよ。女房は助けて帰せ。家康は女房を殺して腹を切ったと言われたなら、世間の聞こえもよくない。後々までの悪評となろうから、そのようなときは大政所を殺すのだ。女房に手を出してはならぬ」と井伊直政と大久保忠世に伝言したという。

家康の「われ一人、腹を切りて」という言葉は、断腸の思いで上洛し、秀吉に完全臣従するという意味合いではなく、場合によっては、秀吉から急に切腹を命じられて死ぬことも覚悟してのものだったのだ。それは、自分一人が切腹すれば戦は回避され、民衆や諸侍が塗炭の苦しみを味わうことはないだろうと、家康の指導者としての覚悟であり矜持の吐露であった。

しかし、もし家康が上洛し切腹を命じられていたら、どうなっていただろう。三河武士は憤激し、大政所を殺す、秀吉もまたそれを怒り、結局は家康の思いも虚しく戦になったのではないだろうか。

両雄対面！　家康は秀吉にどう向き合ったのか？

天正十四年（一五八六）十月十四日、徳川家康は、豊臣秀吉の要請に従い、上洛の途についた。小牧・長久手の戦い（一五八四年三月〜十一月）で、秀吉と刃を交えてから、約一年。両者はついに、対面のときを迎えようとしていた。

秀吉はこれより以前、妹の朝日姫を正室として家康に嫁がせ、また母・大政所を三河に下向させている。大政所は、家康が上洛しているあいだの人質であった。ここまで秀吉がしてきたならば、家康も覚悟を決めて上洛しなければならない。「私一人が腹を切って、多くの人命を助ける」（『三河物語』）との思いで、家康は西に向かう。従者は六万騎という説もあるが、明らかに過大である。

十月二十六日、摂津国の大坂に着いた家康。宿所は羽柴秀長（秀吉の弟）の邸であった。翌日（二十七日）、秀吉と家康は大坂城で対面する予定であったが、二十六日の夜、秀吉が突如、家康の宿所に姿を現すのである。この場面は大河ドラマ、時代劇でよく描かれるが、創作ではないかと思っている読者もいるかもしれない。しかし、家康の家臣・松平家忠の日記『家忠日記』に、秀吉が家康の宿所を訪れたことが記されているのだ。

秀吉は家康の手をとり、奥の座敷に案内、自らの思いを述べ、交流を深める。秀吉はよく「人たらし」などと評されるが「家康の手をとり」というところにも、その片鱗が現れているように感じる。その夜は酒宴となった。秀吉が家康にまず酌をする。そして次に家康が酌をして、秀吉に酒を進めた。

家康の宿所を秀吉が訪れたことは『徳川実紀』にも記されている。秀吉は久々の家康との対面に喜んだという。そして、秀吉は家康の耳に口を寄せ、次のように囁《ささや》いたと言われる。

「家康殿もご存じのように、今、私は位人臣を極め、勢威、四海を席巻している。が、元々は松下氏の草履《ぞうり》取りで奴僕であった。信長様に取り立てられ、武士の交わりを得た身なので、天下の諸侯は私に畏服するように見えて、実は心より信服しておらん。今、家臣となっている者も、元来は同僚、私を実の主君とは思っていない。近日、私と公に対面するときは、そのことをよく弁《わきま》えてほしい。この秀吉に天下を取らせるも、失わせるも、家康殿のお心一つ」と。

家康は秀吉の頼みを受けて「既に、御妹君（朝日姫）を頂戴し、またこのように上洛している以上、秀吉様の立場が悪くなるようには振る舞いません」と答えた。秀吉はその言葉を聞いて、大いに喜んだという。ここのところは、まさに会談を見てきたような描き方だが、両者が本当にこのようなやり取りをしたかまではわからない。

翌日、家康は大坂城に登城。秀吉に臣従の礼をとった。家康から秀吉へは、馬十疋、金子百枚、梨地の太刀が献上された。一方、秀吉からは白雲壺、正宗の脇差、唐の羽織が家康に与えられた。『徳川実紀』には、大坂城での対面の際、家康が秀吉に、とても敬服し額《ぬか》ずいたので、それを見た諸大名たちは「徳川殿であっても、こうなのじゃ。我々がどうして秀吉を軽侮できよう」と、秀吉を敬うようになったという。秀吉は喜び「その昔、越前の金ヶ崎で私は討死するはずであったが、家康殿のお情けにより虎口を逃れ、今この立場となった。その御恩、忘れることができようか」と家康に感謝の意を示した。

同書（『徳川実紀』）には、もう一つ有名な逸話が記載されている。家康が秀吉に「秀吉様の陣羽織を頂戴したい」と言上したという話である。秀吉がそのわけを問うと「殿下（秀吉）に二度と物の具（武具）を着用させない」（戦があったときは、この家康が敵を征伐する）との家康の返答があり、秀吉が大層喜んで陣羽織を家康に与えたのだ。

この逸話は、如才ない家康が急に「陣羽織を頂戴したい」と申し出たかのように思われているが、前段階があって、羽柴秀長と浅野長政が、家康に「殿下に陣羽織を所望されてはいかがか。二度と殿下に鎧を着けさせないと申し上げれば、殿下もどれほど喜ばれるであろうか」と前もってアドバイスしているのである。

それはさておき、『三河物語』には秀吉の弟・秀長にまつわる不穏な話が記されている。同書によると、秀吉は家康をやはり危険だと感じ、毒殺しようとしたという。家康に毒を飲まそうとして、振る舞われた料理のなかに毒を入れた。家康は食事の際、上座にいたが、秀長に遠慮し、下座に回った。家康が飲むはずだった毒を、秀長が飲むことになり、秀長は死んだという物騒な話が記されているのだ。

しかし、この話は、噂話程度のことを、大久保忠教が書き記したに過ぎないだろう。秀長が死んだのは天正十九年（一五九一）のことだ。家康の上洛時は、天正十四年（一五八六）。五年の歳月が流れている。家康を毒殺せんとする程の毒なら、すぐに亡くなるはずだ。秀長の死は毒とは無関係だろう。また、秀吉が家康を毒殺しようとしたというのも、根拠もないし、現実的ではないだろう。家康を殺せば、大政所（秀吉母）や、最悪の場合、朝日姫まで三河武士に殺されてしまうだろうからだ。

さて、家康は十一月十一日に岡崎城に帰還した。家臣たちは、家康の無事の帰国を喜び「めでたい」と喜び合ったという（『三河物語』）。その翌日には、井伊直政に命じて、大政所を送り返させている。家康が無事に帰国した今、大政所の人質としての役割は終わったのである。家康は秀吉に臣従した。ここに「豊臣家臣　徳川家康」としての活動が始まる。家康の新たな人生のスタートと言えよう。

秀吉に臣従するため上洛を決めた本当の理由

天正十四年（一五八六）十月二十七日、徳川家康は豊臣秀吉と大坂城で対面し、臣従を約した。家康が大坂に行き、秀吉に服したのは、一つには、秀吉と全面的に戦をしても最終的には自身が劣勢となり敗れるという冷静な判断があったからだろう。もちろん、そうなると徳川領国は戦火で荒れ果て、侍は死に民衆は苦しむことになり、それは避けたいという思いもあったはずだ。

それと共に、秀吉が実妹・朝日姫を家康の正室として嫁がせ、実母・大政所をも三河に人質として下向させるという決断をしたことも、家康が大坂に向かう大きな理由になった。

そして、もう一つ、家康が秀吉に服した理由があるように思うのである。それは、家康が大坂に下るひと月ほど前のこと。遠江国の寺院に対し、家康は寺領の安堵や寺院の法規を記した文書を出している（現存する文書は三通であるが、同内容の文書は遠江国の全寺院に出された可能性も指摘されている）。

重要なのは、文書の発給者（家康）の署名で、そこには「三位中将藤原家康」と記されているのである。これは、家康が三位中将（従三位右近衛中将）に朝廷から叙任されたことを示している。三位中将という位は、一般の武士から見れば、目も眩むような高位であった。ちなみに、秀吉はこのとき、従一位関白という朝廷官位の最高位を手にしていた。

家康は永禄九年（一五六六）には関白・近衛前久を頼り「従五位下三河守」に任命されている。若い頃から家康は朝廷官位の重要性を認識し、うまく活用してきたと言えよう（従五位下三河守の官位は、家康に三河支配の正統性を付与したと思われる）。さて、今回の従三位右近衛中将の位のことである。

天正十四年九月二十四日、秀吉からの使者と織田信雄の使者が岡崎城にやって来たので、家康は浜松城から岡崎に向かい、使者と対面する。そして、その二日後の同月二十六日に、徳川諸将は岡崎城への参集が命じられ、家康から上洛する旨を伝達されるのだ。上方からの使者と会談した結果、家康は上洛を決意したと言えよう。

この場合、秀吉の使者が家康に伝えた「秀吉の言葉」が重要であろう。おそらく、秀吉の使者は、家康が上洛した際には身の安全を保証することなどを述べたのだろう。それと共に、秀吉使者は「三位中将」の宣旨（天皇の命令を伝える文書）をもたらしたのではないかという説もあるのだ。

前述の家康から遠江国寺院に宛てられた文書の日付は「九月七日」、よって、三位中将の叙任（宣旨作成）は九月七日だったことがわかる。九月七日に作成された宣旨を、秀吉の使者が携えて、九月二十四日に家康に下した可能性がある。そうしたことから、この三位中将の叙任・宣旨発給こそ、家康が上洛を決意した一番の理由とする説だ。家康は、秀吉が斡旋した朝廷官位の「誘惑」に負けたというのだ。

この説を唱えるのが歴史学者の笠谷和比古氏（国際日本文化センター名誉教授）であり、その著書（『徳川家康』）のなかで「筆者がここで強調したいことは、家康の上洛決断が、世に言われている大政所の人質提出によってなされているのではなく、三位中将という朝廷官位の権威によって実現されていたという事実である」とまで述べられている。

確かに笠谷氏が主張されるように、三位中将の官位も家康にとって魅力的であったろうし、家康の上洛決断に影響を与えたものと思う。しかし、私は大政所が三河に下向してくるか否かということも、家康にとっては大きかったと推測している。十月十四日に家康は浜松を立ち、上洛の途につくが、上洛を決断してから二週間以上経過している。これは上洛の準備期間でもあろうし、秀吉が大政所を真に下向させるか否かを、じっくりと家康が見ていたのではないだろうか。

実際には大政所は十月十八日に岡崎に到着、家康は同月二十日に岡崎を出発し、上方に向かっている。もし、この間に、秀吉が「やはり、大政所を下向させない」という判断をしていたら、おそらく、家康は上方に向かわなかったのではないか。家康の身の安全が保証されない可能性があるからである。よって、私は朝廷官位の授与と共に、やはり大政所の下向も上洛の最終決断には大きな影響を与えていると考える。

さて、大坂で秀吉と対面した家康は、十一月五日には、秀吉に従い、参内し、正三位中納言に任命された。秀吉の弟・羽柴秀長と同位となった。ちなみに、このとき家康は姓を「藤原」から「源」に改めたという。家康から秀吉への働きかけがあったと思われる。

家康は永禄九年（一五六六）に、朝廷から従五位下三河守に叙任されたが、このときに苗字を「松平」から「徳川」に改めることも認められた。しかし、姓は、家康が希望した「源」ではなく「藤原氏」とされてしまう。これは、家康の叙任を仲介した近衛前久が藤原氏だったことによるとされる。家康が源氏を名乗りたいと熱望していたことは、元康と名乗っていた若い頃の文書の署名に「源」と記していたことからもわかるが、それだけに藤原氏とされてしまったことは残念ではあったろう。

家康の「藤原」から「源氏」への改姓であるが、天正十六年（一五八八）四月に行われた聚《じゅ》楽第行幸《らくていぎょうこう》と関連付ける説もある。聚楽第とは、秀吉が京都に造営した壮大な城郭風の邸宅のことだ（一五八七年造営）。その邸宅に秀吉が後陽成天皇を招いたのだ。その行幸行事に際しては、諸大名は上洛することが求められ、当然、家康も上洛している。聚楽第に参集した武家領主は、秀吉への臣従を誓約させられることになるが、そのときの起請文（誓約書）に、家康は「源家康」と署名している。

ちなみに、家康は行幸の直前に、秀吉の執奏により、清華成《せいがなり》を果たす。清華家とは、太政大臣まで昇進可能な、摂関家に次ぐ公家の家格である。織田信雄や羽柴秀長・秀次らも清華成している。

家康の源氏改姓は、聚楽第行幸が画期《かっき》となったとする説の裏には、同年正月に足利将軍家が終焉したことがあるという。足利幕府十五代将軍の義昭は信長によって京都を追われて以降、毛利氏の庇護下にあったが、天正十五年（一五八七）には上洛し、翌年（一五八八）正月十三日には将軍職を辞し、出家している。足利幕府の滅亡を信長の義昭追放時（一五七三年）に求めることが教科書などでも多いが、厳密に言えば、一五八八年に足利将軍家は終焉を迎えたのである。

家康が足利将軍の終焉と共に、源氏に改姓したという説の裏には、彼が将軍職（征夷大将軍）就任を、この頃から望んでいたのではないかという考察もあるのだ。高位高官となった家康には、それは夢のまた夢でもなかったであろう。

小田原北条氏はどのように滅ぼされたのか？

天正十四年（一五八六）十一月、豊臣秀吉に臣従した徳川家康は、遠江国浜松城に帰還した。それから暫く経った十二月四日、家康は一つの決断をする。本城を駿河国の駿府城（静岡県静岡市）に移したのだ。秀吉は関東そして東北の惣無事《そうぶじ》（大名間の私闘の禁止）を念願しており、その役目は家康が中心となり、担うことになった。その活動のためには、浜松より駿府が適している、そう考えて家康は駿府城を本城としたのである。

家康を臣従させた秀吉は後顧の憂いがなくなり、自ら九州に出馬（一五八七年）、島津氏を降して九州を平定したのであった。諸大名が次々に、秀吉に服属しているなか、未だ臣従していない有力大名が小田原の北条氏だった。家康と北条氏は縁戚関係にあった。家康の次女・督姫が北条氏直に嫁いでいたのだ。

家康は、秀吉に服そうとしない北条氏政・氏直親子に宛てて、書状（起請文）を送っている（一五八八年五月二十一日付）。その内容は、北条氏の領国を望むようなことはないこと、氏政の兄弟衆を五月中に上洛させること、秀吉に出仕することを納得しないのであれば娘（督姫）

郵便はがき

お手数ですが
切手を
お貼りください

150-8482

東京都渋谷区恵比寿4-4-9
えびす大黑ビル
ワニブックス書籍編集部

お買い求めいただいた本のタイトル

本書をお買い上げいただきまして、誠にありがとうございます。
本アンケートにお答えいただけたら幸いです。
ご返信いただいた方の中から、
抽選で毎月5名様に図書カード(500円分)をプレゼントします。

ご住所　〒 TEL(　　-　　-　　)	
(ふりがな) お名前	年齢 歳
ご職業	性別 男・女・無回答
いただいたご感想を、新聞広告などに匿名で使用してもよろしいですか?　(はい・いいえ)	

※ご記入いただいた「個人情報」は、許可なく他の目的で使用することはありません。
※いただいたご感想は、一部内容を改変させていただく可能性があります。

●この本をどこでお知りになりましたか?(複数回答可)

1.書店で実物を見て　　2.知人にすすめられて
3.SNSで(Twitter:　　Instagram:　　その他　　)
4.テレビで観た(番組名:　　)
5.新聞広告(　　新聞)　　6.その他(　　)

●購入された動機は何ですか?(複数回答可)

1.著者にひかれた　　2.タイトルにひかれた
3.テーマに興味をもった　　4.装丁・デザインにひかれた
5.その他(　　)

●この本で特に良かったページはありますか?

[　　]

●最近気になる人や話題はありますか?

[　　]

●この本についてのご意見・ご感想をお書きください。

[　　]

以上となります。ご協力ありがとうございました。

を返せなどであった。強硬な内容と言うべきであろう。

しかし、氏政の兄弟衆の上洛はなかなか実現しなかった。北条氏のなかで秀吉への融和派（北条氏直・氏規）と強硬派（北条氏政・氏照兄弟）の対立があったのだ。閏六月になると、北条氏規（北条氏康の四男。氏政・氏照の弟）上洛のための準備の兆候が見え始めたが、それでも上洛はすぐには実現せず。七月中旬には、家康は徳川家臣の朝比奈泰勝に対し、北条氏規の上洛を重ねて催促するように命じている。氏規が上洛し、秀吉と聚楽第で対面したのは、八月二十二日のことであった。

豊臣政権は、北条氏は臣従したものと見做し、領土の裁定を下すことになった。その焦点となったのが、信州は上田城を本拠とする真田氏が押さえていた上野国沼田領（沼田市）である。豊臣政権は、沼田城と沼田・吾妻両領の三分の二の領域を北条のもの、三分の一を真田氏に残すことにした。北条氏はこの取り決めに不服であったが、最終的には裁定に従った（一五八九年六月）。

北条氏への沼田領の引き渡しが行われ、事は平穏に進むかに見えた。ところが、天正十七年（一五八九）十月末に事件が起こるのである。それは、沼田城の猪俣邦憲《いのまたくにのり》（北条方）が、名胡桃城《なぐるみ》（群馬県月夜野町）という沼田領内にある真田方の城を奪うというものだった。

北条方による城の奪取は、豊臣政権の領土裁定を侵害するものである。北条氏政の上洛を待つのみという状況のなかで起きたこの出来事は、秀吉を激怒させる。秀吉は北条氏を討つ決意を固める。しかし、北条氏は強気の姿勢で、氏政が上洛し、謝罪するということをしなかった。

十二月十日、家康は上洛し、秀吉と小田原攻めの軍議を行う。家康は三万騎の軍勢を率い、先陣を務めることになった。天正十八年（一五九〇）二月十日、家康は出陣。秀吉は三月一日に出馬する。戦は避けられずと見た北条氏は、領国内の要衝・城に一族や重臣を配置し、秀吉軍の襲来に備えていた。北条方の諸城は、秀吉の大軍の前に次々と落城。四月には、小田原城を包囲する。

小田原攻めの秀吉方の軍勢は約二十万。このような大軍を前にしては、名城といえども持ち堪えるのは至難である。七月五日、ついに北条氏直は開城し、降伏した。氏直は高野山に追放され、氏政と氏照は自害を命じられた。ここに、北条早雲以来五代にわたって続いてきた北条氏は滅亡したのである。

北条氏はなぜ戦争の道を選んだのか。名胡桃城奪取事件があったとしても、北条氏政が早期に上洛して謝罪すれば、戦は避けられたであろう。それをしなかった理由の一つには、本城・小田原城の堅固さへの自信があったのではないか。あの越後の上杉謙信も小田原城を攻囲するが攻め落とすことはできなかった。秀吉如きが攻め落とせるはずはないという驕《おご》りがあったのではなかろうか。

また、秀吉の軍勢は遠く西国からやって来る、いずれは兵糧が枯渇し、兵を退くに違いないとの目算もあったように思う。持久戦で粘れば、縁戚の家康も加勢してくれるかもしれない。奥州の伊達政宗も我が方に付いて来援、秀吉軍を襲うこともあり得よう、そうした楽観論が北条氏にはあったのではないか。

しかし、北条の目算は外れた。秀吉軍には、九鬼・毛利・長曾我部の水軍がいて、大量の兵糧を沼津に運び込む態勢を作ったのである。逆に、北条氏は、相模湾を秀吉方の水軍に封鎖されたこともあり、城への補給の道は閉ざされることになる。家康も政宗も北条氏に加勢することはなかった。

家康は小田原への出陣に際し、軍法（十五ヶ条）を定めている。その一部を紹介すると、

・喧嘩口論の禁止
・下知なく、先手を差し置いて、物見を遣わしてはならない
・先手を差し置いて高名を挙げても軍法に背いた者は妻子以下も成敗する
・進軍にあたっては脇道してはいけない
・奉行人の指図に従うこと

・派遣した使者の言うことを守ること
・命令がないのに、男女を略奪してはいけない。命令がないのに、敵地の家を放火してはいけない
・勝手に陣払いしてはいけない
・進軍の際は、小旗・鉄砲・弓・槍の順番を決め、奉行を付けて進むこと
・商売、押買、狼藉をしてはならない

というものであり、これらの軍法を守ることができない者は容赦なく成敗すると記されている。抜け駆けして武功を挙げても手柄にはならず、家族まで処罰するとは厳しい内容ではあるが、戦においては規律こそ重要ということだろう。さて、小田原攻めの最中には、奥州の伊達政宗も秀吉に帰順してきた。これにより、秀吉の天下統一は目前に迫ったのであった。

なぜ家康は江戸を選んだのか？

天正十八年（一五九〇）七月五日、豊臣秀吉の大軍に攻められた小田原の北条氏直は開城・降伏し、北条氏は滅亡した。七月十三日、秀吉は小田原城に入ると、論功行賞を行った。三万騎の軍勢を率いて戦に参加した徳川家康にも恩賞があった。それは、北条氏の旧領が大半

だった。伊豆・相模・武蔵・上野・下総国《しもうさのくに》全域、上野国の大半、下野国の一部。とは言え、それまで家康が治めてきた領地（三河・遠江・駿河・甲斐・信濃国）は放棄しなければならなかった。

家康の旧領には、織田信長の次男・信雄が入ることになったが、信雄はそれを拒否したため、秀吉の不興をかい、下野国那須二万石を与えられただけだった。結果、家康の旧領は、池田輝政・堀尾吉晴ら秀吉の直臣に与えられる。

『三河物語』には、秀吉が家康に対し「国替えをなされるなら、関東に替えられよ。嫌だと考えるならば、それでも良い。お考えのままに」と言ったというが、家康がもし関東転封《てんぽう》を拒否していたら、秀吉の家康への疑念は深まったかもしれない。最悪の場合、織田信雄のように改易になった可能性もあろう。同書には、秀吉の発言に、家康が「国替え致します」とすんなり受け入れたことが記されている。

秀吉は、なぜ家康を東海から関東に移らせたのか。家康はそれ以前にも、秀吉になかなか従属しない北条氏との交渉を担うなど、関東の平和に向けて尽力する立場であった。そして戦(小田原攻め）が起こると大軍を率いて、北条氏攻めに加わった。秀吉は、家康を関東に転封させて、小田原の役後も、そのような役割を担わせようとしたのだろう。

さて、関東への国替えが決まると、家康は旧領から役人や代官・下級役人を急ぎ呼び寄せ、関東での家臣の配置を命じた。その準備が整うと、七月二十九日に小田原を出て、八月一日に江戸城に入ったという（『徳川実紀』）。

『徳川実紀』は、家康の江戸入城が、天下泰平の世を築いた基礎となったと称賛している。家康が江戸城に入った八月一日は、江戸時代、「八朔《はっさく》」として記念日にされ、大名や旗本が白帷子を着て登城、将軍に祝辞を述べる行事が行われることになる。もともと、八朔（八朔の祝い）というのは、新穂を祝う儀式で、農民が知り合いに新穂を贈ったことを起源とするという。これが、公家や武家にも伝わり、例えば、室町時代には、将軍が天皇に太刀や馬を献上し、天皇からは銚子や紙などが返礼として与えられることもあった。戦国時代にはこうした儀礼は中絶していたが、江戸時代初期に復活。特に徳川幕府三代将軍・家光のときに「八朔参賀」が定められることになる（一六四三年）。

しかし、実際には家康は、八月一日以前に、江戸入りしていたと思われる。家康の家臣・高力清長が豊臣家臣の片桐且元《かつもと》らに出した書状（天正十八年＝一五九〇年七月二十六日）には「拙者、江戸に参り、詳しく、家康へ言上した」との一文が見える。これは、七月二十六日以前に、家康が江戸に入っていたことの証であろう。

また、秀吉は七月十六日に小田原を出立し、会津に向かうが、その途上には、江戸に立ち寄っている（同月十九日）。家康は秀吉を出迎えたと思われるので、七月十八日には江戸に先乗りしていたと思われる。小田原開城が七月五日とすると、それから十三日後には早くも江戸に入っていたのだ。三河・遠江国など馴染みある旧領に帰る暇はなかった。

それにしても、家康はなぜ江戸（城）に入ったのか、江戸を選んだのか。それまで、関東を支配してきた後北条氏は、小田原を本拠としていた。しかし、小田原は関東平野の西の端にあり、関東や東北に睨みをきかせるには、位置的に不適格と判断されたのであろう。武家政治の始まりの地と言える鎌倉も本拠の候補からは外れている。家康は自らを清和源氏に連なる者と思っていたし、鎌倉幕府初代将軍の源頼朝を尊敬していた。そうした由緒的なことを考えたら、鎌倉は本拠として最適だったろうが、土地が狭く、多くの徳川家臣を住まわせるには手狭であった。

小田原でも鎌倉でもなく、江戸が家康に選ばれたのだが、なぜ江戸だったのか。室町時代、江戸には、扇谷上杉家（関東管領・上杉の一族）の重臣・太田資長《すけなが》（道灌）がおり、江戸に城を築いていた。江戸はその後、上杉家そして後北条氏のものとなるが、草深い田舎ではなく、それなりに発展していたと考えられている。そうしたことも、家康が江戸を選んだ理由の一つであるとされるが、単にそれだけではなく、江戸の地理や軍事的理由もあったのではと考える。

当時は、江戸城の前が浜辺であり、入江が今の大手町の辺りまで広がっていた。物資を海から船で江戸に運ぶのに適している。また、戦の際に軍船を出すのにも便利であろう。さらに、江戸は関東平野を流れる河川に囲まれており、防御にも良い。軍事・流通・経済のことを考えると、江戸の代わりとなるような場所はそうそうない。江戸を選んだ家康はやはり賢明である。

家康の関東の領国は約二四〇万石。このなかで、徳川家の直轄地は、百万石から百二十万石と言われる（武蔵・下総・上総・相模国など）。それ以外は、家臣に分配された。こうした家臣への知行割は、まずは上級家臣から行われたようだ。例えば井伊直政は、上野国箕輪十二万石を拝領しているし、本多忠勝は上総国大多喜（千葉県夷隅郡）十万石を拝領することになる。『家忠日記』で有名な松平家忠は、武蔵国の忍城に入るように命じられた。

家康は縁もゆかりもない土地、それどころか、昨日までの敵地に乗り込んだことになるが、その一方で、二四〇万石もの領国を獲得したことになる。家康はその勢力を背景にして、豊臣政権の重臣として活躍していくことになるのである。

家康は奥羽の動乱にどのように対処したのか？

天正十八年（一五九〇）七月、小田原攻めの直後、徳川家康は豊臣秀吉から、関東への国替えを命じられた。関東・東北の惣無事（関東・東北の大名らの紛争解決や統制）を期待されたのである。

秀吉は七月十七日には小田原を出発し、八月九日には陸奥国《むつのくに》会津に到着。同月十三日には会津を経ち、京都に向かう（都には九月一日に到着）。秀吉が会津に赴いたのは、奥羽の諸大名の転封・改易などを行うためである。これを「奥羽仕置」という。小田原攻めに参陣しなかった陸奥国葛西氏、大崎氏は改易となったし、伊達政宗が蘆名氏を滅ぼし入手した会津は没収された（会津は蒲生氏郷《がもううじさと》に与えられた）。

しかし、豊臣政権による強引な「奥羽仕置」は、反発を呼び起こすことになる。その一つが、大崎・葛西（宮城県北部・岩手県南部）の大名（大崎氏や葛西氏）の旧臣や民衆が、新たな領主（木村吉清）に起こした一揆（大崎・葛西一揆）だ。一揆勢が蜂起したのが、十月十六日のこと。その一週間後には、伊達政宗（米沢）のもとに一揆蜂起の情報が届く。政宗は同月二十六日に出陣する。同日、会津の蒲生氏郷のもとにも一揆蜂起の情報が届いている（氏郷は十一月上旬に出陣）。

家康は、蒲生氏からの知らせにより、十一月初めに蜂起の情報を掴む。家康は、一揆の鎮圧のために、家臣の榊原康政を出陣させたという（十二月中旬には、康政は福島の二本松に着陣か）。これまでの一連の経緯を見ると、鎮圧のために家臣を出陣させる家康の素早い対応は、秀吉の命令ではなく、家康の判断だったことがわかる（それは、政宗や蒲生氏郷も同様であった）。家康は奥羽を関東の隣国と見做しており、その動乱を見逃すことはできなかったと思われる。家康は十一月十四日に、浅野長吉（長政）と江戸城で面会。長政は秀吉の名代とも言える立場にあり、直後に奥州に向けて立った。

さて、十一月二十四日、蒲生氏郷は、秀吉に驚くべき情報を知らせようとする。「政宗逆心」――つまり、伊達政宗に謀反の疑惑があるというのである。政宗謀反疑惑を知らせる書状は、十二月初めには京都に到着したと思われる。氏郷は、一揆の背後に政宗がいるのではないかと疑っていたのだ。政宗は自らの手で一揆を鎮圧しようとし、氏郷に出陣してくれるなとの書状を送りつけていた。このことも、氏郷の政宗に対する不信に拍車をかけたであろう。氏郷は政宗に対するため、秀吉の出馬を求めていた。

しかし、秀吉は出馬せず、家康が奥州への出兵準備をすることになる。これが、十二月四日のことである。が、政宗は、一揆勢に攻囲された佐沼城（宮城県登米市）から木村吉清を救出していた（十一月二十四日）。さすがの氏郷も、その出来事を知り「政宗に謀反心はない」と秀吉に報せることになる。家康も、政宗に謀反心がないことを知り、安心したようである。秀吉は「政宗謀反」との報を受け、徳川諸将や石田三成、佐竹義宣、豊臣秀次らを出陣させようとしたが「謀反心なし」との報告があり、出兵命令は取り消しとなっている。

ところが、氏郷は政宗に未だ疑念を持っていたようで、秀吉に対し「政宗に謀反心あり」「やはり、なし」「あるかもしれません」などのように二転三転する報告をしていたようだ。その様子を秀吉の祐筆《ゆうひつ》（和久宗是）は「まるで酒に酔ったようだ」と、政宗宛ての書状（十二月二十八日付）で表現している。

氏郷は、一揆の拠点の一つであった名生城《みょうじょう》（宮城県大崎市）を攻め取り（十一月十六日）、そこに籠城していたが、安心して会津に帰りたいとして、政宗に人質提出まで要求していた。家康は十二月二十四日には、政宗に書状を送り、政宗の一揆鎮圧の功績を称賛しているので、それに比べたら、氏郷の政宗への警戒と不信はかなり深いと言えよう。秀吉は、コロコロ変わる氏郷の注進に戸惑い、念のため、家康と豊臣秀次に、蒲生氏郷が会津に帰陣するまで、出陣するよう命じることになる。

天正十九年（一五九一）正月初めには、秀吉の命令が届いたのだろう、ついに家康自らも奥州に向けて立つことになる。家康としては、氏郷の態度は、いい迷惑だったろう。が、岩付（さいたま市岩槻）において、氏郷が福島の二本松に無事戻ったとの情報が届いたため、家康は江戸に戻る。家康が江戸に着いたのは、一月十三日のことであった。

伊達政宗の謀反疑惑は解消されたが、政宗は秀吉から上洛を求められる。政宗上洛については、家康と浅野長吉が担当する。家康は、政宗上洛にあたり、人馬の供給を命じられている。家康は、閏正月三日に江戸を発し、同月二十二日に入京。政宗は二月四日に京に入っている。

この頃、徳川家中には、家康が秀吉からまたもや国替えを命じられるのではとの噂が流れていた。江戸から今度は陸奥国へ転封される可能性もあったのだ。陸奥国の混乱を家康に鎮定させるという意味での転封である。しかし、家康は陸奥国へ転封されることはなかった。「一揆蜂起の原因をつくった木村吉清は改易」、「大崎・葛西領は政宗に与える」、「伊達領の会津近辺の五郡は進上させる」などの処置を秀吉はとることになる。

政宗は知行分けについて、詳細な絵図を秀吉に進上したようであるが、絵図だけでは心許ないとして、秀吉は家康を奥州に遣わし、検分させる意向を示したようだ（三月中旬）。政宗は四月末に京都を立ち、五月下旬に米沢に帰着した後、大崎・葛西一揆の完全鎮圧に向けて、六月十四日に出陣する。

家康は、三月二十一日には江戸に着いたが、すぐに奥州に出馬することはなかった。ところが、その頃、奥州で新たな戦乱が起きようとしていた。南部家の当主・南部信直に対し、一族の九戸政実《くのへまさざね》が反旗を翻したのである（一五九一年三月。九戸一揆）。四月下旬には、新たな一揆を鎮圧するため、動員令がかけられた。

五月下旬、家康は家臣へ出陣を命じたが、自身は七月下旬に出馬する予定であった。家康は七月十九日に江戸を立つことになるのだが、筆者が所持している浅野長吉（長政）宛の家康書状からも、その間の家康の状況を垣間見ることができる。

その書状には「御状則中納言殿へ　為持進候　猶出陣之節　以面可申承候　恐々謹言　七月一日　家康（花押）　浅野弾正少弼殿」と記されている。「（浅野長政が出した）お手紙を中納言殿へ進呈（進上）しました。なお出陣したときに、お会いして話をうかがいたい」との意味である。

本書状には年号はないが、家康が長政にこのような書状を出すのは、家康が秀吉に臣従した天正十四年（一五八六）十月以降、慶長五年（一六〇〇）の関ヶ原合戦までであり、その間の七月に「出陣」と書く状況にあるのは天正十九年（一五九一）しかないので、年代が推定できるのである。ちなみに、文中の中納言殿とは、豊臣秀次のことだ。

この書状が書かれた七月一日現在、家康は江戸におり、秀次は奥州に進軍中だった。この書状から、家康と秀次、長政が連絡を取り合っていたことが窺える。同年八月七日、秀次・家康・長政・政宗が福島の二本松に集結。九戸攻めについての作戦会議をしたのであろう。その後、家康は岩手県南部にまで向かうが、九戸攻めには参加していない。その代わり、井伊直政が九戸攻め（八月二十二日）に参戦している。

豊臣方の軍勢は六万とも言われるのに対し、籠城方は僅か五千。善戦するも勝負は見えていた。攻囲軍は、九戸氏の菩提寺の和尚を使者に、政実の武勲を称え、婦子女や城兵の助命を条件に和議を勧告。九戸政実はこれを受け入れる（九月四日）。しかし、約束は反故《ほご》にされ、政実は処刑、城兵や婦女子までが惨殺された。九戸一揆が平定されたこともあり、家康は江戸城に戻った（十月二十九日）。家康は奥州の動乱にも深く関与し、知行割という政治問題にも関与していた。豊臣重臣・家康として、西へ東へ奔走していたのである。

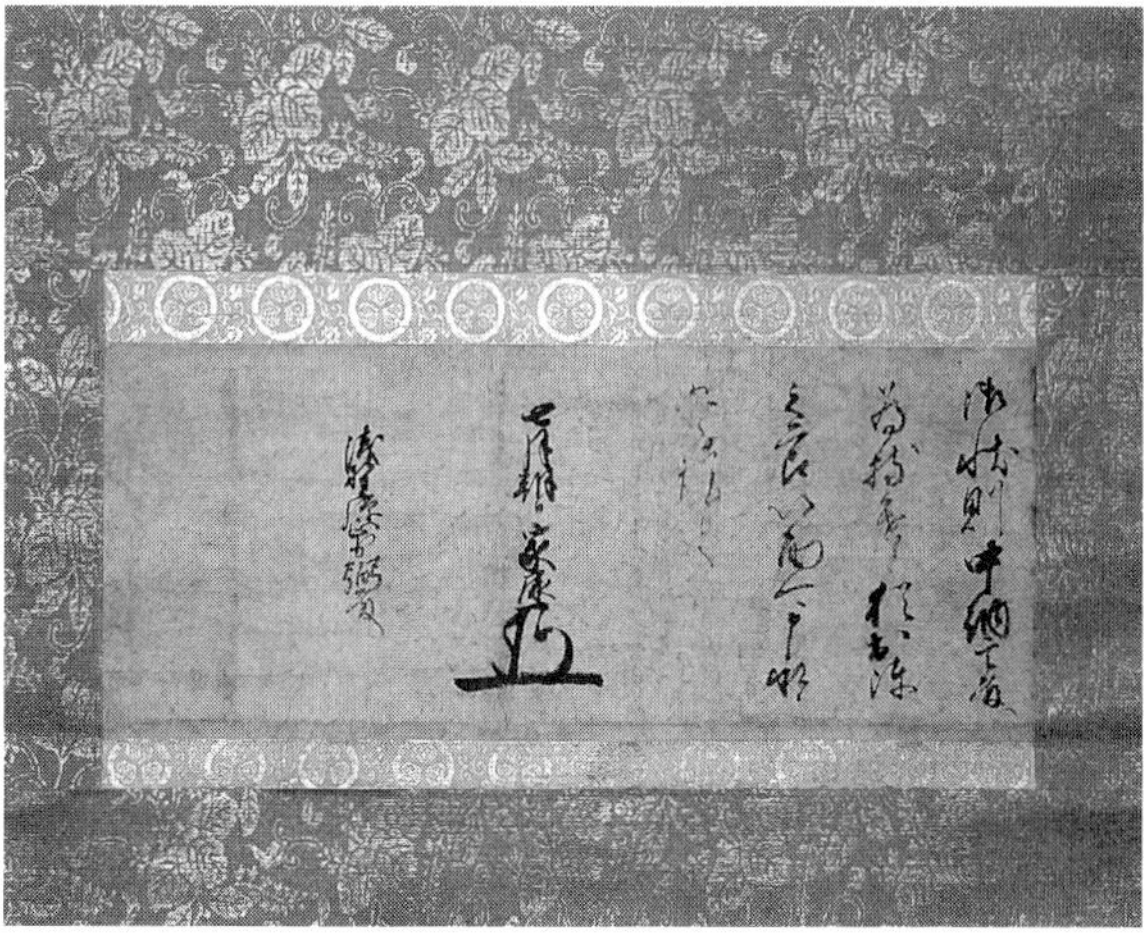

原文

御状則中納言殿へ　為持進候　猶出
陣之節　以面可申承候　恐々謹言
七月一日　家康（花押）
浅野弾正少弼殿

現代語訳

豊臣秀次殿へお手紙を進呈しました
なお出陣したときに　お会いして話
をうかがいたい
七月一日　家康（花押）
浅野弾正少弼殿

▲徳川家康が浅野長政に宛てた書状（筆者所蔵）。残念ながら手紙の前半が切断されている。家康の花押が真ん中にくるように軸装されているが、書状内容よりも家康の書状（花押）を掛軸にして鑑賞したいとの考えが勝ったのであろうか。

朝鮮出兵と徳川家康

天正十九年（一五九一）八月、豊臣秀吉は、翌春に唐入り（明国征服）を行うことを告げたが、秀吉の侵攻対象は明国だけではなかった。「南蛮国」（ルソン・マカオ・ゴアなどのポルトガルやスペイン領）をも支配下に置く構想を示していた。また、大陸を制覇した暁には、後陽成天皇を北京に移し皇帝とし、日本においては後陽成天皇の皇子・良仁か智仁親王を帝位に付ける野望を秀吉は持っていた。

さらに秀吉は、寧波《にんぽー》（中国浙江省）を拠点とし、東南アジアやインド侵攻の指揮をとることを目論んでいた。その手始めとして、秀吉は朝鮮に入貢を求め、明国出兵を先導するように命じる。しかし、朝鮮側は明国への先導を拒否。開戦の気運が高まることになる。唐入りの拠点として、肥前国名護屋（佐賀県唐津市）に築城することにし、九州の諸大名（黒田長政・加藤清正ら）がその役割を担った。

秀吉は天正十九年十二月には、甥の秀次に関白職を譲り、太閤となっていた。天正二十年（一五九二）、秀吉は朝鮮出兵を号令、全国の諸大名が肥前名護屋に集結する。もちろん、徳川家康も例外ではなかった。家康は、正月は江戸で過ごしていたが、二月上旬に江戸を立ち、京都に入ったあと、三月十七日に京都から肥前に向かうことになる。四月下旬には、肥前名護屋に到着したと思われる。徳川軍は一万五千もの大軍であった。

朝鮮出兵の軍勢は「九番」で編成され、一番は小西行長・宗義智《そうよしとし》ら、二番は加藤清正・鍋島直茂ら、三番は黒田長政・大友義統《よしむね》ら、四番は島津義弘ら、五番は福島正則・蜂須賀《はちすか》家政ら、六番は小早川隆景・毛利秀包《ひでかね》ら、七番は毛利輝元、八番は宇喜多秀家、九番は羽柴秀勝・細川忠興ら。全軍約十五万もの大軍勢であった。九州・西国（中国地方）の大名を中心に構成されていることがわかる。

徳川家康・前田利家・伊達政宗・上杉景勝など東国・東北の大名は、渡海せず、名護屋に予備軍として控えることになる。家康の軍勢は、朝鮮に渡って戦うことはなかったが、それは軍隊編成の序列が後方であったからだ。このことは家康にとって幸運だったと言えよう。

四月、日本の軍勢は、唐入りへの協力を拒否した朝鮮国に攻め込む。そして五月三日には、朝鮮の首都・漢城（現在のソウル）を陥落させるという戦果を挙げた。この勝利の報告を得た秀吉は、冒頭に示した後陽成天皇を北京に移すなどの壮大な構想を示すことになる（五月十八日）。

ちなみに、関白・秀次も北京にて「大唐関白」として政務に当たることになっていた。日本では、秀次の弟・秀保か宇喜多秀家を関白とする目算であった。この秀吉の構想から見えてくるのは、秀吉とその親族が皇室を推戴する形で、東アジア世界を支配しようとしたことである。

ただし、後陽成天皇は、朝鮮への出兵に反対であった。「出兵を取り消してほしい」と秀吉に宛てた書状のなかで述べられている。

それでも出兵は強行され、いずれは、秀吉自ら渡海することになっていた。しかし、それを強く止めたのが、家康と前田利家であった。「秀吉の船が出たあと、それに従う者たちは、風雨の難があっても、晴れを待ち逗留するだろうが、競って渡海しようとする者はうまく状況判断ができなくなる」「思わぬ風難により秀吉の身にもしものことがあったら、天下が乱れる」と二人は諫言したという。

秀吉の渡海は翌年の三月まで延期されることになった。秀吉の渡海には、後陽成天皇も反対され、「高麗への下向、険路波濤を乗り越えていくことは、勿体ないことです。家臣を遣わしても事足りるのではないでしょうか。朝廷のため、天下のため、発足は遠慮なさってください。遠い日本から指示して戦いに勝つことにし、今回の渡海を思いとどまってもらえれば、たいへんうれしく思う」と秀吉に書状を出されている。

朝鮮侵攻は順調に進むかに見えたが、朝鮮国王は首都から逃れ、明国に派兵を求めたので、事態は混沌とする。日本軍が明軍を退けることもあったが、朝鮮半島の奥深くに進軍した日本軍には、食糧や武器が届かず、敵方のゲリラ戦もあり、苦境に立たされていく。文禄二年

（一五九三）三月になると、家康と前田利家の渡海が検討されたが、実現には至らなかった。

戦況の長期化と渡海軍の苦境・厭戦気分もあり、明国との和平交渉も進められる。五月、明国使節（明皇帝からの正式の使節ではない）を肥前名護屋に迎えることになるが、その接待は家康と利家に命じられた。明国使節に対し、諸大名が召し使う者が悪口を言わないようにとの秀吉の命令があり、家康や利家ら二十名が誓約している。

秀吉は「明国使節」と対面し、講和の条件を示した。それは、明皇帝の姫を天皇の妃とする、日明貿易の再開、朝鮮半島南部の割譲、朝鮮国皇子の人質差出などであった。しかし、このような一方的な要求では和議はまとまらない。

朝鮮に派遣されていた小西行長らは「関白（秀吉）降表」を偽装し、講和交渉を進めていくことになる。小西らの行動は随分と危険ではあるが、ここまでしなければ和平は難しかったのだ。強硬派の秀吉に和平の件を持ち出しても、反対されることは必定。秀吉が「聞く耳」を持っていなかったことが、小西らが危険な行為に出た要因でもあった。

小西らは、日本軍の撤兵と、朝鮮との和解、日本が明国の属国になるとの内容を明国に送る。これを受けて、明の皇帝は、秀吉を「日本国王」になすとの書状を秀吉に送るのであった。だが、このようなこと、秀吉が許容するはずはない。秀吉は激怒し、和平交渉は決裂。慶長二年

（一五九七）、秀吉は再び朝鮮半島に派兵することになる。

秀吉が死の間際に家康に頼んだこと

文禄四年（一五九五）七月、豊臣秀吉は、関白職にあった甥の秀次を「謀反の疑いあり」として処断。高野山に赴いた秀次は、厳重な警備のもとにあったが、身の潔白を証明するために、七月十五日に自ら切腹して果てた。八月二日、秀次の妻子ら数十名は、洛中引き廻しのうえ、三条河原で斬首される。

これより以前、秀吉は諸大名に上洛を促し、我が子・拾《ひろい》（後の秀頼）への忠誠と秀吉が定めた法を遵守する起請文（誓約書）を提出させている。徳川家康は関東から上洛、伏見にて秀吉と対面しているが（七月二十四日）、他の大名と同じく、起請文を提出している（毛利輝元・小早川隆景らと連名）。

起請文の第一条は、拾への忠誠。第二条は太閤様（秀吉）の法度を守ること。第三条は違反者の糺明。第四条は関東の政治対応は家康が、西国は毛利輝元と小早川隆景が行うこと。第五条は在京し拾に奉公すること。万一、所用で国に帰るときは、家康と輝元が交互に帰ること。家康と輝元らはこのようなことを誓約したのだ（家康が起請文に署判したのは八月二日）。

翌日には、家康・毛利輝元・小早川隆景・前田利家・宇喜多秀家らが「御掟《おんおきて》」「御掟追加」に署名している。「御掟」には、大名同士の婚姻は秀吉の許可を得ること、大名が誓紙を取り交わすことを禁じる、喧嘩口論の際は我慢したほうに理がある、無実を申し立てる者があれば双方を召し寄せ糺明するといったことが定められていた。

そして「御掟追加」では、公家などに対し家道を嗜み公儀に奉公すること、寺社は法を守り学問・勤行に励むこと、覆面して歩くことの禁止などが記されている。これら掟は、大名だけでなく、公家・寺社など幅広い階層を対象としたものだった。八月三日は、拾（秀頼）の二歳となる誕生日であり、これら掟の規定は、秀吉の新たな後継者・秀頼の来るべき治世をバックアップするものであろう。

文禄五年（一五九六）九月一日、秀吉は大坂城にて、明国の使節と対面する。秀吉は明国から「日本国王」に冊封（爵位を授けられる）され、家康も「右都督」を授けられた。しかし、後日、明の使節が朝鮮からの日本軍の撤退を求めたことに秀吉は激怒。和平交渉は決裂し、慶長二年（一五九七）二月、秀吉は再度の朝鮮出兵を命じる。いわゆる慶長の役である（第一次朝鮮出兵は文禄の役）。明国は朝鮮を支援していたので、ここでも、明・朝鮮の連合軍と日本軍の戦となった。朝鮮側は、文禄の役とは違い、防備を整えていた。よって、慶長の役においては、日本軍の快進撃というものはなく、苦戦と持久戦を強いられていく。

さて、国内においては、秀吉は我が子・秀頼を後継にすべく、その立場を固めていた（慶長元年に拾から秀頼に改名）。慶長二年九月に「従四位下左近衛権少将」に任じられ、慶長三年（一五九八）四月には「従二位権中納言」となったのも、秀頼の足場を固めるためであったろう。

秀吉は慶長三年の春より病身となり、病状は日に日に重くなっていった。死期を悟った秀吉は、諸大名に再び起請文を提出させる。それは、秀頼への奉公、法度の遵守、私的な遺恨の企てをしない、徒党を組まないこと、暇《いとま》を得ず勝手に国へ帰らないことを求めるものであった（七月十五日）。

八月五日、家康・前田利家・毛利輝元・上杉景勝・宇喜多秀家に宛てて、秀吉は遺書をしたためた。そこには「返す返す、秀頼のことを頼みます。五人衆に頼みます。秀頼が一人前になるまで支えてほしい。これ以外に思い残すことはない」と幼少の秀頼の行く末を案じ、家康らに秀頼を盛り立てることを懇願したのである。

秀吉の遺言覚書は複数残されているが、別のものには「徳川家康・前田利家・毛利輝元・上杉景勝・宇喜多秀家は、秀吉の口頭での遺言を守り、互いに婚姻を結び、絆を強めること」「家康は三年間在京せよ。所用あるときは秀忠（家康の三男）を京に呼べ」「家康を伏見城の留守居の責任者とせよ。前田玄以・長束正家を筆頭にして、もう一人を伏見に置け」「秀頼が大坂城に入った後は、武家の妻子も大坂に移れ」との内容が記されている。

家康に「三年間は京都（伏見城）にいよ」と命じたことは、秀吉は家康が関東に帰り勝手なことをするのを恐れたからだろう。豊臣家臣の前田玄以・長束正家は、伏見にて家康の監視を命じられたと言ってよい。秀吉は家康に期待するところ大であると共に、それと同じくらい自らの死後の家康の動きを恐れて不安に思っていたということか。

秀吉は慶長三年八月十八日に病死する。病名は赤痢、尿毒症、脚気などさまざまな説があるが、詳しいことはわからない。貧しい境遇から一代で天下人へとのし上がった波乱万丈な生涯を秀吉は閉じた。

『三河物語』には、秀吉政権下での家康の動向は簡潔に記されている。「天正十九年（一五九一）七月、関白（豊臣秀次）殿を大将として、奥州に戦があった。家康の本隊は岩手沢にあった。しばらくして奥州は平定された。関白殿は米沢に入り、家康も米沢にやって来た。関白殿と帰国した。文禄元年（一五九二）、高麗（朝鮮）との戦で、太閤（秀吉）は出陣し、肥前名護屋に陣をおいた。家康も名護屋に赴く。軍勢は高麗国に出発。その後、関白殿が謀反を企てたということで、聚楽の城から追い出され、高野山に送られ、腹を切らせた。その後、関白殿の女房らを大勢、三条河原に引き出して、首を刎ねた。首は一つの穴に入れられ、畜生塚と名を付けて、つき固められた」。

小牧山に残る大手土塁と空堀（愛知県小牧市）

1586 年 11 月まで本拠としていた浜松城（静岡県浜松市）

そして、同書は秀吉の死をこう記す。「太閤は慶長三年八月十八日、御年六十三で、朝の露のように亡くなられた。面々の者が寄り合い、秀頼を大事に盛り立てた。なかでも内大臣家康は、太閤に頼まれていたので、とりわけ大事にされた」と。

第7章　〝最強〟を決めた関ヶ原の戦い

秀吉の遺言を破った家康の危機対応力

慶長三年（一五九八）八月、天下人・豊臣秀吉は京都の伏見城で死去した。六十二歳だった。後継者で息子の豊臣秀頼が幼少ということもあり、秀吉の死は直後には公表されなかった（公表は同年末である）。秀吉死後の最初の大仕事は、朝鮮に出兵している部隊の撤退であった。「五奉行」の浅野長政・石田三成らは博多に下り、同事業を現場で担当した（朝鮮にいた諸将は、十二月には博多に帰還）。九月三日には、「五大老」（徳川家康・前田利家・毛利輝元・宇喜多秀家・上杉景勝）と「五奉行」（石田三成・浅野長政・前田玄以・増田長盛・長束正家）が秀頼に忠誠を尽くすという起請文を認めた。

慶長四年（一五九九）正月十日、秀頼は父・秀吉の「大坂城に入城」との遺言に従い、大坂城に入る。家康はこれにお供しているが、すぐに伏見城に戻っている。秀吉の遺言に「家康は伏見城の留守居の責任者とする」「家康は三年間、在京しなければならない」というものがあったからだ。

家康は秀吉の遺命を守っているかに見えるが、実はそうではなかった。そのことで、慶長四年正月十九日、家康は四大老や五奉行から糾問《きゅうもん》されるのだ。このとき、家康に心を寄せる豊臣系武将（加藤清正・浅野幸長・福島正則・黒田如水・黒田長政・池田輝政ら）が、家康の伏見屋敷に馳せ集まり、大坂と伏見が不穏な空気に包まれたという説もあるが、公家・山科言経の日記には、騒動や大名たちの軍事行動を窺わせるような記述はない（言経は、一月二十一日、伏見で家康と対面）。

それにしても、家康はいったい何をして、糾問される事態となったのか。実は以前に、家康は自らの息子や養女を諸大名に嫁がせることを約束していたのだ。家康の六男・松平忠輝を伊達政宗の娘（五郎八姫）に、家康の姪で養女としたものを福島正則の嫡男（正之）へ、小笠原秀政の娘を養女とし蜂須賀家政の嫡子（豊雄）へというように、家康は諸大名と無断で婚姻関係を結ぼうとした。

「諸大名の婚姻は、秀吉の許可を得たうえで決定すること」という「掟」があったが、この「掟」は文禄四年（一五九五）八月、五大老の連署により、発布されていた。家康はそれを自ら破ったことになる。秀吉は諸大名の無断の婚姻は、同盟の構築に繋がり、不穏な動きを引き起こすとして禁止していたのだ。しかし、その一方で、秀吉は遺言にて五大老は「互いに婚姻関係を結び」と、五大老間で縁戚になることは許可していることは留意しなければいけない。

五大老の結束を強めて秀頼を盛り立ててほしい、という秀吉の願いがあったのかもしれないが、五大老の団結こそ、場合によっては秀頼政権の脅威となることもあるので、猜疑心が強く冷酷な秀吉が、なぜこのような遺言を残したかは疑問である。

さて、無断で大名と婚姻関係を結ぼうとしたとして、家康は四大老や五奉行から糾問されたのだが、この危機を家康はどう乗り切ったのか？

それは、彼らに起請文（誓約書）を提出（二月五日）することで切り抜けたのだ。内容は「今度の縁組のことについては、貴方たちの言うことを承知した。今後とも恨みに思わず、以前と変わりなく、諸事、親しくしたい」「太閤様（秀吉）が定めた掟に違反したときは、十人の者が聞きつけ次第、互いに意見するように。それでも同心しなければ、残りの者が一同に意見すること」「今後、掟に背いた者は、十人が取り調べたうえ、罪科に処すこと」というものだった。

つまり、自らの非を認め、今後は掟を守り、違反した際の対応策を記すことにより、事態の収拾をはかったのである。これにより、家康が婚姻関係を結んだ行為は不問とされた。一月二十四日には、今回の騒動は沈静化していたようなので、前述のような内容の起請文を提出するということで話がまとまり、二月五日、実際に起請文が提出されたのだ。

家康の対応は、さすがと言っていいだろう。自分が違反や悪いことをしたのに非を認めない人もいるが、それは逆効果。火に油を注ぐだけ。それよりも、潔く違反を認め、今後は掟を遵守することを表明することにより、自らの問題行動までも不問としてしまう。家康の臨機応変な対応はうまいと言わざるを得ない（四大老や五奉行も、このときにほぼ同内容の起請文を提出している）。

さて、二月二十九日には、前田利家が病を押して、伏見の家康を訪ねてきたという。利家は五大老の一人であり、秀頼の傅役《もりやく》でもあった。おそらく、今回の騒動のことについて二人は話し合ったのだろう。二人は険悪な空気ではなく、親密に話し合いをしたという。三月十一日には、今度は家康が大坂の利家屋敷を訪れ、会談している（これは、利家の病気見舞いでもあった）。家康の無断婚姻糾問騒動は起請文の提出という方法により解決された。政争は収まり、一件落着と思いきや、ある出来事により、再び政局は動き出すのである。

石田三成襲撃事件に見る家康の離れ業

慶長四年（一五九九）閏三月三日、豊臣政権の「五大老」の一人・前田利家が病死した。利家の死は、落ち着いていたかに見えた政局を再び動かすことになる。利家の死の翌日、豊臣系武将七人（細川忠興・蜂須賀家政・福島正則・藤堂高虎・加藤清正・浅野幸長・黒田長政）が、大坂にいた石田三成を襲撃したのだ。

三成も豊臣系武将であり、この事件も大きく言えば「仲間割れ」とも言えるが、三成と七将は犬猿の仲だったとされる。彼らのあいだに何があったのか。その要因は、朝鮮出兵にあったという。

慶長二年（一五九七）の年末から翌年（一五九八）の初め、加藤清正・浅野幸長らが籠もる蔚山城は、明・朝鮮の大軍に包囲され、飢餓状態にあった。しかしそこに、日本側の援軍が来るとの情報があり、包囲軍は退却を始めるが、日本側の武将は徹底した追撃戦を行わず、多大な戦果を挙げることはできなかった。そればかりか、その後、戦線縮小を考えるようになるのだ。これは、強硬な豊臣秀吉の意向と相容れぬものだった。

日本側武将の動きは、石田三成の目付（監察官）から秀吉に伝えられ、彼らは処罰されることになる。蜂須賀家政・黒田長政は謹慎、領地の一部没収。加藤清正・藤堂高虎らは厳しく糾弾された。このことが、三成への恨みに繋がったと言われている（しかし、七将全員が、朝鮮出兵に関するこの件で、三成を襲撃したわけではない。細川忠興や福島正則は無関係であった）。

七将による襲撃を事前に察知した三成は、この後、ある行動をとるのだが、その行動に関しては、三成は伏見の徳川家康の邸に逃げ込んだと長く主張されてきた。だが、そうではないことが今では明らかになっている。

家康の侍医を務めた板坂卜斎の『慶長年中卜斎記』によると「三成は、西丸の向かいの曲輪の屋敷へ参着」と書かれている。また『慶長見聞書』には「三成を女の乗り物に乗せ、佐竹義宣に同道させ、宇喜多秀家がいる備前嶋に行き、相談した。徳川家康に今回のことを申し入れ、伏見に赴く。秀家からは家老を付けられ、佐竹も同道し、伏見に行く。伏見の治部少輔屋敷は本丸の次、一段高い所にある」とある。

これらの史料が示しているのは、治部少輔・石田三成の避難先は、家康の屋敷ではなく、伏見の自分の屋敷であることだ。伏見城内の自らの屋敷に立て籠もった三成。城内に入れない七将と睨み合うことになるが、家康はその調停に乗り出すことになる。

その結果、三成は居城・佐和山城（滋賀県彦根市）に引退、一方、三成を襲撃しようとした黒田長政・蜂須賀家政に対しては「朝鮮蔚山城での籠城戦のおり、追撃が弱く、敵との戦いを回避したという嫌疑を受け、秀吉から処罰されたことについて、新たに調査したこと、現地の目付衆が証言している通り、正当でない処分と思われるので、没収された領地については、還付すること」などが申し伝えられた（閏三月十九日）。

黒田長政・蜂須賀家政らの名誉が回復されたわけだ。これでは、彼らも矛を収めざるを得ない。この事件の解決には、家康の尽力もあったが、秀吉の正室・北政所の奔走もあったと言われている。

秀吉死後、毛利輝元と四奉行（石田三成・増田長盛・長束正家・前田玄以）を中心とするグループと、前田利家・浅野長政・宇喜多秀家を中心とするグループが形成され、家康（家康支持の大名は、例えば、池田輝政・黒田長政・福島正則・藤堂高虎ら）を牽制する動きがあったとされるが、七将による三成襲撃事件の背景には、そうした対立構造があったことが要因ともされる。より大きく言えば、今回の事件は、毛利輝元を中心とするグループと、家康を中心とするグループの対立関係が顕在化したものとも言える。

家康としても、七将の三成襲撃という「暴挙」を黙認することはできなかった。黙認すれば、政局は混沌とし、秩序は乱れ、場合によっては、家康の指導力が低下し、危機に陥ることも考えられたからだ。そうなるよりは、七将の武力行使を抑止し、三成を佐和山への引退という形で中央政界から追放するほうが、家康にとって有利に作用するであろう。それを証明するかのように、家康は宇治川対岸にある伏見向島の屋敷から、伏見城西丸に入ることになる（閏三月十三日）。

これを聞いた奈良・興福寺の多聞院英俊は「天下殿になられ候」と、その日記に家康のことを記した。伏見入城をもって、家康を天下人と見做す空気があったことが窺える。

閏三月二十一日、家康と毛利輝元との間で、誓紙が取り交わされた。輝元側の誓紙には「自分は豊臣秀頼様のことを疎《うと》んじる気持ちがないと、家康に申し入れたところ、同意が得られたことに感謝する。家康に対して、別心もなく、父兄のように思い接する」との内容が記されていた。

一方、家康側の誓紙には「豊臣秀頼に対し、粗略なきことに同意する。輝元に対し、別心なく、兄弟のように接する」ことが書かれていた。家康の誓紙には「兄弟のように」接するとあり、輝元の誓紙には家康を「父兄のように思う」と記されていることが注目される。「父兄」の家康が上位に立ったことがわかろう。

家康は三成襲撃を企てた七将を抑えたばかりでなく、大大名の毛利輝元をも下風に置いたと言えるだろう。一滴の血も流さずに。輝元や三成に与していた増田長盛や長束正家・前田玄以ら三奉行や豊臣家の有力官僚も、家康方に転じることになる。七将による三成襲撃という事件を、あっという間に、自らに有利なように持っていった家康の手腕には目を見張るものがある。

家康は暗殺計画にどのように対処したのか？

慶長四年（一五九九）閏三月、豊臣系武将七人の石田三成襲撃事件を解決し、伏見城に入城した徳川家康の声望は高まり「天下殿」と称する人もいた。その家康に同年九月、危機が訪れる。同月七日、重陽の賀のため、大坂に赴いた家康を、増田長盛（いわゆる五奉行の一人）が訪れ、驚くべきことを告げるのだ。

それは、大坂城中において「家康暗殺計画」が進行中というものだった。首謀者は、金沢の前田利長（亡き前田利家の子。母は芳春院）。利長は、浅野長政（利家の娘が、息子・幸長の室）と豊臣家臣の土方雄久・大野治長らと談合し、大坂城中で家康を殺害しようとしているというのだ。この報告を受けて、家康は重臣（本多正信・本多忠勝・井伊直政）と対策を協議。結果、伏見より兵を呼び寄せ、警護を厳重にするとの方策をとることになった。

お供の数も通常より増やすことにもなった。重陽の賀を豊臣秀頼に述べるため、九月七日、大坂入りした家康が宿泊したのが、石田三成の屋敷であった。三成の屋敷は、大坂城三の丸にあり、利便性を考慮したのだろう。同月九日には、秀頼への挨拶を済ませた。警備を厳重にしたお陰で、家康が大坂城に入っても、何事もなく、時は過ぎた。そして、九月十二日、家康は石田正澄（三成の兄）の屋敷に入る（正澄の屋敷も便利な場所にあったに違いない）。

こうしたことを見ていくと、家康と三成の関係は険悪化しているようには思えない。一般の印象では、秀吉没後、特に家康と三成は鋭く対立し、その関係は悪化の一途を辿ったかのように思われているが、家康の大坂での滞在先を見る限り、そうとは思われない。二人の関係が悪ければ、家康もわざわざ三成やその兄の屋敷に泊まることなどなかったであろう。

さて、重陽の賀を終えた家康は、大坂城西の丸に居座ることになる。伏見城から大坂城に居を移したのだ。しかし、これは「家康を伏見城の留守居の責任者とすること」「家康は三年間在京しなければいけない」という秀吉の遺言に背くことであった。

それにしても、家康はなぜ大坂城に居座ったのか。一つには、豊臣方の者を威圧する考えもあったであろう。家康は藤堂高虎に命じて、自身が入居した大坂城西の丸の曲輪内に天守を築造する。これは「天守閣を造築して、自らが秀頼と並び立つ存在であることを天下に誇示」せんとしたためとも言われる。家康は暗殺計画に乗じて、大坂城に入り、影響力を更に大きくしたのだ。

家康暗殺の首謀者と疑われた者たちは罰を科された。土方雄氏は常陸国に配流、大野治長は下総国に配流、浅野長政は奉行職を解任され、武蔵国で蟄居。死罪でなかっただけましであろう。穏便な罰であったのは、厳罰を科して、豊臣家を刺激することを避けたと思われる。

しかし、家康は前田利長にだけは、強硬な態度で臨もうとした。諸大名に対し、北陸出兵を命じたのだ（十月三日）。利長が城郭を修築し、兵器を集積することに謀反の疑いをかけたのである。家康自ら出陣する心算であった。ちなみに、謀反の疑いは、利長の縁者にもかけられた。その縁者とは細川忠興である。忠興の子・忠隆の妻が前田利家の娘（千世）であった。忠興の父・細川幽斎は、異心なきことを家康に誓い、忠興もまた家康に誓紙を差し出した。忠興の三男・光千代（忠利）は江戸に送られ、人質となった。こうして、細川家は難を逃れた。

前田利長も、討伐されると聞いて驚き、家臣の横山長知を家康のもとに派遣する。謀反心のないことを主張したのである。家康はこれを受け入れたが、謀反心のない証として、利長の母・芳春院を江戸に送れと要求。利長は要求を呑まざるを得なかった。これをもって「五大老」の一員であった前田氏は、家康に屈服させられたのであった。

家康が伏見ではなく、大坂城にあったということは、諸大名を威圧するうえで効果的だったに違いない。家康に歯向かう者は、豊臣秀頼に反抗するのと同じという論理が一層強調できたからだ。家康の後ろには、秀頼がいる。豊臣政権を支えている家康。こうした状況を作りあげていくことにより、家康は前田利長を容易に屈服させた。家康暗殺計画なるものが本当に進行していたか否かは今となってはわかりづらい面もある。しかし、そうした噂が流れていたということは事実である。その「事実」をもってして、家康はまたしても自らに有利な方向に物事を動かしていったのだ。

なぜ上杉景勝を討伐しようとしたのか？

慶長四年（一五九九）十月、大坂城に居座る徳川家康は、加賀（金沢）の前田利長に謀反の疑いありとして圧力をかけ、ついにこれを屈服させた。利長は家臣を大坂に派遣し、謀反の意志はないことを釈明。芳春院（利長の母）を江戸に人質として送ることにも応じざるを得なかった。

家康の次の狙いは、会津の上杉景勝を屈服させることであった。景勝は上杉謙信の養子であり、謙信亡き後、後継者争いに勝利し、越後・越中・佐渡を支配していた。豊臣政権の「五大老」の一人であり、慶長三年（一五九八）に国替えが行われ、会津若松城を居城としている（会津百二十万石の大大名となった）。

景勝は、慶長四年九月には会津に戻っていた。会津に戻った景勝は、領国の整備、城の築城を行う。神指城《こうざしじょう》（会津若松市）の築城がそうである。慶長五年（一六〇〇）三月から築城が開始され、一説によると八万人が工事に動員されたという。景勝は新たに城下町を作ろうとしていた。

しかし、この行為は家康を刺激することになる。悪いことに、景勝の重臣・藤田信吉が上杉家から出奔し、江戸に奔る事件が重なる。信吉は上洛の最中、徳川家への奉公を誓い、家康は彼に対し、刀と銀を与えるが、それが家中で非難の的となったのだ。会津から逃亡した信吉は三月二十三日に江戸に入り、景勝に謀反の意志があることを、徳川秀忠に告げる。

同年二月には、越後の堀秀治の家老（堀直政）からも、上杉謀反の情報が寄せられていた。「牢人を召し抱えたこと」「大量の人夫を動員し、神指城を築城していること」「道路や橋の整備を行ったこと」「多量の馬・弓矢・鉄砲を準備していること」などが謀反の論拠とされた（堀は、これ以前にも景勝の不穏な動きを報告していた)。上杉の旧領・越後に入部した堀は、年貢が上杉氏により持ち去られていることを知り、難渋。こうしたことも、堀が上杉を悪し様《あざま》に報告した理由であろう。

上杉景勝は前田利長と同盟を結んでいるとの噂も流れていた。家康は上杉に警戒心を抱き、前田家同様、屈服させたいと願っていたと思われる。謀反の噂が流れると、家康は景勝に何度も上洛を促した。謀反疑惑について問いただしたいとの考えや、国許に帰っていないで「五大老」としての職務を担ってもらおうとの意向があったのだろう。だが、景勝は上洛要請に応じようとはしなかった。

家康は臨済宗の僧侶・西笑承兌《さいしょうじょうたい》に命じて、上洛を促す書状を書かせるのだが、その上杉方(重臣・直江兼続《かねつぐ》)からの返書が有名な「直江状」である。直江状には、次のようなことが記されていた。

・京都方面では種々の根拠なき噂が流れており、家康様が不審に思われているようですが、かような遠国であれば、嫌疑を受けるのは止むをえないこと。また、景勝は若輩者であり、謀反の噂が流れるのは当然。ご心配には及びません

・国替えがあり、昨年九月に帰国したばかり。そしてまた上洛とあっては、国の仕置はいつす

れればよいのでしょうか

・景勝に謀反心がないことは起請文を使わなくても申し上げられます。去年から数通の起請文が反故にされています。同じことをする必要はないでしょう

・景勝には謀反心など全くありません。しかし讒言をする者を調べることなく、謀反心があると言われてはどうしようもありません。まずは、讒言をする者を調べるのが当然です。それをしないようでは、家康様に表裏があるのではないかと思われます

・武具集積についてですが、田舎武士は鉄砲や弓矢の支度《したく》をするのがお国柄です

・道路や橋を作り、往来の煩《わずら》いがないようにするのは、大名の務めとして当然のことでしょう

というのが、直江状の概要である。つまり、景勝に謀反の意志はなく、まずは讒言の真偽を究明し、謀反の疑いを晴らすことが重要と主張しているのだ。上洛するのはその後だというのである。

史上有名な直江状であるが、原本はなく、写本が複数伝わっているに過ぎない。よって「後世の好事家の創作」「直江状と称する古文書までが偽作された」という「直江状偽作説」もあれば「内容も当時の事情と矛盾せず、偽文書ではない」という見解も存在する。直江状の内容は信頼できるが、追而書《おってがき》(追伸)の部分は、後に補筆されたのではとの「折衷案」もあり、真贋論争は今も続いている。

しかし、一般的な中世の古文書と比べて、直江状の内容が余りにも読みやすいこと（中世文書を複数読解すればわかるが、その内容はとても抽象的で単刀直入である。用語も難解だ）などから、直江状は後世の創作であると私は考えている。

家康はこの「直江状」に接して激怒、諸大名に上杉討伐を命じたという。直江状の真贋は別にして、家康としては、上杉討伐は不本意であったろう。前田家や細川家と同じように、討伐軍を派遣する前に、人質を出すなり、上洛するなりしてくれたら、余分な手間をかけずに済んだからだ（その一方で、諸大名に軍事動員をかけ、上杉氏を討伐・屈服させることにより、徳川の勢威を天下に示すことができると考えていたかもしれない。どちらに転んでも、家康に利する展開であった）。

だが、上杉は前田とは違った。上洛要請には応じず、戦いも辞さない構えを見せたのである。上杉景勝は、国許に籠もり上洛せず、五大老の一員としての役割を果たしていない、果ては謀反疑惑まである、これは許し難いことであるというのが、家康の論理であった。

石田三成と上杉景勝の「家康挟み撃ち作戦」

慶長五年（一六〇〇）六月十六日、徳川家康は会津の上杉景勝討伐のため、大坂を立った。

景勝には度重なる上洛要請にも応じず、謀反の疑いがあったからである。

家康が率いる軍勢（約三千人）のなかには、井伊直政・本多忠勝・榊原康政・酒井家次ら徳川の重臣もいた。それと共に、上杉討伐には、多くの豊臣系武将も従軍している。福島正則（尾張清洲）・田中吉政（三河岡崎）・池田輝政（三河吉田）・堀尾忠氏（遠江浜松）・山内一豊（遠江掛川）・中村一忠（駿河府中）など東海道沿いに領地を持つ武将たち。豊前中津の黒田長政、肥前唐津の寺沢広高、伊予松前の加藤嘉明、伊予板島の藤堂高虎、讃岐高松の生駒一正、阿波徳島の蜂須賀至鎮《よししげ》ら九州や四国に領地を持つ武将たちもいた。

東海道沿いに領地を持つ武将らは、敵に近いところに所領を持つ者から出陣の義務を負うという理由により、動員されたものである。一方、四国や九州の所領を持つ前記の武将は本来ならば従軍する必要はない。にもかかわらず、家康に付いて出陣しているということは、今回のように、何か事があった際は家康に与することを表明した者たちと言えるだろう。

家康を総大将にする軍勢は約五万とも言われているが、徳川の将士・東海道筋に所領を持つ豊臣系武将・家康に与する豊臣系武将という3タイプに分かれているのだ。そして、重要なことは、彼らは上杉景勝と「私戦」を行おうとしているのではないこと。豊臣秀頼政権が謀反人を討伐するという形で進軍しているのである。

大坂を出る前日（六月十五日）、家康は大坂城本丸に行き、豊臣秀頼に暇乞《いとまご》い、秀頼から金二万枚・米二万石を下賜されていることも、そのことを明確にするものだろう。大坂城を出て、伏見城に入った家康は六月十七日には、豊臣秀吉を祀る豊国社に参詣している。同じ日、伏見城の留守は、鳥居元忠・内藤家長・松平家忠らに命じられた。

同月十八日、家康は伏見城を立つ。近江の石部、伊勢の関を通り、四日市から船に乗り、三河に着いたのは、六月二十一日。同月二十三日には浜松、同月二十七日には小田原、同月二十九日には鎌倉の鶴岡八幡宮で戦勝祈願、江戸に入ったのは七月二日であった。

七月七日には、会津攻めのための軍法が出された。それは、喧嘩口論の禁止、味方の所領での放火・濫妨・狼藉の禁止、稲の取り荒らしの禁止、先陣を追い越すことの禁止、進軍の際の脇道禁止などであった。会津攻めの日時は七月二十一日と決められた。

金沢の前田利長には、山形の最上義光を先陣として会津へ攻め込むことが命じられる。越後の堀秀治にも出陣が命じられた。上杉景勝としては、家康の台頭を阻《はば》みたいという思いがあったかもしれないが、これだけの包囲網を敷かれ、大軍勢で攻め込まれたら、普通に考えれば、敗れてしまうことは目に見えていると言えよう。結果的に家康は会津に攻め込むことはなかったが、もし戦となっていたら、上杉は、秀吉に攻められ滅亡した小田原北条氏と同じ運命を辿っていたように思う。

上杉は絶望的な状況に追い込まれたと言えるが、上杉家の重臣・直江兼続と石田三成が事前に盟約を結んでいたという説もある。慶長五年（一六〇〇）六月二十日、石田三成が直江兼続に宛てた書状（『続武者物語』に所収）というものがあるが、そこには「家康は一昨日、（六月）十八日に伏見を出馬しました。かねてからの作戦が思う通りになり、天の与えた好機と満足しています。私も油断なく、戦の準備をします。来月には佐和山を出て、大坂に向かいます。毛利輝元や宇喜多秀家などは味方。上杉景勝にも手紙を送っています」との内容が記されている。

つまり、家康を挑発して、会津上杉攻めに向かわせるのは、かねてからの作戦だというのだ。東の上杉方、西の三成方で、会津に出陣した家康方を挟み撃ちにしてしまおうとの作戦。こうした事前の作戦計画が展開されていたならば、上杉の行動はまだ無謀でなかったと言えるのかもしれない。

しかし、前掲の石田三成書状（直江兼続宛て）は、信用できるものではない。書状が収められている『続武者物語』は、延宝八年（一六八〇）にできた書物であり、史料的価値は低い（また、この書状以前に、三成と上杉方が陰謀をめぐらせているとの史料もない）。当時、使われていない用語も見られるので、この書状は偽文書の可能性が高い。

三成と上杉との間に事前共謀がなかったことは、しっかりした史料からも裏付けられる。三成が、信州上田の真田昌幸に宛てた手紙（一六〇〇年七月晦日付。真田家文書）である。そこには、大坂城に三成と昌幸が共にいたとき、諸大名の心を読むことができないので、三成は家康打倒計画を昌幸に明かさなかったこと、しかし、今はそのことを後悔していることが書かれている。また同書状には「残りの使者二人は、会津への書状と共に遣わしているので、貴方から人を添えて、会津に向かわせてください」とある。

この書状からは、親しい関係にある真田昌幸（一説には昌幸と三成は相婿＝妻が姉妹関係）にも、三成は家康打倒計画を打ち明けていなかったことがわかる。それと共に、三成が昌幸を通して会津（上杉氏）に使者を向かわせていることが窺える。ここから、それまで三成と上杉が深い接点を持っていなかったことがわかろう。

三成は、上杉景勝と親しい真田昌幸を通して交渉しようとしたのである。このことから、三成と上杉が事前に共謀していたということは成り立たないことになる。三成は、上杉が関東へ出陣することを願っていた。真田昌幸にも上杉景勝を説得してほしいと依頼している（八月五日付、石田三成書状。真田昌幸宛て）。事前共謀どころか、三成は八月上旬の段階でも、未だ味方を募っていたのだ。関ヶ原の戦いは、同年九月十五日、目前に迫っていた。

「西軍」による徳川家康弾劾状

慶長五年（一六〇〇）六月十八日、徳川家康は会津の上杉景勝を攻めるため、伏見を発した。そして、七月二日には江戸に着いていた。家康による会津攻めは、家康の私戦ではなく、上洛要請に応じず、謀反の疑いある上杉氏を豊臣秀頼の名代として討つ公戦であった。よってそれには、徳川の臣のみならず、敵地に近い場所に領地を持つ豊臣系武将も動員されていた。

しかし、家康が東国の会津攻めに出陣すると共に、西国では反家康の不穏な空気が流れ始める。大坂では、石田三成を中心とする人々が、反家康を標榜し、挙兵の準備をしていたのである。秀吉没後も、家康は石田正澄（三成の兄）や三成の屋敷に宿泊するなど、石田家とは良好な関係を見せていた。それは、仲良しこよしというわけではないにしても、両者が完全決裂には至っていなかった証左と思われる。

三成は、安易に家康と対立して家の滅亡を招くのは愚策と考えていたのだろうか。一方の家康も、豊臣政権で力を持っていた三成と「良好な関係」を築くことは、諸大名を取り込むうえで好都合だったのではないか。両者の利害は一致していたと言えようが、三成にしても、内心では豊臣秀吉の遺言（例えば私婚の禁止）を破る家康に苦々しい思いを持っていたのだろうか。

その不平不満が、家康の東国出陣を好機と見て、噴出したのだ。慶長五年（一六〇〇）七月十七日、反家康勢力が、全国の諸大名に向けて発した「内府ちがい（違い）の条々」は、その顕在化したものと言えよう。内府とは内大臣（左右大臣に次ぐ大臣の地位）のことであり、家康はその地位にあった。よって、ここで言う内府とは家康のことだ。「内府違いの条々」は、家康の非法を十三ヶ条にわたって、訴えたものなのだ。その内容は、次のようなものであった。

・五大老、五奉行の間で相互信頼の誓約書を交わしたにもかかわらず、すぐに奉行二人（浅野長政、石田三成）を逼塞《ひっそく》に追い込んだ
・前田利長を討伐するとして、同家から人質を取り、利長を逼塞させた
・上杉景勝を罪もないのに、太閤秀吉の法度《はっと》に背き討伐しようとしている
・秀頼成人までは知行給付を行わずとの誓詞を破り、忠節なき者に知行を宛てがっている
・伏見城の城番として太閤秀吉が定めていた留守居の者を追い出し、自らの手兵を入れ置いた
・五大老・五奉行の十人の他には、誓紙の取り交わしは禁じていたのに、これを破り、誓紙を多く取り交わしている
・北政所（秀吉の正室）のご座所に居住している
・家康がいる大坂城西の丸に、本丸のように天守閣を建てたこと
・自らの党派の諸将の妻子を国元に帰した

・私婚は厳禁であるのに、それを破ったこと
・若い衆を扇動し、徒党を立てさせたこと
・五大老の連署で処理するべき政務を、家康の独断で行ったこと
・家康の側室の内縁をもって、石清水八幡宮の検地を免除したこと

秀吉没後の家康の行動を全否定したものと言えよう。この弾劾状には、前田玄以・増田長盛・長束正家の連署状が添えられている。そこには「家康は誓紙や太閤秀吉の法度に背き、秀頼様を見捨てて、出馬された。太閤様の御恩を忘れないのであれば、秀頼様に忠節を尽くしてください」と記されてあった。ちなみに、石田三成はこの弾劾状には署名していない。

連署状を見てもわかるように、反家康勢力は、上杉征伐にも警戒感・拒否感を抱いていたことがわかる。なぜか。上杉が討伐されてしまえば、豊臣政権における家康の勢威は更に強まる。そして今度は、毛利輝元や宇喜多秀家など、残りの「五大老」が標的となってしまう可能性が高い。このままでは、家康の独り勝ちとなり、豊臣政権が家康に牛耳《ぎゅうじ》られてしまう。毛利輝元や宇喜多秀家、石田三成ら「反家康勢力」は、そのことを案じ、家康に対して宣戦布告したのである。

「内府違いの条々」と共に、三奉行（前田玄以・増田長盛・長束正家）の書状が諸大名に送られたと思われる。例えば、信州上田の真田昌幸には「今度、家康様が景勝様のもとに発向した

のは、誓紙や秀吉様の法度に背き、秀頼様をお見捨てになったので、各々が相談し、家康様と対決することになりました。家康様が誤っていることは、別紙の通りです。このことに同調され、秀吉様の恩賞をお忘れになっていないならば、秀頼様へ忠節を尽してください」との書状が出されている。

家康からすると、上杉討伐は、謀反の疑いあり、上洛しようとしない者（上杉景勝）を豊臣秀頼の代理として討つ大義名分があった。一方、反家康勢力からすると、家康の上杉討伐は、秀吉の法度に背き、秀頼を支えず、罪科のない者（上杉）を討とうとする豊臣政権への敵対行為だった。

ここで重要なことは、家康も、そして「反家康勢力」も、両方が豊臣政権を戴いていたということだ。家康は、出陣の前に大坂の豊臣秀頼のもとを訪れ挨拶、秀頼から多量の金や米を頂いている。これは、内心はどうあれ、豊臣政権（秀頼）が家康の上杉討伐を認めていることであり、家康からしたら、今さら出陣を非難される覚えはないといったところだろう。

その一方で、私婚や伏見に在城せず、大坂城に入ったことを非難されたら、家康も自身の誤りを認めざるを得なかったろう。秀吉没後、家康は豊臣政権のなかで、自身の影響力を拡大させる動きを続けてきたのは間違いないことであって、そのことが「反家康勢力」の反感を買ったのである。

慶長五年七月十七日、「内府違いの条々」が発せられたわけだが、その一週間前の七月十二日、「反家康勢力」の一人であるはずの増田長盛が、家康の家臣（永井直勝）に「石田三成が出陣する」「さまざまな不穏な噂が流れている」ことを伝えている。また、毛利輝元の家臣（宍戸元次・熊谷元直・益田元祥）も、本多正信・榊原康政・永井直勝ら家康家臣に対し、石田三成らの不穏な動きなるものを知らせている。

「反家康勢力」の者やその家臣が、なぜ敵方に「味方」の動きを知らせる必要があったのか。「理由はよくわからない」とされるが、私なりに考えて見ると、西軍といえども一枚岩ではなかった、家康方が反転攻勢をかけてきて勝利したときに備え、保険をかけていたのではないかと思う。いずれにしろ「内府違いの条々」が発せられる以前から、西軍の情報は家康方に筒抜けだったのである。

家康に忠誠を誓う「小山評定」はなかったのか？

慶長五年（一六〇〇）七月十七日、石田三成中心とする反家康勢力は、「内府違いの条々」という弾劾文を発し、家康に宣戦布告した。毛利輝元は、同月十五日には広島を立ち、十九日には大坂城に入った。これは「内府違いの条々」を発した三奉行（前田玄以、長束正家、増田長盛）の出陣要請に応えたものである。

毛利輝元は、宇喜多秀家との連署状を諸大名に発し、共闘を呼びかけた。例えば、金沢の前田利長には「家康が法令に背き、誓紙を違え、ほしいままに振る舞っていること、奉行から申し入れがありました。大老・奉行が一人ずつ果ててしまっては、豊臣秀頼様を誰が守り立てましょうか。そのことを熟考し、家康と対決するに至りました。あなた様も同じ考えのことと思います。このときに、秀頼様のため尽力することは申し上げるまでもありません。ご返事お待ちしています」との書状を送っている。

過去を振り返ると、前田利長（利家の子）は、謀反の疑いをかけられ、家康に討伐されかかった大名だ。母・芳春院を江戸に人質に出して危難を逃れた経緯もあり、前田家は味方してくれるに違いないと踏んだのだろう。ところが、前田は家康に与することになる。

大坂方は、家康と共に会津の上杉景勝討伐に出陣した諸将の妻子を大坂城に収監し、人質にしようとした。とは言え、この人質収監は全てうまくいったわけではなく、細川忠興の妻・ガラシャ（明智光秀の娘）は、これを拒否し、自害して果てた。上方では騒動が起きていたが、家康はそのことをまだ知らない。

「内府違いの条々」が発せられた七月十七日、家康は江戸城にいた。そして、七月二十一日に、江戸城を発し、会津討伐に向かうことになる（徳川秀忠は、七月十九日に会津へ向けて先発）。しかし、七月二十一日に、細川忠興は上方の家臣に対し「石田三成と毛利輝元が談合し、挙兵したことが、上方から家康様に注進されている。上方に残った者は悉く石田三成らに味方したこと。家康はすぐに上洛するだろう」ことを伝えている。

翌日（七月二十二日）には、家康が美濃国妻木城（岐阜県土岐市）の妻木頼忠に、上方の情勢をよく見て報せるように命じているので、この段階では、家康は既に上方の不穏な動き、三成らの挙兵を知っていた可能性が高い。

二十三日には、出羽国の最上義光に、石田三成らが触状（内府違いの条々）を諸大名に発して、いろいろな噂が広まっているので、上杉景勝討伐を中止することを伝えている。同日には、摂津国の三田城主（山崎家盛）に、近いうちに上洛することを伝えているので、家康は会津攻めを中止し、上洛することを決断したのである。

しかし、これまで小説や時代劇などでは次のように描かれてきた。下野国小山(栃木県小山市)に七月二十四日に到着した家康。彼はそこで、三成らが挙兵したことを知る。翌日、豊臣恩顧の諸将（浅野幸長、福島正則、池田輝政、加藤嘉明、田中吉政、堀尾忠氏ら）を交えて、小山で評定（相談、会議）が行われることになった。

その評定で、三成らが挙兵したことが知らされる。諸将のなかには、大坂にて妻子が人質になっている者もいて、その去就が注目された。家康はそうした状況を鑑みて「去就は各自の判断に任せる」ことを諸将に告げるのであった。

しかし、福島正則は、家康に味方することを宣言。大坂にいる妻子のことは顧みず、三成らを討とうというのである。その言葉に諸将は続々と賛意を示した。遠江国掛川城主・山内一豊は、家康に人質を出すのみならず、自分の城まで提供しようと申し出たという。すると、東海道に城を持つ武将は、一豊と同じ発言をし、家康に与することを誓うというのが、いわゆる「小山評定」の「通説」であった。

しかし、近年では「小山評定」自体がなかったとする説が力を得ている。なぜ、そのような説が登場してきたのか。焦点となる史料を基に見ていきたい。まず、一つは、浅野幸長が、大関資増（下野国黒羽＝栃木県大田原市の武将）に宛てた書状である。

その内容は「上方の変事への対応を各々が相談したので、上杉領への侵攻が延期となった」「上方の変事について詳しいことがわかり次第、家康から諸将に指示が伝えられることになった」「浅野幸長はこれまで下野国宇都宮にいたが、現在、下総国結城（茨城県結城市）まで来ている」「駿河国より西に所領を持っている大名は皆、領国に返された」「七月二十三日付の大関資増の書状が到着した時は、幸長は下野小山に赴いていた」というものだ。

　このなかの「上方の変事への対応を各々が相談したので」という箇所が争点になっている。各々の主語は「諸将」であり、家康ではない。よって評定の場に家康の姿はなく、浅野幸長書状からは、小山評定はなかったと結論付けることができるというのである。

　しかし、この書状には、浅野幸長は小山に赴いたと書いてある。このとき、小山に誰がいたかというと、徳川家康だ。家康が小山に着いたのは、七月二十四日のことと言われている。最初、諸将（例えば細川忠興も森忠政も浅野幸長）は宇都宮にいた。諸将だけで相談するなら、宇都宮で評定を行えばよい。それをせずにあえて、諸将が小山に向かったのは、家康が呼んだからではないか。

　確かに、前掲の浅野幸長書状には「内府様」（家康）との主語はないが、これも、「家康の前で諸将が議論を行い」と読めないことはない。このようなことから、通説のように、諸将一同（全て）が会したということはなかったとしても、諸将が小山の家康のもとに来て、談じたのは間違いがないのではないか。

　七月二十九日、家康は黒田長政と田中吉政に対し「大坂奉行衆が別心したので、重ねて相談したいが、上洛されているのでできない」との書状を送っている。この書状からも、七月二十九日以前に、一度、相談（評定）があったことが窺われる。以上のことから、私は小山評定はやはりあったという立場である。

関ヶ原への道――家康が江戸から動かなかった理由

慶長五年（一六〇〇）七月二十五日、下野国小山で諸将と評定を行った徳川家康。会津の上杉景勝討伐は延期され、上洛することが決断される。翌日には早くも、福島正則や池田輝政が小山を立ち、西上の途についている。一方の家康は、八月四日に小山を立ち、五日に江戸城に入った。江戸城に入った家康、暫しの休息でもしてすぐに上洛するのかと思いきや、なんと九月一日まで動かないのである。約一ヶ月間の江戸滞留。場合によっては、大坂方に余裕を与え、家康に不利となる可能性もあるのに、なぜ家康は一ヶ月も江戸にいたのか？　家康は何をしていたのか？

江戸帰還以前から家康は、諸大名と書状のやり取りをしているが、江戸滞在中もそれを繰り返している。八月四日には、池田輝政、九鬼守隆、細川忠興、加藤嘉明らに書状を送り、先陣として井伊直政を派遣することや、自身（家康）の出馬以前は直政の指示に従ってほしいということを伝えている。五日には、福島正則に宛てて「池田輝政、藤堂高虎、井伊直政を出陣させたので談合してほしい」と書状を出している。

そうしたなかで、家康が心配していたのが、毛利輝元の動向であった。中国地方を支配し、百万石を超える所領を持つ輝元が「謀反」するとなると、やっかいだからだ。ちなみに、輝元は七月十七日に「内府違いの条々」（家康弾劾文）が三奉行（前田玄以・増田長盛・長束正家）によって発せられると、すぐに広島を立ち、大坂城に入城（七月十九日）している。

輝元の子・秀元は、七月十七日には、大坂城西の丸を軍勢をもって占拠していた。これは輝元を迎えるための準備と思われる。時代劇などにおいては、毛利輝元は渋々ながら西軍の総大将になって、石田三成らに祭り上げられたように描かれることもあるが、実際の行動を見ていると、そうではないことが明らかとなる。

まず「内府違いの条々」が発せられてから大坂入城までの輝元の素早い動き。これは、輝元が「反家康」の石田三成派と連絡を取り合い、いざというときのために備えていたことを示していよう。と言って、輝元は上杉景勝討伐には、従兄弟の吉川広家や安国寺恵瓊《えけい》を派遣し、家康の行動に従うことも表明していた。輝元は三成、家康のどちらとも連絡を取り合い、うまく立ち回っていたと言えよう。

輝元は祖父の毛利元就と比べられ、「凡将」の扱いを受けることが多いように思うが、関ヶ原合戦前夜の動きを見ていたら、なかなかの強《したた》かさであると感じる。とにかく、輝元が嫌々渋々、西軍の総大将に祭り上げられたということはなさそうであるが、毛利氏も一枚岩ではなかった。

吉川広家（吉川元春の三男。吉川家当主）は、家康派の武将・黒田長政（黒田官兵衛の嫡男）と親密な仲であった。広家は黒田長政を介して、家康に書状を送り、輝元が大坂城に入った経緯を釈明していた。広家によると、輝元が西軍に与したのは、安国寺恵瓊（安芸国安国寺の僧侶。毛利氏に仕える外交僧）の独断であるとする。輝元が謀反の意思を持っていないと吉川広家から聞いた家康は、安心したようで「満足した」という書状を黒田長政に送っている（八月八日）。

しかし、現実には、西軍加担と大坂入城は輝元の意思であった。大坂に入った輝元は何をしたのか。毛利領国と接する伊予国に軍勢を送り込んだり、阿波徳島を占拠したり、九州北部の情勢にも介入したり、次々に他国に手を伸ばしている。混乱に乗じて、自らの権益・領国増大をはかろうとしているように見える。

そのような状況で、家康は依然、江戸にいる。八月十三日、家康は福島正則・浅野幸長・池田輝政・細川忠興・黒田長政ほか諸将に「尾張・美濃の様子を知りたいので、村越直吉を尾張清洲に派遣する。それぞれ相談のうえ返事するように。自身（家康）の出馬については準備している」との書状を送る。

十六日には、出馬を要請する福島正則の書状を見て、黒田長政や細川忠興らに「出馬を油断なく準備しているので、安心するよう」書き送っている。それでも家康はまだ出陣しない。これはなぜなのか。一つには、背後の敵を気にかけたということもあろう。会津の上杉氏やそれに与同する常陸の佐竹氏の動向を気にしていたのだ。彼らは家康が江戸を離れるや、徳川領国に攻めこんでくることも十分考えられる。その備えとして、城郭の修築等が必要であった。

諸大名に加勢を求める書状を発するため、江戸にいたのではないかとの説もある。しかし、書状の作成だけならば、西上の途上でもできることであり、これは江戸滞留の納得できる理由ではない。

最も大きな理由は、先に西上した豊臣系武将にあるとの説もある。家康の指示に従うとした小山評定であったが、家康はその豊臣系武将たちを心底から信用していなかったというのだ。

最初、大坂方の挙兵は、石田三成や安国寺恵瓊など限られた人間によって企てられたものとの認識だった。それが、次第に変化し、豊臣奉行衆もこれに同調し「豊臣秀頼様への忠節」を主張して、家康追討を呼びかけた。小山評定が終わり、豊臣系武将が西上の途についた頃（七月二十九日頃）になって、豊臣奉行衆の家康弾劾状（内府違いの条々）が家康のもとに届けられ、家康は情勢が変化していることを知る。小山評定における豊臣武将たちの誓約の前提が崩れたのである。

そうした情勢の変化によって、西上した豊臣系武将が裏切らないとも限らない。もし、西軍が豊臣秀頼を戴き攻め寄せてきたらどうなるか。先に出陣した豊臣系武将も自身（家康）を裏切るのではないか。豊臣系武将の裏切りの可能性があるなかで、早々に出陣したらどうなるか。場合によっては、袋のネズミ状態になり、滅ぼされてしまうだろう。家康が一ヶ月も出陣しなかったのは、豊臣系武将の動向を見極めるためということも大きいだろう。

徳川秀忠による信濃上田城攻め

慶長五年（一六〇〇）八月五日、徳川家康は、上方の不穏な状況を受けて、会津征討を中止し、江戸城に戻った。しかし、そこから約一ヶ月にわたって江戸を動こうとしなかった。背後にいる会津の上杉景勝や常陸の佐竹義宣らの動きを警戒し守りを固めていたことや、全国の諸大名へ加勢を求める書状を発給したり、先に西上した豊臣系武将の向背が掴めないことが江戸滞留の理由であろう。

当初、家康は反徳川勢力の蜂起は、石田三成や大谷吉継《よしつぐ》などの挙兵であろうと見做していたが、時が経つにつれて、大坂の三奉行（前田玄以・増田長盛・長束正家）という豊臣政権中枢の者までが関与していることを知り、驚愕したであろう。下野国小山では、家康の指示に従うことになった福島正則ら豊臣系武将たちも、こうした事態の変化を受けて、家康を裏切らないとも限らない。

家康から伏見城の留守を任されていた徳川の臣・鳥居元忠は、もうこの世にはいない。宇喜多・島津・小早川という「西軍」の諸将は、七月十九日に伏見城を包囲。豊臣秀吉が築いた天下の名城も、守兵の少なさもあり、八月一日に落城していた。鳥居元忠は奮戦するも、討死にしていた。

北陸では、敦賀城主の大谷吉継（西軍）が中心となり、加賀の前田利長の軍勢と対峙。西軍は伊勢にも、毛利秀元や吉川広家・長束正家・安国寺恵瓊らを派遣し、家康方の武将が守る城を攻めさせた（八月五日）。

石田三成（西軍）は、八月十一日には、美濃の大垣城に入っている。西軍は着々と畿内近国の平定を進めていたのである。こうした状況にありながら、家康が江戸に留まる大きな理由は既に述べた。家康は息子の秀忠を宇都宮から信濃国へ向かわせている（八月二十四日）。

これは、徳川秀忠軍を先に西上させる方策だ。西上した秀忠軍三万八千と豊臣系武将が合流し、西軍と干戈を交えるならばそれでも良し。もし、豊臣系武将が裏切り、秀忠軍に大きな被害が生じたとしても、江戸には家康が未だあり。徳川軍の完全崩壊は避けられる。秀忠は東海道ではなく、中山道を進軍したわけだが、その理由は信州真田の「仕置」のためであった。信州上田城主・真田昌幸はじめとする信濃の西軍勢力を平定しようとしたのだ。その後で、更に西上し、大坂方の本軍と決戦しようと考えていた。

さて、攻められる側の真田氏は苦渋の決断をする。真田氏は、東軍からも西軍からも自軍に味方するように勧誘を受けていた。そこで、真田昌幸は、長男の信幸（信之）には東軍に味方するよう命じる。信幸の妻は、徳川の重臣・本多忠勝の娘であったからだ。昌幸自身は、次男の信繁（幸村）と共に西軍に付く。信繁の妻は、西軍の大谷吉継の娘であるからだ。昌幸が石田三成の挙兵を知ったのは、七月二十一日。下野国の犬伏《いぬぶし》（栃木県佐野市）においてであった。そこで、昌幸と信繁は西軍に、信幸は東軍にという決断をするのである。いわゆる「犬伏の別れ」だ。

昌幸がこうした決断をした背景には、家の存続というものがあったであろう。三人共が一つの陣営に属してしまえば、その陣営が敗北した場合、真田家は滅亡してしまう。しかし、両陣営に属していれば、一方の陣営が敗北したとしても、家は残る。

さて、東軍に属することになった真田信幸のもとには、八月二十三日付で徳川秀忠から書状が届く。「二十四日にこの地（宇都宮）を立つ。小県に攻め入るので、同地に兵を出すように」との内容であった。信幸は上野国沼田城から八百の軍勢で出陣する。

徳川秀忠軍は、九月二日に信州小諸に到着した。ここで秀忠は、上田の真田昌幸に東軍に味方するように勧告。真田信幸と本多忠政が説得に向かう。だが、真田昌幸は「表裏比興《ひょうりひきょう》」の者と言われた軍略家。「協議のうえ、追って回答する」と伝え、時間稼ぎをする。その間に、城を補修し、守備を増強した。

九月四日、秀忠は昌幸に再び使者を遣わす。すると昌幸は、態度を翻し、挑発的な言動をしたため、交渉は決裂。徳川軍は、上田城外の田地の稲を刈り取っていたが、そこで真田軍と小競り合いになる。真田軍は城内に入り、鉄砲を撃つ。徳川の部隊は城を攻撃するも、なかなか落城させることはできなかった。なぜか。上田城には領民も収容されていて、彼らも戦いに参加したこともその理由の一つであろう。

真田軍は、城門から討って出て攻撃を仕掛け、徳川軍を翻弄した。秀忠に付いていた徳川重臣・本多正信は、慎重派であり、元来が開戦に反対であった。前述の偶発的な開戦と攻撃に怒った正信は、攻撃を中止させた。秀忠も九月九日に兵を小諸まで引き上げさせた。そして、命令なくして攻撃した者を処分するのである。秀忠軍は上田城を攻めあぐねていた。

八月二十六日の秀忠書状（家康の側近・本多正純と村越直吉宛て）には「青山忠成がやって来て、家康様のご命令を承りました。今日は高崎まで来ました。真田の件については少しも油断することなく対処します」との記載があるので、家康もまた秀忠に真田制圧を命じていたことがわかる。

また、九月七日、秀忠が井伊直政と本多忠勝に宛てた書状には「井伊直政殿は美濃国赤坂に着陣されたとのこと。よって、信州への作戦への参加は延期したいとのこと、もっともなことです。真田方面の仕置をしてから、近日、上洛します」とある。以前、井伊直政の軍勢は、尾張清洲城にいたので、そこから信州に侵攻し、真田を攻める作戦も検討されていたことが書状からわかる。

井伊や本多の軍勢が美濃に向かったのは、西軍と交戦するためであるが、それでも、秀忠は信州から動こうとしなかった。真田攻略のほうに重点を置いていたからである。それはなぜか。家康の指令もあり、真田攻略が秀忠軍の重要任務だったからだろう。それを放棄して、勝手に西上することこそ、命令違反にあたるであろう。

しかし、九月十一日の秀忠の書状(里見義康宛て)では、事態が急展開している様子がわかる。「大垣城に石田三成、宇喜多秀家、島津、小西が立て籠もり、東軍の先鋒がそれを包囲しているので、急ぎ西上せよと内府(家康)から伝えられたので、急ぎ上洛している」とあるからだ。上田城攻略から、上洛決戦へと作戦が変更されたのだ。その変更も、家康の命令によるものであった(九月九日に家康の使者は到来)。

関ヶ原合戦への秀忠軍の遅参は、徳川全軍の壊滅を防ぐための家康の策略との説があるが、前掲の秀忠書状から、その説は誤りだということがわかるであろう。家康は秀忠の急行を望んでいたのだ。

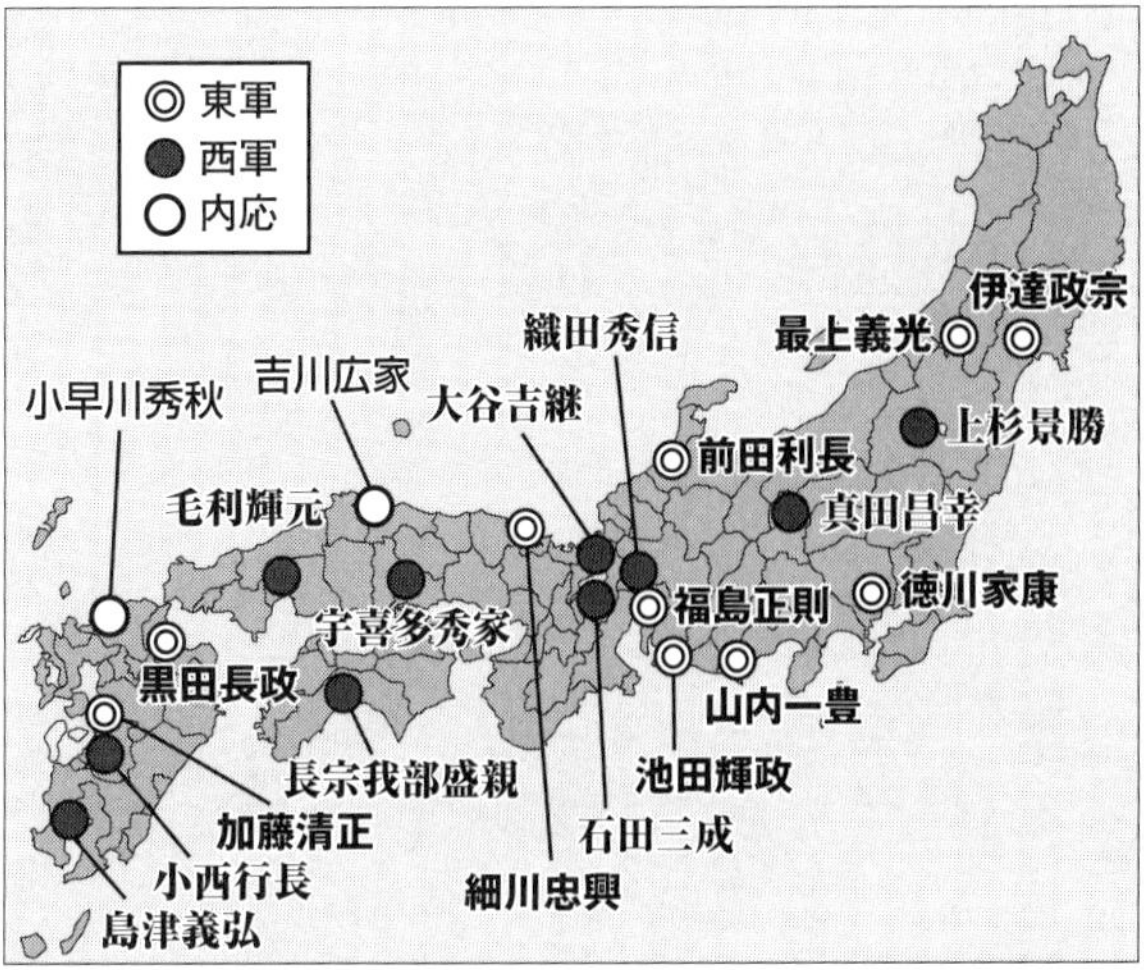

関ケ原の戦いで東西に分かれた主な大名

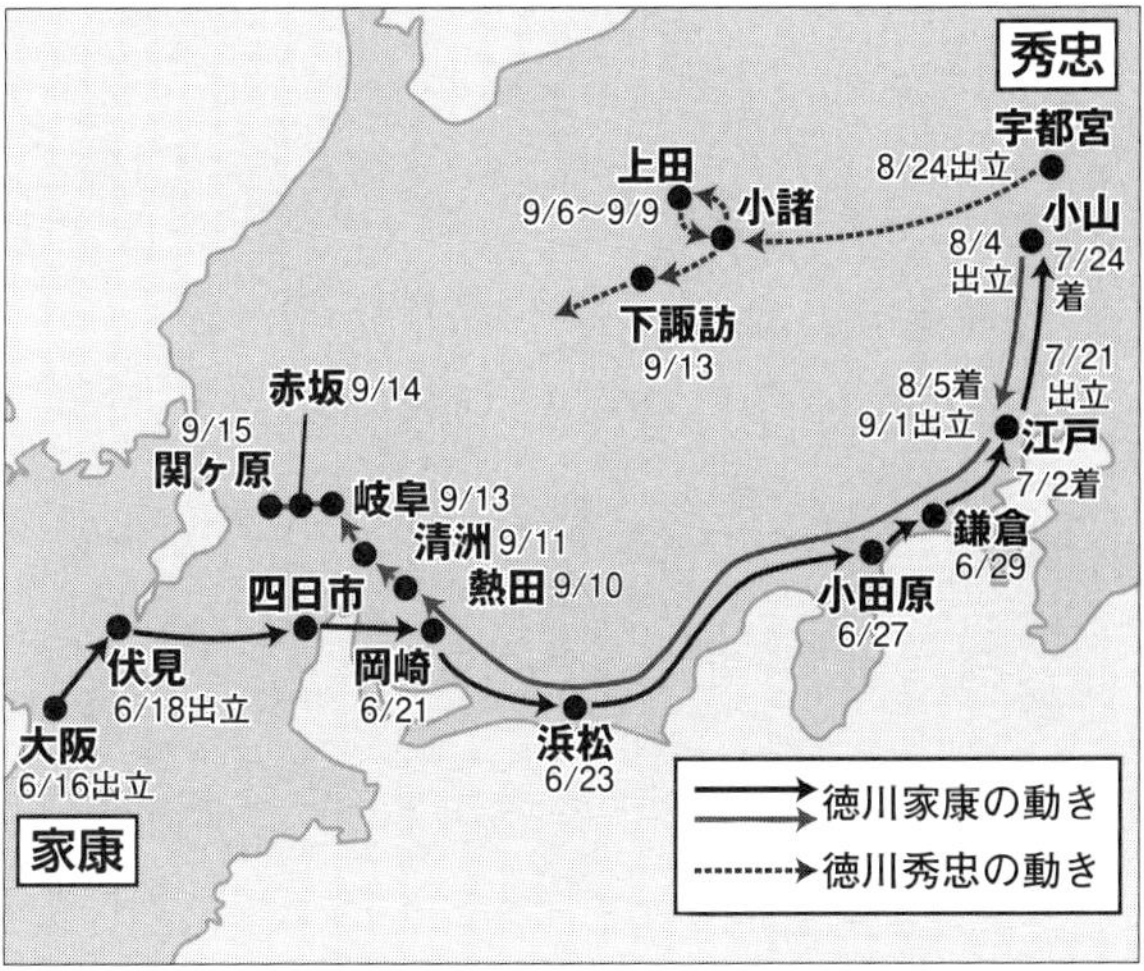

関ケ原の戦いまでの家康と秀忠の動き

難攻不落の岐阜城はどのように落城したのか？

慶長五年（一六〇〇）七月下旬、下野国小山での徳川家康との評定のあと、豊臣系武将（東軍）は、東海道を西に進み、清洲城（愛知県清須市）にて、家康の到着を待っていた。しかし、家康は「近いうちに上洛する」とは言いながら、江戸に留まったまま動こうとはしなかった。

この家康の態度に、福島正則などは「捨て石にするのか」と憤激したという。家康の女婿・池田輝政は家康を庇《かば》ったために、正則と口論となり、それを徳川家臣で先発していた井伊直政・本多忠勝が宥《なだ》めたとの逸話も残っている。

八月十九日、家康が派遣した使者の村越直吉が清洲にやって来た。福島正則は村越に家康の考えを問いただそうとした。すると村越は「各々が手出ししないので、御出馬されないのです。手出しすれば、すぐに御出馬されるでしょう」と家康の言葉を伝えたのであった。つまり、豊臣系武将（東軍）が出陣して、西軍に攻撃を仕掛けないから、家康は江戸から出馬しないのだという。幾分、挑発的な言辞である。

福島正則が聞いたら、怒り狂うのではないかと思いきや、正則は「ごもっともな御言葉。さればすぐに出馬して、戦果のほどを家康公に注進せん」と納得。戦の火蓋が切られようとしていたが、家康はなぜ挑発的な言葉を豊臣系武将に伝えたのだろうか。

一つには、周りにいる武将のなかの誰が敵で、誰が味方かを炙り出そうとしたのではないか。二つには、石田三成や大谷吉継だけでなく、三奉行（前田玄以・増田長盛・長束正家）という豊臣政権中枢の者までが「反家康」の狼煙《のろし》をあげた今、本当に豊臣系武将（東軍）は自分（家康）に味方をするのかを確かめたかったのではないか。

さて、清洲の豊臣系武将は、岐阜城を攻めることになる。岐阜城の織田秀信は西軍に属していたからだ。秀信は織田信忠（信長の嫡男）の長子であり、幼名は三法師。本能寺の変後に開かれた清洲会議で、豊臣秀吉に推され、僅か三歳で織田家の家督を相続することになったことは有名だ。

秀吉政権下では、岐阜城主となり、十三万石を領していた。織田秀信は当初は、家康に従い、会津の上杉景勝攻めに出陣する予定であったという。しかし、準備不足のため遅延。そうしているうちに、石田三成方から「戦に勝ったならば、美濃と尾張国を与えよう」と勧誘され、西軍に属することになったとも言われている。これも運命の悪戯《いたずら》と言えるのかもしれない。

八月二十一日、豊臣系武将（東軍）は、清洲城を出て、岐阜攻めに向かうが、それまでに一悶着あったようだ。福島正則と池田輝政のあいだで先陣争いがあったのだ。正則は、清洲城の城主、最前線の西軍と対峙している立場。渡河が容易な木曽川上流から進撃し、岐阜城を攻めたいと主張した。一方、池田輝政は、家康と縁戚（輝政の夫人は家康の娘）であり、先陣を命じられている、岐阜城はかつて自らの城であった（一五八五年、輝政は岐阜城主となっている）ことを理由に、下流からではなく、上流から先陣として攻め込みたい意向を示す。

両者は譲らず口論するが、井伊直政と本多忠勝が仲裁。尾張国は福島正則の領地であるから舟の調達は容易であろうとして、下流から進撃することを提案。池田輝政に対しては、自己の功名心から戦略を乱すのは、家康の婿としてあるまじきことと非難、正則に協力すべきことを説諭する。正則は、下流からの渡河に同意するも、渡河が完了するまでは、上流で戦を始めてはならぬことを提案し、輝政はこれを受け入れたという。

池田輝政らが率いる一万八千の軍勢は、木曽川上流の河田（岐阜県各務原市）から岐阜城の正面に向かう。福島正則らの軍勢一万六千は、木曽川下流の尾越（愛知県一宮市）から進軍する。岐阜城の織田秀信は孤立していたわけではなく、石川貞清（犬山城主）や竹ヶ鼻城主（岐阜県羽島市）の杉浦重勝という味方もいた。

福島正則は、下流の尾越から木曽川を渡ろうとするも、杉浦重勝ら織田方の攻撃にあい、進路を変更。加賀井（岐阜県羽島市）から舟で木曽川を渡り、岐阜城の裏手に辿り着くことになる。池田輝政の軍勢は上流から木曽川を渡ろうとした。敵からの攻撃はあったものの、渡河作戦は無事に完了する。織田秀信は自ら出陣することもあったが敗れ、城に退却。竹ヶ鼻城も落城した（八月二十二日）。

こうして岐阜城は包囲されるが、秀信が率いる軍勢は僅か約三千。東軍とは圧倒的な兵力差があったのである。八月二十三日には、岐阜城攻めが始まった。福島正則らは城の正面から、池田輝政らは城の搦手《からめて》（背後）からの攻撃を担当する。岐阜城の守兵はよく戦ったが、小勢であり、限界はすぐやって来た。犬山城主である石川は既に東軍に寝返っていた。防衛線は破られ、敵は本丸へと迫る。城主・織田秀信は自害する覚悟であったが、家臣に止められ、降伏することになった。秀信は助命され、出家。後に高野山に上り、紀州にてその生涯を閉じることになる（一六〇五年）。

難攻不落と言われる岐阜城であっても、大軍に包囲され、籠城側が小勢であるならば、半日で落城するのである。秀信は、石田三成ら西軍主力が籠もっている大垣城（岐阜県大垣市）にも援軍を要請していたが、援軍が来ることはなかった。こうして岐阜城は落ちた。家康がいよいよ動き出すことになる。

家康進軍と関ヶ原早期開戦の謎

慶長五年（一六〇〇）八月二十三日、豊臣系武将（東軍）は、西軍の織田秀信が籠もる岐阜城を攻め、瞬く間にこれを攻略した。江戸にいる徳川家康にその報が届くのは、同月二十七日のことである。家康は、豊臣系諸将（東軍）が岐阜に侵攻したことに満足の意を示し、吉報を待つと彼らに書き送っていた（同月二十六日）。

岐阜城攻略の報を受けた家康は、いよいよ自ら出馬することを決断する。これまで、豊臣系武将（東軍）から出馬の催促があっても「近日、西上する」と返事していた家康が、岐阜城陥落の報せをもって、出陣を決断した理由は、豊臣系武将（東軍）が真に自分に味方してくれる確証が持てたからであろう。岐阜陥落後の家康は、豊臣系武将（東軍）に対し「我ら父子（家康と秀忠）の到着を待つように」と伝えることになる。

豊臣系武将（東軍）だけで、余勢をかって石田三成方を撃滅してくれたら、自軍（徳川軍）の損害は少なく幸運のようにも思うのだが、家康はそうは考えてはいなかったようだ。もし、豊臣系武将（東軍）の力だけで、勝負が決してしまったならば、戦後、自身（家康）の政治的発言力が弱まることを危惧《きぐ》したのだろうか。

九月一日、家康は江戸を立つ。それまでに家康は、岐阜を陥落させた諸将に戦功を賞する書状を送ったり、徳川に味方する勢力（出羽の最上義光や、信州川中島城主・森忠政、越後の堀秀治ら）に対し、それぞれ、軍事行動を起こせと伝えたり、敵方襲来に備え城を堅固にして待ち受けよと令している。

家康としては江戸出陣の前に、東北や関東甲信越の備えをしっかりとしておく必要があった。そうでないと、留守中に背後を衝かれることになるし、自らの勢力圏が混乱することになる。九月一日に、約三万の軍勢で、江戸を発した家康は、同月十日には尾張国熱田に到着。翌日には清洲行、十二日は風邪で清洲に逗留するというアクシデントがあったものの、十三日には岐阜へ向かう。そして、十四日には、諸将が待つ美濃国の赤坂（岐阜県大垣市）に入るのであった。

美濃に入るまでも、家康は豊臣系諸将（東軍）と密に連絡を取り合っていた。自身（家康）が今どこにいるかを伝えたり、家康親子の到着を待つように伝えたりしている。更には、石田三成方が美濃の大垣城に籠城したとの報せを受けたことを「幸い」とし、自身が到着するまで攻撃は控えるように命令したりしている。

敵方の大垣籠城を家康がなぜ幸いだとしたのか。大垣城には石田三成・宇喜多秀家・島津義弘・小西行長らが立て籠もっているとの報があったので、彼らを一網打尽にできると考えたからだろうか。ちなみに、家康は大垣城を水攻めにする構想を示している。

家康は大垣城をなぜ水攻めにするつもりでいたのか。「進軍に手間取って、未だこの方面に到着することのできない秀忠部隊の到達のための時間稼ぎができるという利点」を説く人もいる。家康は、九月十日頃には、徳川秀忠が美濃まで来ると思っていたようだ（九月六日付書状）。よって、家康は秀忠が「遅参」するとは考えておらず、大垣城の水攻めを「時間稼ぎ」のために行おうとは思ってはいなかったであろう。

さて、美濃に進軍するまでの家康軍は奇妙な行動をとっていたという。家康の侍医・板坂卜斎の見聞記『慶長年中卜斎記』には次のようなことが記されているのだ。「この度の御出陣は、とてもしのびやか（密かな、目立たない）なもので、御旗《みはた》も巻いて、御旗印や御馬印も目立たぬようにしている。三島に到着すると、家康様は、御馬印は熱田へ持って行けと仰って、奉行人（上級家臣）も付けず、小人（下級家臣）の者だけ付けて、馬印を先行させた。大垣に到着されてから初めて、幟《のぼり》を立てたので、上方勢（西軍）は驚嘆した」と。

家康は行軍をなぜ秘匿しようとしたのか。まず、なぜ馬印を先に行かせたのか。それは、家康が間違いなく進軍していることを、その到着を待ち侘びる豊臣系諸将（東軍）に早期に伝える意味があったであろう。では、なぜ家康は行軍を秘匿しようとしたのか。それは『卜斎記』にあるように、家康の到着を急に示し、西軍を驚かせ、圧迫しようとした、心理的効果を狙った作戦であったろう。

この家康の「隠密進軍作戦」を、単に赤坂着陣のときに初めて家康到来を明らかにすることによる、劇的効果を狙っていたというような演出的意図によるものではない、とする人もいる。このとき、未だ中山道・木曽路を進行している秀忠部隊を待つべきか否かという問題と、実は軌を一にしているともいう。

しかし、この見解に関しては、私は疑問がある。「秀忠部隊を待つべきか否かという問題」と「隠密進軍作戦」に関連があるといっても、家康は出陣の時点では、秀忠軍を待つことになるとは思っていなかっただろうからだ。

前述のように、家康は九月六日の段階では、秀忠軍は九月十日には美濃に到着しているだろうと踏んでいた。家康の「しのびやかな」出陣は九月一日である。よって、秀忠部隊を待つべきかどうかの問題と「隠密進軍作戦」は無関係だと私は感じている。

家康が、秀忠軍が進軍に手間取っていると知ったのは、清洲城に到着する前後（九月十一日）のことであったという。家康は重臣（井伊直政と本多忠勝）を呼び、作戦を協議。秀忠軍を待って戦いに臨むべきか否かが大きな議題となった。本多忠勝は秀忠軍を待つべしと言い、井伊直政は待たずに開戦を主張したと言われる。

秀忠軍も三万という大軍である。その大軍を待たずに戦うリスクも確かにあった。その意味で、本多忠勝が主張した慎重論も理解できる。その一方で、待つことのリスクも存在した。豊臣系武将（東軍）の戦意が失われてしまう可能性もそうであろう。時間が経てば経つほど、家康にとって不利な状況が現れる可能性。例えば、大坂城にいる毛利輝元（西軍）が豊臣秀頼を推戴して出陣してくることもあり得た。

そうなったとき、豊臣系武将（東軍）がどのような反応を示すか。おそらく、家康方から脱落し、西軍に付いてしまうだろう。それを家康は最も恐れたのではないか。よって、秀忠軍を待たずに、早期決戦をすることになったと言えよう。

打倒家康！　石田三成の東軍迎撃計画とは？

慶長五年（一六〇〇）九月十五日、美濃国赤坂（岐阜県大垣市）を出て、桃配山《ももくばりやま》に陣を置いた徳川家康（東軍）。一方、石田三成ら西軍は、前夜に大垣城を出て、関ヶ原に全軍を展開した。

しかし、三成にとって、関ヶ原で敵軍を迎え討つことは本意ではなかったろう。三成は、信濃国上田城の真田に七月末以降、何通もの書状を出しているが、そのなかにおいて、福島正則が味方をするなら三河国に出陣すること、もし正則が加勢しないなら、尾張国の清洲城を攻撃すると述べているからだ。正則は少年時代から豊臣秀吉に仕え、柴田勝家との賤ヶ岳の戦いにおいては「賤ヶ岳の七本槍」の一人に数えられたことで有名だ。秀吉股肱《ここう》の臣といってもいい。

三成はその正則に期待していたようだが、正則は家康や東軍と密に連絡をとっており、三成に加勢する可能性は限りなく低かった。三成ら西軍は、伊勢国や北国（加賀や越前）、美濃に軍勢を配そうとしたが、それは、伊勢・尾張・美濃、加賀・越前という広範囲で、東軍を迎撃しようとしていたことを示している。その迎撃ラインの核となるのが、尾張国であった。しかし、三成は、尾張の福島正則の取り込みに失敗してしまい、尾張を失うことになる。

そこで、八月中旬には、三成は尾張・美濃に出陣する考えを真田に披瀝している。そして、常陸国の佐竹には、尾張・三河国境で家康を討ち果たしたい旨を表明しているのだ。できれば、尾張・三河国境、それができなければ、美濃・尾張国境で家康軍と戦いたいと三成は思っていたのである。

ところが、尾張国の清洲城にあった福島正則・池田輝政・浅野幸長らは、早くも、八月二十三日には、織田が籠もる岐阜城を攻め落としてしまう。美濃・尾張国境で東軍を迎え撃つという三成の構想は破綻したのであった。岐阜城陥落の翌日（八月二十四日）、福島正則ら東軍諸将は、美濃国赤坂に陣を置く。三成らが籠もる大垣城から四キロメートルと程近い場所である。

三成は大坂城に使者を出し、毛利輝元に出陣の要請をする。また、西軍の諸将を大垣城やその近辺に集めようとした。三成は、今度は大垣城の周辺で、東軍と戦う構想に転換したのだ。

そして、九月十四日には、家康の軍勢が美濃国の赤坂に到着する。家康は大垣城を攻めずに、三成の本拠・近江国の佐和山城を攻めるべく動き出す。しかし、これを察知した三成方は阻止するために、美濃と近江の国境に軍勢を移動させる。それで起こったのが、天下分け目の関ヶ原合戦なのである。だが、これまでの状況を見ていると、明らかに三成方の目算は崩れ、東軍に押され気味なのがわかる。しかも、三成が頼りとしていた大坂にいる毛利輝元は、家康と和睦するつもりでいた。

三成方は不利であったが、不利な三成方に味方する武将もいた。大谷吉継もそうである。吉継は、永禄二年（一五五九）に生まれ、その後、秀吉の小姓となったと言われている。秀吉の側近く仕え、諸大名との連絡役を務めることもあった。有名な太閤検地の際には、三成と共に、検地奉行を務めている。功績が認められ、天正十七年（一五八九）には、越前・敦賀五万石の大名となる。

順風満帆の吉継だが、文禄三年（一五九四）には、眼病を患っていたようだ（吉継というとハンセン病が有名だが、眼病を患っていたのである）。眼病は、秀吉が亡くなる慶長三年（一五九八）にはかなり良くなっていたとされる。秀吉没後の大きな事件に「石田三成襲撃事件」（一五九九年閏三月）があるが、吉継は事件が勃発したとき、家康方に与したという（『当代記』）。一般的に吉継と言えば、石田三成の盟友とされ、反家康のイメージがあるかもしれないが、家康とも対立関係になかったのだ。吉継の書状の内容として「何事もなく事態が収まり、天下静謐になったことは何より」との言葉があるが、吉継は当初は、家康と三成、または家康と毛利輝元が激突し、戦になることを望んではいなかった。吉継が望んでいたのは「天下静謐」であったろう。

しかし、最終的に吉継は三成方に与した。それはおそらく、秀吉没後の状況（五奉行の浅野長政や石田三成の失脚）や家康の振る舞い（前田利長を屈服させたり、会津の上杉景勝討伐）に拒否反応や危機感を抱いていったからではないか。家康がこれ以上、権力を増していけば、豊臣政権が崩壊するのではないかとの危機感が、大谷吉継を西軍に走らせたと思われる。

三成にしても、秀吉没後すぐに家康と目に見える形の敵対関係にあったわけではない。大坂の邸宅を家康の宿所として提供していることも、家康との良好な関係を示すものであろう。もちろん、それは心からの信服ではなかったかもしれないが、自らの家を守るためには家康への露骨な敵対は、今は避けたほうが得策と踏んでいたのだろう。しかし、慶長五年（一六〇〇）六月、家康は上洛命令に従わない会津の上杉景勝を討伐するため、関東へ向かった。敵対する大名を次々と屈服させ、専横を極めようとする家康を打倒するのは、このときしかないと三成は思ったのではないか。

そして、豊臣家の将来を案じる吉継や安国寺恵瓊らと会談し、彼らは五大老の一人・毛利輝元を盟主に仰ぐことを決めた。輝元はその要請に応じ、大坂城西の丸に七月中旬に入ることになる。大谷吉継は、七月三十日には敦賀に向かい、北国の東軍（前田利長）に備えた。吉継は、八月二十一日には、大坂の毛利輝元らと相談することありとして北陸を立つが、越前にて石田三成らが遣わした飛脚が到来、予定を変更して、軍勢を引き連れ、美濃に向かうことになる（八月二十三日）。

この日は、東軍によって、岐阜城が陥落させられた日である。東軍の軍勢が美濃に侵攻してきたら、北国から美濃に向かうことは、あらかじめ決められていたのであろう。一説によると、吉継は九月上旬には、関ヶ原に布陣していたという。東軍を迎え撃つ態勢は構築されつつあった。

関ヶ原合戦——天下分け目の戦い

慶長五年（一六〇〇）九月十五日早朝、美濃国（岐阜県）関ヶ原には、徳川家康率いる東軍、石田三成ら西軍、併せて約十五万人が対峙していた。昨夜からの雨の影響で、関ヶ原には霧が深く立ち込めていたという。戦闘は午前八時頃から始まったというが、それは、徳川の重臣・井伊直政（東軍）による抜け駆けだったと言われている。

巷間伝わっている開戦の経緯は次のようなものだ。井伊直政は、家康の四男・松平忠吉を伴い、前方に出ようとしていた。しかし、本来は、先陣は、福島正則が担当するはずであったので、福島家の家来・可児《かに》才蔵は「先陣は福島家だ。ここは通せない」として制止。すると直政は「それはもっともなこと。我らは先陣を仕ろうとはしていない。松平忠吉様のお供にて、偵察を仰せ付けられたのだ。敵は間近。ここを通してほしい」と要求する。才蔵はそれならば仕方ないと直政らを通す。直政はすぐに前方に飛び出し、敵陣に突撃、攻め込むことになる。

以上が巷間伝えられている開戦の経緯だ。井伊直政らは抜け駆けをしたのである。直政は、宇喜多（西軍）の陣に攻撃を仕掛けたというが、このような抜け駆けは軍法において禁止されている。抜け駆けにより、統率、秩序が乱れ、混乱状態になった末に戦に敗れることがあるからだ。直政は「此度の合戦で抜け駆けをしたこと、諸将は立腹しておりましょうか」と、後で家康に尋ねたという。すると家康は「直政のこのような行いは、今に始まったことではないわ」と上機嫌で述べたとされる（『寛政重修諸家譜』）。

ちなみに、井伊直政が伴っていた松平忠吉は、家康の四男として生まれたが、松平家忠の養子となっていた。実は、忠吉と井伊直政は縁戚にあり、直政の娘を忠吉は正室としていた。そのことを考えると、直政は、家康の息子であり、自身の婿でもある忠吉になんとか先陣を遂げさせ、初陣を飾らせようとしたのだろう。こうした開戦の経緯は、松平家忠の孫（忠冬）が編纂した『家忠日記増補追加』にも記されているが、そこにも、直政は「斥候のため」と偽り、忠吉と敵陣に攻め込んだとある。

　直政と忠吉、その他数名の従者が敵陣に突っ込んだ形だが、そのようなことはあり得るのか。前述したように、合戦当日は霧深く、視界が良好ではなかった。よって、霧に紛れて、馬で突撃を行い、敵兵を槍で倒し、すぐに帰還することも不可能ではなかったと思われる。とは言え、何度も繰り返すように、抜け駆けは軍法違反である。そうした行為を徳川の重臣・井伊直政がするであろうか。

　そのことを考えると、直政は福島正則を騙して、敵陣に斬り込んだのではなく、予め、正則に先陣を譲ってほしいと相談し、了解を得たうえで、実行したことも推定できる。直政自身も軍法で抜け駆けを禁じており、その人が自ら禁を破ることは考えづらい。これはあくまで私の考えである。

　一方で「井伊の抜け駆け」を真実と捉える研究者もいる。福島正則は、井伊の抜け駆けをしったが、あえて、これを咎めようとしなかったという。武士の情け、徳川に恩を売ったなどと正則の心中を推測されている。一方、直政が厳禁されている抜け駆けをなぜ行ったかというと「先鋒武将は豊臣系武将が圧倒的であり、徳川系は井伊直政と松平忠吉の率いる二隊しかない。このまま漫然と福島正則を一番手として戦いに入ったとき、東軍が勝利してもそれは徳川の勝利にはならない。同盟の豊臣系武将たちを利するだけである。この戦いを徳川の戦いとし、東軍の勝利を徳川の勝利とする形作りをするために、先陣をとることはどうあっても不可欠」だったからという。しかし、後世の史料・編纂物に描かれている井伊の抜け駆けは、直政らの武勇を強調するためであろう。誇大に描かれたと言うべきだろう。

小早川秀秋の裏切りの「真実」

慶長五年（一六〇〇）九月十五日午前八時頃、関ヶ原の戦いは、井伊直政・松平忠吉（東軍）が、西軍の宇喜多秀家に攻撃を仕掛けたことにより、幕を開けた。戦いの様相は「通説」によると次のようなものである。

両軍は一進一退を繰り返していたが、午前十時頃になると、明け方からの霧も晴れてきた。石田三成（西軍）は、天満山に狼煙をあげ、松尾山にいる小早川秀秋《ひであき》、南宮山にいる毛利秀元の軍勢に参戦を促す。しかし、両軍はそれに応じなかったので、三成は使者を遣わすも、小早川らはこれに応じなかった。これは小早川らに東軍からの内応の工作があったからだが、小早川は東軍の要請に対しても、手筈通りに動かなかった。

石田三成軍はじめ西軍の諸勢は、頑強に戦い、戦線は膠着《こうちゃく》していた。この戦況が、小早川秀秋に出撃を躊躇《ためら》わせていたのであった。この思わぬ事態に徳川家康（東軍）は苛立ち「せがれめにはかられた」と呟き、右手の指を頻《しき》りに噛んでいたという。ちなみに「せがれ」とは小早川秀秋のことである。小早川が西軍を裏切り、出動しないことを詰《なじ》っているのだ。

小早川部隊の出動がないことに業を煮やした家康は、小早川の部隊に対し、いわゆる「問鉄《といてっ》砲《ぽう》」をする。秀秋が陣を置く松尾山に鉄砲を撃たせたのだ。挑発の鉄砲射撃を敢行したのだ。この「脅迫」と「挑発」に若い小早川秀秋は気が動転し、全軍に出撃を命令。小早川部隊は山を下り、大谷吉継（西軍）の部隊に攻撃を仕掛ける。このとき、かねてより内応の約束をしていた脇坂・朽木・小川・赤座の軍勢も、西軍を裏切り、大谷吉継隊に襲撃を開始。大谷吉継は自刃して果てた。

小早川秀秋の裏切りによって、西軍は崩壊、石田三成は伊吹山中に落ち延びていく。というのが、関ヶ原合戦の「通説」であった。家康からの小早川秀秋部隊への「問鉄砲」、それに端を発する小早川の裏切り。これが関ヶ原合戦の見せ場であり、家康ら東軍の勝利の要因とされてきた。

しかし、この「問鉄砲」は、二次史料（『黒田家譜』『関原軍記大成』など）にしか記載がなく、信用できる一次史料には載ってはいない。それがいつしか「通説」となり、小説や時代劇にも盛んに取り上げられ「真実」として通用してきた。だが、関ヶ原合戦の二日後の九月十七日に徳川家臣の石川康通・彦坂元正が三河にいる松平家乗に書状を送り、関ヶ原合戦の結果を報告している史料（「堀文書」）によると、小早川らは戦いが始まると、すぐに西軍を裏切り、東軍に味方していることが判明するのだ。

つまり、小早川は家康を焦《じ》らしはしなかったし、家康からの「問鉄砲」もなかったということだ。このようなことで、西軍はすぐに総崩れとなったという。秀秋は、九月十四日に家康と和睦を結んでいたという話（『関原軍記大成』）もあるが、秀秋の合戦当日の行動を考えると首肯できる。勝負は戦う前から決まっていたのである。

『三河物語』は、関ヶ原合戦の勝敗を次のように説く。「敵は大垣を本城として、柏原、山中、番場、醒が井、垂井、赤坂、佐和山までとっていた。敵は十万余もあったろうか、味方は四、五万もあったろうか、家康が出陣するまでに合戦を仕掛けたなら、勝つこともあったかもしれないが、しなければならないときも逸してしまった。慶長五年九月十四日、家康は青野が原へ押し寄せる。十五日に合戦をする。小早川秀秋の裏切りで切り崩され、敵方はほとんどが大谷吉継をはじめ、のこらず追いつかれて殺された」と。

つまり、家康の軍勢が江戸から美濃にやって来る前に、西軍は東軍に攻撃を仕掛けていれば勝敗は変わったかもしれないというのだ。慧眼《けいがん》というべきだろう。

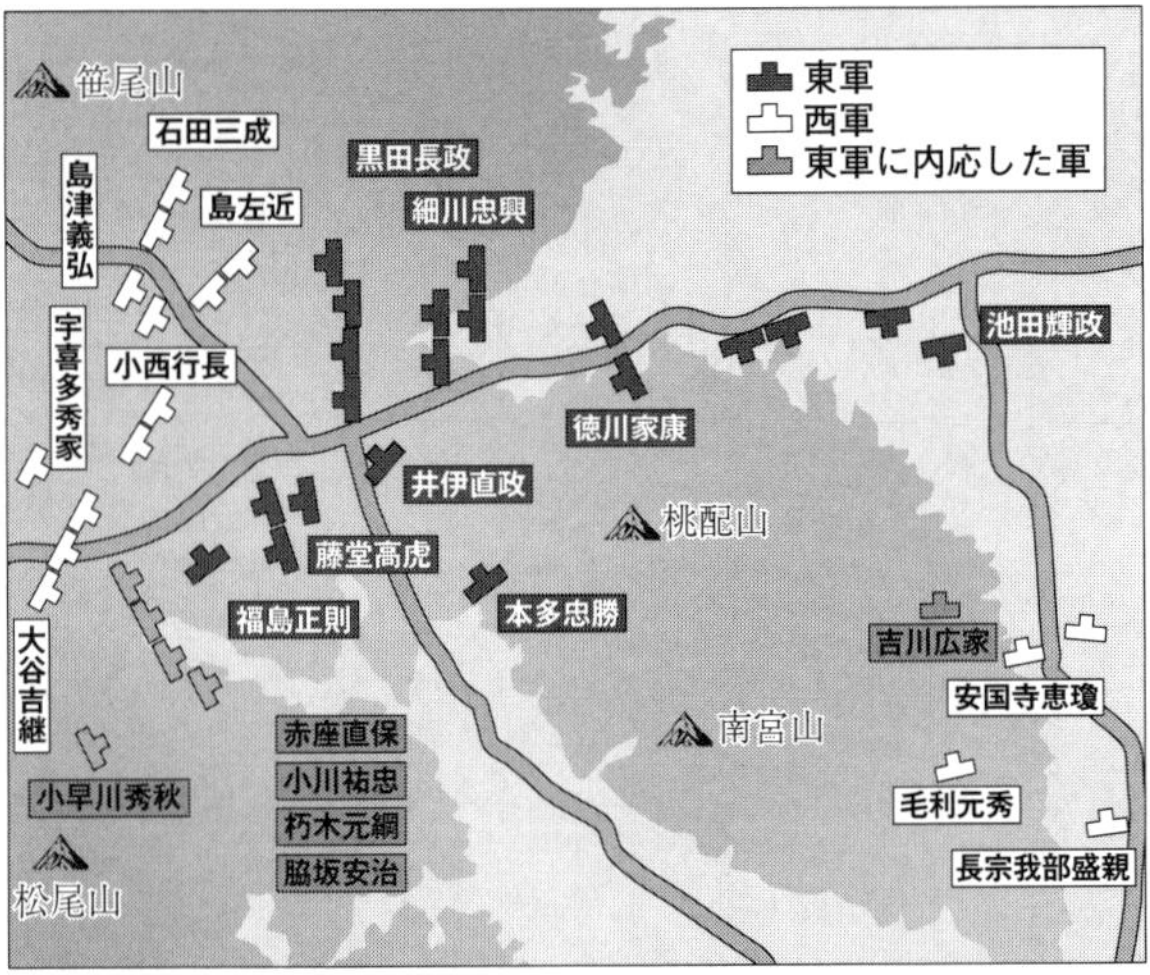

「関ケ原の戦い」布陣図

関ケ原古戦場（岐阜県不破郡）

第8章　豊臣家を滅ぼし天下統一へ

関ヶ原合戦の後始末――東軍・西軍武将の明暗

慶長五年（一六〇〇）九月十五日の関ヶ原の戦いは、徳川家康率いる東軍の勝利に終わった。西軍を率いた石田三成は、伊吹山を目指し、落ち延びていく。東軍は翌日（十六日）には、三成の居城・佐和山城（近江国）に軍勢を進め、十八日にはこれを落としている（美濃の大垣城は二十七日に東軍に接収された）。

逃亡した三成を捕縛することも急務であったが、それは三成と同郷の武将・田中吉政に命じられた。三成は小者一人を連れて、越前方面に逃走したとの噂もあった。家康は京都北方や丹波でも三成探索を行うよう命じていた。その三成が捕縛されたのが、九月二十一日のこと。三成の逃避行や捕縛の状況を伝える一次史料はないが、一説によると、近江国（長浜）を転々とし、長浜で捕縛されたという。山中の洞窟で捕縛された、三成を匿《かくま》っていた者の家で捕縛されたなどさまざまな伝承がある。

捕縛された三成を家康は厚くもてなしたと言われている。捕まった三成の前を裏切った小早川秀秋が通ったとき、三成は「人を欺いて裏切ったことは武将の恥辱、末の世までも語り伝えて笑うべきことだ」と秀秋を面罵《めんば》したとされる。九月二十六日、大坂・京都を引き回された末、三成は京都六条河原で処刑されることになるが、処刑の直前、喉の渇きを癒すために勧められた干し柿を「痰の毒」として食さなかった逸話は有名である。三成の武将としての人となりと、不屈の闘志をそこから窺うことができよう。三成は安国寺恵瓊・小西行長と共に六条河原の露と消えた。享年四十一。

西軍の総大将格というべき毛利輝元は、大坂城にあったが、九月十九日に東軍の福島正則と黒田長政に書状を送っている（輝元は関ヶ原合戦前日の九月十四日に、西軍から東軍に寝返っていた）。輝元は手紙のなかで、二人が家康への仲介をしてくれたことへの感謝と、自分の領国を安堵された喜びを記している。また、九月二十二日には輝元は、徳川重臣の井伊直政と本多忠勝に血判起請文（誓約書）を送り、領国が安堵されることを条件として、大坂城西の丸を明け渡すこと、輝元は家康に二心はないことを伝える。

毛利輝元と徳川家康が和睦を結ぶに際しては「家康は輝元を疎略にしないこと」「輝元の忠節が明らかならば、領国の安堵」が約束されていた。輝元が仲介役の東軍武将や徳川重臣に前掲の内容の書状を送ったのは、輝元が家康を全面的に信じることができず、不安が残っていたからだろう。輝元は大坂城西の丸を退去することになるが、それを担当したのが、黒田長政と福島正則だった。

九月二十四日、輝元の西の丸退去は完了することになるが、輝元の不安は現実のものとなる。

輝元のこれまでの行動（石田三成らと共謀して大坂城西の丸に入ったこと、諸国に味方を募る書状を送っていること、どさくさに紛れて自己の権益を拡大させようとしたこと）が問題視されたのだ。輝元が西軍の総大将格であることは家康も以前からわかっており、戦後はこれを問題視しようと思っていたことだろう。つまり、輝元は家康にまんまと騙されたのである。

毛利家の処遇は、慶長五年十月五日に下された。それは「周防・長門の二ヶ国を与える」「輝元と秀就の命は助けること」というものだった。領国を安堵するという「約束」は見事に踏躙《にじ》られたのだ。毛利家は中国地方の大大名から転落することになる。輝元は出家し、家督を秀《ひで》就《なり》に譲る。

ある意味、関ヶ原合戦の要因、発端となったともいうべき会津の上杉景勝は戦後、どう対応し、どのような扱いを受けたのであろうか。家康が会津の上杉討伐のため、上方を出たことにより、西軍が蜂起したと言えるだろう。もし、家康が会津攻めのため出陣しなければ、歴史はまた変わっていただろう。

景勝が上洛しないことが会津攻めの理由となっていたが、慶長六年（一六〇一）七月一日、景勝はついに上洛のため、会津を立つ。そして、八月八日には、伏見にいる家康と対面する。上杉家への処分もなかなか厳しいもので、会津百万石は没収、米沢三十万石を与えるというものだった。家康に敵対した大名は大幅な減封となったのである。

一方、東軍方だった武将には、大きな加増が行われた。池田輝政は三河吉田十五万石から播磨姫路五十二万石へ、前田利長は加賀金沢八十三万石から同地百十九万石へ、加藤清正は肥後熊本十九万石から同地五十一万石へ、黒田長政は豊前中津十八万石から筑前福岡五十二万石へ、福島正則は尾張清洲二十四万石から安芸・備後四十九万石へというものだった。

そして、最も大きなことは豊臣氏の蔵入地二百二十万石が大きく減らされ、摂津・河内・和泉を中心とした六十五万石となったことだ。この削減により、家康は諸大名に論功行賞を行うことができたと言えよう。

関ヶ原合戦は「豊臣氏との戦いではない」とされたが、西軍諸将の領地没収と東軍武将への領地宛行が、家康の手によって行われていることは、家康が天下を実質的に掌握したことを示していよう。家康は大名への領地宛行に際して「領知朱印状」を出すことはなかったが、これはこのときの家康の立場が、未だ豊臣家の重臣であったからと言われている。ちなみに、家康が戦後、大坂城に入ったのは九月二十七日のことであった。

大坂の陣を予言した⁉　伊達政宗の慧眼

関ヶ原合戦の翌年（慶長六年＝一六〇一）三月下旬、徳川家康は大坂城西の丸を出て、京都の伏見に移った。家康は慶長十二年（一六〇七）に駿府に移ることになるのだが、それまでは、伏見が上方の拠点となる。家康というと、関東や江戸というイメージがあるかもしれないが、関西にも足を置いていたのである。

家康が伏見に移ったと聞いた伊達政宗は、家康の側近く仕えた茶人・今井宗薫に宛てて、次のような内容の書状を送った。四月十八日、四月二十一日に政宗は宗薫に書状を送っているのだが、そこには次のように書かれていた。

「大坂方の施策が、自分には理解できない。豊臣秀頼様はもちろんのことだが、その他の人々も、全く周囲の情勢への配慮がない。もし、再び、身上の定かでない牢人などが謀反を起こせば、とんでもないことになってしまう。そこで、秀頼様を伏見に移すか、それができないのならば、ご幼少のあいだは、江戸に移したらどうであろうか。ただし、もし万が一、世の中が乱れて変わって、誰かが大坂に入ったとしても、私が謀反などは起こさないように説くつもりです。

そして、たとえ、近江瀬田（現在の滋賀県大津市）から駿河までの大名が謀反に加わっても大丈夫です。後々まで安心かと思います。それにしても大坂方の施策は理解できません。私などはどのように言われても構いませんが、これは秀頼様のことを思ってのこと。少しでも危ないことが起これば、遠慮せずに申します。ここに書いたことは、本多正信（徳川重臣）にも詳しく書状で知らせています」

「我らが願うことは、秀頼様が幼少の間は、江戸か伏見などで、家康様の側に置き、おとなしく成人させ、その暁には、家康様のご判断で、処遇してもらうべきです。いかに太閤様（亡き豊臣秀吉）の子息であろうとも、天下を統治することができなければ、家康様の判断で、二、三ヶ国の進退（支配）を、秀頼様に任せるということにするのがよいのではないか。

大坂方をそのままにしておくと、やがて、世の中に悪人が現れ、秀頼様を主人とし、謀反を起こし、その悪人のために、秀頼様が切腹するようなことになれば、太閤様の亡魂にもよくないでしょう。私が家康様に信用があれば、直接言上したいが、余り信用がないので、貴方（今井宗薫）から本多正純あたりに、家康公のお耳に入るように取り計らってもらいたい」と。

政宗のこれらの手紙からは、亡き豊臣秀吉と、その子・秀頼を思う心があふれている。それとともに、政宗の先見性には驚かされる。まるで大坂の陣（一六一四、一六一五年）を予言しているかのようである。政宗は、秀頼が大坂にいることの危険性を説いている。秀頼を担いで、家康に「謀反」を起こす輩《やから》が出てくることを危惧しているのだ。

そうなれば、秀頼は切腹、豊臣家は滅亡してしまう。政宗は、秀吉の形見として拝領した短刀（鎬藤四郎《しのぎとうしろう》）を終生大事にし、それを徳川二代将軍・秀忠に献上するよう要請されたときは、猛烈に怒り、これを拒否したとの逸話があるが、前掲二通の書状からも、政宗の豊臣家に対する心情が理解できよう。豊臣家に対する思いとともに、同家が牢人どもに担がれて、反乱を起こしても、家康方には勝つことはできないという諦観も見ることができる。

政宗は、家康（または徳川方）に、秀頼を伏見か江戸に移すなど、なんらかの対策を講じなければ、いずれ、とんでもないことになりますよと提言しているようにも見える。政宗は政治情勢を冷徹に的確に見抜いていたのだ。

家康は、関ヶ原合戦後、豊臣家から所領を取り上げ、それを東軍諸将の恩賞として分配した。それにより、二百二十万石あったものが、摂津・河内・和泉の六十五万石、約三分の一に激減してしまったと言われている。所領は激減してしまったものの、すぐに豊臣秀頼の立場・地位が危険に晒されるということはなかった（それは先ほどの政宗の手紙からも読み取れよう）。

関ヶ原の合戦にしても、一応は東西両軍は、豊臣家を奉じて戦をしているのだ。例えば、東軍（徳川家康）VS西軍（石田三成、豊臣家）という構図ではなかった。戦前も戦後も、依然として豊臣家（政権）は存在し、諸大名にも一定の影響力はあったのである。家康にしても、関ヶ原合戦の恩賞給付を自らが出した文書ではなく、口頭に拠っている。これは、豊臣政権への配慮というべきだろう。

さて、関ヶ原合戦後の政治体制は「二重公儀体制」と一般的に呼ばれる。「関ヶ原合戦後の政治体制は、将軍職を基軸として天下を掌握しようとする徳川公儀（公儀とは政治を行う機関などを指す）と、関白職を基軸として将軍と対等な立場で政治的支配を行おうとする豊臣政権とが併存した」とし、これを「二重公儀体制」と呼んだのである。

徳川幕府が成立してからも、豊臣系諸大名や上杉景勝・前田利常など外様大名も、大坂城の豊臣秀頼に、祗候《しこう》（謹んでご機嫌伺いに上る）の礼をとっていたし、朝廷からの勅使、さらには親王や公家も大坂に派遣されていた。先ほど、秀頼の知行地が摂津・河内・和泉三国に激減したと述べたが、実は伊勢国や備中国ほか西国諸国に広範囲に分布・存在したとも言われ、そのことも豊臣家の「潜在力」を示していよう。

そのことを考えたとき、豊臣家が徳川家の「脅威」となる、もしくは対抗する存在であったことがわかる。だからこそ、伊達政宗は、将来、戦乱が起きることを憂慮したのである。

徳川家康の征夷大将軍就任

慶長八年（一六〇三）二月十二日、徳川家康は、朝廷から征夷大将軍に任命される。伏見城に勅使が携えた宣旨（天皇の命令を伝える文書）によって、家康は同時に従一位右大臣、源氏長者、淳和・奨学両院別当にも任じられた。ちなみに、源氏長者とは、源氏一族の氏長者を意味する。淳和院とは淳和天皇（平安時代前期の天皇）の離宮のこと。奨学院とは、大学別曹（平安時代以降、貴族が氏族出身の子弟のため設置した学問所）の一つのことだ。源氏長者は、淳和・奨学院の別当（長官）を兼ねるのが、先例だった。

家康以降、歴代徳川将軍は、征夷大将軍に任命されると、源氏長者などを兼ねることになる。これまで先祖が源氏であること、そして自身もそれに連なるものと、自己認識してきた家康にとって、征夷大将軍と源氏長者の就任は、大層喜ばしいことだったろう。

家康は慶長八年に入ってからでも、朝廷（天皇）に鯨・蜜柑桶などを進上していたが、将軍宣下以降も、海鼠腸《このわた》の桶（二月十四日）、鷹の雁（三月一日）、鶴（六月十日）などを献上している。三月二十一日、家康は新築の二条城に入り、同二十五日には御所に参り、後陽成天皇に拝謁、将軍任官の御礼を述べ、多くの礼物を捧げた。家康の二条城滞在中には、朝廷の人々だけでなく、諸大名も続々と祝いを言上するため駆けつけた。

家康の将軍就任によって、ガラリと変わったことがある。それは、豊臣秀頼への祗候だ。将軍任官以前は、諸大名は、例えば歳首（年始）を賀《が》すため、大坂城の秀頼のもとに祗候していたが、それは家康も同様であった。しかし、将軍任官以降、家康は秀頼に祗候することはなくなったのである。これは、家康自身が、将軍に任官されたならば、もはや、秀頼への祗候は必要ないと考えたからだろう。家康は、将軍任官によって、豊臣政権の大老の地位を脱したと感じたのではないか。徳川家（家康）を頂点とする別の支配体制（徳川公儀）がここに成立したのである。

一方、豊臣秀頼も、同年（一六〇三）に正二位・内大臣に任命されている。前年には、秀頼が関白に、家康が将軍に就任するのではないかとの噂が人々のあいだに流れていた。

こうしたなかで、家康は豊臣家との結び付きを深めようとする。自身の孫・千姫（徳川秀忠とお江の娘）と秀頼の婚儀を敢行しようとしたのだ。慶長八年五月、千姫は母・江と共に上洛。一方、大坂からは大蔵卿局（秀頼の母・淀殿の乳母）が近江国（滋賀県）まで出向き、千姫を出迎える。七月三日には、家康が上洛し、十五日には伏見城に入る。そして、七月二十八日に、秀頼と千姫の婚儀が行われたのである。秀頼十一歳、千姫七歳であった。二人の婚儀は、伏見城で行われ、その後、千姫は大坂城に入ることになる。

さて、家康は将軍任官二年にして、将軍職を子息の秀忠に譲る（一六〇五年四月十六日）。秀忠は、将軍就任と同時に正二位・内大臣に任官した。秀忠は十万以上の大軍でもって上洛するが、そのなかには、多くの有力大名も従っていた。家康は、秀忠の将軍就任を祝えと、豊臣秀頼に上洛を要請するが、秀頼の母・淀殿は断固としてそれを拒否。そのようなことをするなら、秀頼を殺し、自らも自害すると息巻いたのである。上洛命令は、淀殿にとっては屈辱だったのだろう。徳川家と豊臣家のあいだに隙間風が吹き始めたと言えよう。

徳川VS豊臣――普請をめぐる攻防

慶長八年（一六〇三）二月十二日、徳川家康は、朝廷から征夷大将軍に任命された。これ以降、家康は大坂の豊臣秀頼のもとに祗候することはなくなった。

しかし、徳川家と豊臣家が決定的に決裂したとか、対立したというわけではなく、家康の孫・千姫が同年七月に秀頼のもとに嫁いでおり、両家は縁戚となり「一体化」が期待されたが、その一体化への期待は、慶長十年（一六〇五）、家康の子息・徳川秀忠が新将軍に任命され、その将軍襲職を祝うため上洛するよう秀頼に申し入れたときにヒビが入る。

申し入れは、豊臣秀吉の正室・北政所を通して行われたが、秀頼の生母・淀殿が激怒し、蹴ったのだ。大坂は騒然となったが、秀忠の名代として、松平忠輝（家康六男）が秀頼に挨拶に出向いたことで、一応は収まりを見せた。

家康は慶長十二年（一六〇七）七月に駿府に移ることになるのだが、その前には、駿府城の普請が行われた。家康は全国の大名に、石高に応じて、五百石につき一人の人夫を提供（五百石夫）するよう指示を出す。前年には、江戸城の普請も行われていた。

江戸城普請は、全国の大名を動員して行われたが、これには加藤清正や福島正則など多くの豊臣系大名も含まれていた。全国の大名を普請に動員することにより、将軍に臣従させる目的があったのだろう。この江戸城普請には、普請奉行のなかに、二名、豊臣秀頼の家臣が含まれていたという。水原吉勝、伏見貞元がそうである（他は、家康の家臣、秀忠の家臣など）。

全国の諸大名を動員したと言われる江戸城普請であるが、豊臣秀頼はその対象ではなかった。家臣を普請奉行として参加させ、徳川の城の普請を差配する立場であったのだ。江戸城の普請は、秀頼の同意と協力のもとに遂行されたと見ることもできよう。

さて、家康の居城となる駿府城普請のことであるが、この「公儀普請」には、秀頼の領内（豊臣蔵入地＝直轄地）も対象となったが、大坂方は駿府城普請のために人夫は提供していない。家康（徳川方）は、城郭の普請に諸大名を動員することによって、大名への影響力を強化しようとしたが、名古屋城普請（慶長十五年＝一六一〇年）もそうであった。

豊臣秀頼が、名古屋城普請に参加する稲葉典通（豊後臼杵城主）に労いの言葉を書状にして送っていることを「秀頼は、名古屋城普請が徳川方の思惑から開始されたものであり、大坂方にとっては不利な状況であったことに、まったく気づいていないようである」とする見解もある。秀頼はこのとき、十七歳。今で言うと高校二年生の年齢。徳川方の思惑にどこまで気が付いていたかは確かに心許ないが、仮に気付いていたとしても、どうすることもできなかったのではないか（このときの秀頼に、そこまで求めるのは酷であろう）。

また、江戸城・駿府城普請の時の豊臣・徳川方の対応を見ていると、城の普請に関して、豊臣方がそこまで警戒するような状況は醸成されていなかったようにも感じる。とは言え、大坂方も何もしなかったわけではない。

同じ慶長十五年（一六一〇）二月、大坂方の片桐且元は、徳川方の金地院崇伝と京都で会談するが、そこでは、方広寺大仏造立のことが話し合われたようである（京都方広寺の大仏殿造営は、同年六月開始）。慶長十三年（一六〇八）にも、方広寺大仏殿に関しては、材木の調達が、片桐且元から土佐国の山内忠義に依頼されている。材木調達は家康も了解したものであった。

慶長十三年というと、家康の駿府城普請が行われた翌年である。大坂方が、徳川方の駿府城普請に対抗しているようにも見えて興味深い。また、慶長十五年は豊臣秀吉の十三回忌であり、大坂方は、豊国祭（臨時大祭）を八月に開催したいと考えていた。崇伝に会う前、片桐且元は駿府を訪問しているが、家康にそのことを相談するためだったと思われる。

大坂方と大名との交渉や交流には、片桐且元が多く関与したと言われるが、徳川との接触もよく見られる。同年五月中旬にも、且元は大坂から駿府に赴き、家康と面会している。家康はお茶などを振る舞ったようで、且元を丁重にもてなした。且元はその後、江戸に向かい、二代将軍の徳川秀忠と面会している（五月二十五日）。

秀忠からは「三百俵」の飯米を贈られたようだ。且元には、毎日のようにお茶が出され、お酒もかなり提供された。且元は、これには少し面倒だったようだ。しかし、秀忠の奉行衆はとても愛想が良いとも書状（朽木元綱宛）で述べている。徳川方は且元を接待攻めにして「懐柔」しようとしているようにも見える。そして、且元もそれに対して、満更でもない様子だ。これをもって、この時点で「且元は明らかに徳川方に懐柔されていた」と断言していいかは少し疑問ではあるが、その兆候は窺うことはできる。

話が前後して恐縮であるが、慶長十三年（一六〇八）二月、秀頼は疱瘡（天然痘）を患う。秀頼の病気平癒のため、醍醐寺や北野天神社などに祈祷が依頼されたが、大名のなかには、こうした祈願儀式に献金しようとする者もいた（紀州の浅野氏など）。

かなり危険な状態にもなった秀頼だが、医師の懸命な看護により、体調は回復する、大名のなかには、大坂に見舞いの使者を派遣する者もいた。その見舞いに関して、感謝の意向を表す書状を大坂方は出している。大坂方（秀頼）は、諸大名に対して一定の影響力を持っていたことは、秀頼の疱瘡罹患への大名の対応を見てもわかる。

二条城会見で家康は秀頼を臣従させたのか？

慶長十六年（一六一一）三月、徳川家と豊臣家の関係を考えるうえで、大きな出来事が起こる。徳川家康と豊臣秀頼の京都二条城での会見である。家康が秀頼に上洛を要請するのは、これが初めてではなく、慶長十年（一六〇五）にも北政所（豊臣秀吉の正室）を通じて行われたが、秀頼の生母・淀殿の拒否により叶わなかった。

今回（一六一一年）、二人の対面に向けて奔走したのは、織田有楽斎《うらくさい》（織田信長の弟。豊臣家家臣）だった。『当代記』には、織田有楽斎が家康のもとに派遣されたことが記されている。また、加藤清正や浅野幸長らも家康の頼みにより、奔走したようである。家康の目的達成に向けた熱意が伝わってくるが、ここまでされたら、秀頼（大坂方）としても断る術はない。なにより、家康と秀頼は縁戚、秀頼の妻・千姫は家康の孫なのである。

さて、家康の上洛目的は、秀頼と対面したいということもあったが、即位の礼に参列することだった。後陽成天皇が後水尾天皇に譲位されることになったからである。後陽成天皇の譲位は、同年三月二十七日に行われた（後水尾天皇の即位は、四月十二日）。家康は、二月二十六日には、上洛途上の規定を定めている。供の者の脇道を禁じ、放談・高笑い・大酒・遊興を禁じたのだ。そして、三月六日に駿府を立った。三月十七日には京都に到着、二条城に入る。

翌日には、武家伝奏《ぶけてんそう》（朝廷と幕府の間の連絡にあたった朝廷の職名）の広橋兼勝と勧修寺光豊が二条城に来訪。家康は彼らに、上洛の目的（将軍・徳川秀忠の名代として即位の礼の沙汰を行うこと。徳川家の祖・新田義重に鎮守府将軍、自らの父・松平広忠に大納言の官を贈ってほしい）を告げた。

家康の後者の要望は三月二十二日に叶えられ、新田義重に鎮守府将軍、松平広忠には権大納言が贈位された。三月二十三日、家康は紫宸殿《ししんでん》にて天皇と対面、家康は天皇に銀百枚などを献上した。その四日後、譲位が行われ、後水尾天皇が誕生する。その頃、豊臣秀頼は大坂を立ち、淀に到着。家康の子息・義直・頼宣、池田輝政や加藤清正が秀頼を出迎える役目をした。

秀頼の上洛は、秀吉が亡くなった翌年の慶長四年（一五九九）正月、伏見から大坂に移ってから初である。秀頼が大坂を立つとき、その場所に「後光がさした」（『当代記』）という。

三月二十八日、いよいよ、家康と秀頼対面の日である。秀頼は片桐且元（豊臣家臣）の京都屋敷で衣装を改め、二条城に入った。家康は秀頼を庭まで降りて出迎えた。これに秀頼は丁寧な礼を述べたという。家康がまず御殿に入り、秀頼を庭から御殿に上げた。ここで、家康は秀頼を先に「御成之間」に入れ、その後、家康が登場、家康と秀頼が対等の立場で礼をしようと提案したが、秀頼はそれを固辞。家康が「御成之間」に参ることになった。お互いが上席を譲ろうとしたが、最後には秀頼が家康に上席を譲ったのだ。

美麗な料理でもてなすこともできたが、それではかえって打ち解けないと思い、料理は吸い物が出ただけであった。このとき、北政所も二条城に来ており、相伴した。秀頼から家康に、太刀・金子などが贈られた。家康は秀頼に鷹・馬が贈られた。会見終了後、秀頼は豊国神社に参詣し、方広寺大仏殿の普請を見学してから大坂に戻る。

家康と秀頼の二条城での対面は、概ね次のように評価される。「この対面は秀頼の家康への臣従を思わせるものだった」「家康が秀頼を二条城に迎えて挨拶を行わせたことにより、天下に徳川公儀が豊臣公儀に優越することを知らしめる儀式であった」と。

確かに、家康は会見において秀頼に配慮をしてはいる。「御成之間」に秀頼を先に入れようとしたこともそうだ。しかし、秀頼はそれを受け入れるわけにはいかない。立場は家康のほうが上位だからだ。家康もそのことはよく理解しており、自発的に秀頼が自ら（家康）に挨拶（拝礼）するよう仕向けたとも言えるだろう。

その一方で、このような見解を否定する向きもある。家康は秀頼を庭上まで出迎えている、これは最高の礼遇だ。「臣従の強制」などではないというのだ。秀頼の家康への拝礼にしても、秀頼が自発的に行ったものであり、臣従礼ではなく「舅《しゅうと》に対する孫婿の、従一位（家康）に対する正二位（秀頼）の者の謙譲の礼」だとする。

二条城会見は、秀頼の家康の臣従、もしくは臣従を思わせるものだったのか。この問題を考えるうえで参考になるのが、同年四月十二日の家康の行動である。同日は、後水尾天皇の即位礼が紫宸殿で執り行われたが、家康はそれを拝観。その後、家康は在京の諸大名（二十二名）を二条城に集め、三ヶ条のことを誓約させた。それは「源頼朝以後、代々の将軍家が定めてきた法式を奉じ、江戸の将軍・秀忠の法度を堅く守ること」「法度に背き、また上意を違えた者は、それぞれの国に隠し置いてはならない」「抱え置く侍が反逆・殺害人であることを告げられたならば、その者を抱えないこと」という内容だった。

この三ヶ条は「慶長十六年の三ヶ条誓詞」と言われ、武家諸法度の先駆とも言われている。

細川忠興・池田輝政・福島正則・島津家久・黒田長政・松平忠直・藤堂高虎ら、北国や西国の大名（ほとんどが外様大名）が誓約している。この三ヶ条誓詞に、豊臣秀頼は署名していない。よって、秀頼は他の大名とは「別格」であり、徳川の支配に組み込まれていないとも指摘できよう。

このことについても、三ヶ条の法令については、秀頼を臣従させるのが目的ではなく、全国の諸大名を臣従させるのが目的であった。そうすることによって、秀頼は間違いなく孤立する。婉曲的な方法ではあるが、効果は高かったと考えられる。ここにも秀頼を孤立させようとする、家康の周到な準備があったとの指摘もある。

こう指摘する人でも、秀頼は別格であり、諸大名との扱いと異なるとの見解には「賛成」と述べている。よって私は、二条城会見でもって、秀頼が家康に「臣従化を余儀なくされた」との理解は当たらないと感じる。もちろん、そのことと、秀頼の孤立が深まろうとしていることとは別問題である。

豊臣家を追い詰める方広寺大仏殿鐘銘問題

慶長十六年（一六一一）三月、徳川家康は豊臣秀頼と二条城で会見した。今後、徳川と豊臣との関係がどうなるのか。人々の不安が解消されたわけではないが、無事に会見が終わったことはめでたい、これで天下泰平になったとする声も聞かれた。

しかし、そうした声を打ち消すかのような事件が慶長十九年（一六一四）七月に起こる。有名な方広寺鐘銘事件である。方広寺は、京都市東山区にある天台宗寺院。豊臣秀吉によって三年がかりで造営され、天正十七年（一五八九）に完成していた。僧侶・木食応其《もくじきおうご》が開山となった。文禄四年（一五九五）には大仏殿も完成し、そこには金箔で彩色された木造の大仏が安置される。

ところが、慶長元年（一五九六）、いわゆる慶長の大地震により、大仏殿は倒壊してしまう。豊臣家ゆかりの寺院である方広寺大仏殿の再建を志したのが、秀吉の子・秀頼であったが、再建途上で火災により消失する。それでも諦めずに、再建に取り組む秀頼。慶長十四年（一六〇九）から再建の準備に入り、翌年に工事開始。慶長十七年（一六一二）に大仏が完成。大仏殿が再建されたのは、慶長十九年のことだった。

大仏殿の再建は、亡き父・秀吉の追善供養ということもあるが、豊臣家の威信をかけたプロジェクトとなっていた。後水尾天皇との勅定（天皇の決定）まで得て、同年（一六一四）八月三日には、大仏の開眼供養が行われることになった。七月上旬には、秀頼の使者が大坂から駿府の家康のもとに遣わされ、秀頼からの進物（金・太刀・馬）が献上された。この時点では、徳川と豊臣のあいだに、方広寺をめぐっての対立は起きていない。

だが、七月二十一日、家康は、崇伝（臨済宗の僧侶）と板倉重昌を呼び、方広寺大仏殿の鐘銘は「徳川方にとり不吉な語句がある。上棟の日も吉日ではない」と怒りを見せるのだ。方広寺の梵鐘に刻まれた言葉が家康を立腹させ、問題となったのだ。

その言葉は「国家安康」「君臣豊楽」。「国家安康」は国の政治が安定していることを意味する。「君臣豊楽」は、君主から民衆に至るまでが豊かで楽しい生活を送るという意味で、どちらもとても縁起が良いように思う。家康はそれを不吉と捉えた。「国家安康」は「家康」の二文字を分断している、「君臣豊楽」は「豊臣」を君主として楽しむ意味ではないかと疑ったのだ。

同年八月三日、二代将軍・徳川秀忠は、方広寺大仏殿の再建供養を延期することを命じる。このことに、天下の人々が驚き、騒ぎになったという。徳川と豊臣のあいだに衝突が起こるのではないかと懸念したのだ。

大坂方の片桐且元は、八月三日に開眼供養と堂供養を行いたいと申し入れた。八月十八日には、豊国神社で臨時祭（秀吉の十七回忌）が行われるからであった。しかし、徳川方の主張に変化は見られなかった。大仏開眼供養などを延期し、吉日を選び、行うよう要請したのだ。八月十三日、片桐且元は、秀頼の命により、駿府に赴く。且元は、応対した崇伝と本多正純に対し「秀頼から家康・秀忠に対し、叛逆の意思はないとする起請文を提出しよう」との提案が出される。しかし、家康はそれを拒否する。且元は、約一ヶ月もの間、駿府に滞在したが、解決策を見出すことができず、大坂へ戻ることになる。

且元の足取りは重かったに違いない。徳川方からは鐘銘問題とは別に、次の三ヶ条の案が持ちかけられていたからだ。その案というのは「豊臣氏は大坂城を明け渡して国替えすること」「豊臣氏は、他の大名と同じく江戸に屋敷を持ち、住むこと」「それらが不可能ならば、淀殿（秀頼生母）を人質に出すこと」というものであった。

それにしても、徳川方（家康）はなぜ、突然このようなことを言い出したのか。それは、大坂方が軍備増強をしている、よってそのような態度を改め、淀殿が江戸か駿府に住むならば、秀頼は今後長く生きることができようとの理由からであった（『駿府記』）。

そうした理由から、家康は先の三ヶ条提案をしたのだ。秀頼らがもし「野心」を改めなければ、天下の軍勢が大坂城を攻め落とすであろうという家康の強硬な態度。大仏殿をめぐる騒動で、秀頼らが徳川氏に謀反を起こすのではないかとの話もあり、家康は警戒していたのかもしれない。且元が大坂に戻った九月十八日、大坂方にこの三ヶ条が示された。もちろん、秀頼や淀殿がこのような提案を呑めるはずはない。秀頼と淀殿は不快になり、秀頼は、片桐且元を殺せと命令を出したという。

殺害指令を知った且元は、大坂城内の自邸に籠もるが、そこを大野治長らの軍勢が取り巻いたと言われる。片桐家の者たちは、屋敷に籠もり、一戦する覚悟であったが、且元は「攻めてくる者に矢を放ってはならない。しかし、屋敷の壁を登る者あらば、槍の柄で退けても良い」との命令を出している。秀頼に敵対する気持ちは毛頭ないことを示そうとしたのだろう。

一触即発の事態だが、且元らが大坂城を出て高野山に登り出家するということで、一戦は避けることができた。十月一日、且元は大坂城を退去する。且元が去ったあとは、大野治長が大坂方の主導権を握ったという。

且元は秀頼の家老として、徳川との交渉を担ってきたが、その一方で、徳川から加増を受けて、大和竜田二万八千石の城主となっていた。その且元を討伐することは、家康の家臣を討つのも同じ。且元殺害計画は、家康に秀頼を討つ口実を与えることになった。方広寺の鐘銘・大仏開眼供養に関する流れを見ていくと、家康は明らかにこの問題を利用しつつ、豊臣家に圧力を加えていることがわかる。大坂冬の陣は目前であった。

家康が大坂攻めを決断した理由

慶長十九年（一六一四）十月、豊臣秀頼に家老として仕え、徳川家康との交渉を担ってきた片桐且元が大坂城を去った。京都方広寺の鐘銘をめぐる問題（同年七月）から、徳川方は急に「秀頼が大坂城を出て他国に移るか」「淀殿が江戸に在府するか」との提案を突きつけてきた。この提案は、豊臣方にとっては受け入れ難いものだった。淀殿の乳母を務めた大蔵卿局は、駿府にて「豊臣家には異心はない。淀殿に安心するよう伝えてほしい」という家康の言葉を伝えられていた。

家康の意を受けた本多正純と金地院崇伝は、片桐且元と大蔵卿には別々に会い、別の内容を両者に伝えていたのである。受け入れ難い徳川方の要求を持ち帰った且元に、秀頼や淀殿、そして大坂城の強硬派も不快感を抱いた（一説によると、前掲の提案は徳川方が考案したものではなく、且元自らが大坂に帰る途中で考案したとの見解もある）。且元は裏切ったとして、彼を殺そうとしたのだ。よって、十月一日に、且元は大坂城を退去したのである。

九月二十五日には、家康のもとに、淀殿の怒りを買い、討たれる状況だとの報告が且元から届いていた。十月一日には、京都所司代の板倉勝重からも、大坂城強硬派による且元殺害計画が家康に報じられた。家康はこの日、大坂攻めを決意。近江・伊勢・美濃・尾張・三河・遠江の諸将に陣触れを出した。且元は徳川と豊臣に両属していた。家康から見たら、豊臣が且元を討つということは、家康の家臣を討つに等しい。豊臣方が且元を追い詰めたことは、開戦の口実になってしまったのである。

家康の陣触れより前に、豊臣方も近く開戦になると踏んでいたようで、秀頼は薩摩の島津氏に対し「大坂方に参陣することを依頼」していた(九月二十三日)。この勧誘に対し、島津氏は「家康様の尽力で所領を安堵してもらったので、大坂方の味方になることはできません」と拒否の姿勢を示した。豊臣方は、秀吉恩顧の大名だけでなく、幅広い勧誘を展開した。黒田長政、藤堂高虎、蜂須賀家政、福島正則、細川忠興、前田利常、伊達政宗などだ。しかし、豊臣方の要請に応じる者はいなかった。

大名に参陣を要請する一方で、秀頼は徳川方に対し、弁解の書状を送っている。例えば、片桐且元とのゴタゴタの件については「今回、且元が駿府から大坂に戻って来て、自らの屋敷に軍勢を集めるという不届きなことをしている。このことは、とても書状では説明できませんので、使者が口頭で申し上げます。この使者を駿府と江戸に送りますので、このことはその者から聞いてください」と京都の板倉勝重に書き送っている。

また、家康による大坂攻めの布告が出て以降の十月九日には「今回、且元が私に数々の不届きなことを申しました。よって、且元を処罰したところ、家康様が大層、立腹され、近日、こちらへ出陣されるとのこと。しかし、それは全くの考え違いにございます。私は、家康様、秀忠様に叛逆するなどの野心は持ってはいません。このことは、よく申し上げます」との書状を秀頼は各所に送付していた。

しかし、片桐且元の大坂退城後、豊臣方は徳川方の来襲に備え、守城の準備に入った。多くの金銀で、米穀を購入し、武具を大坂城に配備したのである。大坂城下の周辺も壁で覆われたという。前述のように、大坂方の加勢要請に応じる諸大名はいなかった。代わりに、大坂方が頼ったのは、多くの牢人たちであった。「日用」――つまり、決まった主君に仕えず、日雇いのような形で、戦に参加しようとする者たちもいた。なかには、百姓もいたようだ。

彼らは「来年のいつ頃までと約束」をして、大坂城に入ってきたとのこと。大坂方は、九月六日と七日に、京都にいた牢人の長宗我部盛親・後藤又兵衛・仙石秀範・明石全登《あかしてるずみ》・松浦重政その他、無名の牢人千人余りを金銀で雇用し、籠城させたという（『駿府記』）。

また、十月六日、七日頃には、真田信繁（幸村）ら有名な牢人が続々と大坂城に入城したようだ。籠城の総数は「十二～十三万人」、そのなかの約一万二千が馬上の武士、約七万が徒歩の武士、雑兵約六万との説もある。約十三万の軍勢というのは、多すぎるかもしれないが、十万ほどの軍勢が籠城したと考えられる。

片桐且元が、大坂城で徳川方の条件を示したのが、九月十八日。九月上旬に、豊臣方が多くの牢人を雇用したのが本当だとすると、そうした行動が家康から「軍備増強」だとして問題視されたのだろう。

それはさておき、豊臣軍の主力となったのは、関ヶ原の戦いで敗れ、牢人となった者たちだった。長宗我部盛親（元親の子）などは、かつては土佐一国の国主であった。関ヶ原の戦いで西軍につき、最終的には改易。京都で牢人生活を送りつつ、長宗我部家再興を夢見ていたのだ。盛親は、豊臣秀頼から土佐一国を与えるとの条件を提示され、大坂城に入ったという。渡りに船だったと言えよう。

後藤又兵衛基次は、播磨国の出身で、黒田家に仕官していた。が、当主の黒田長政（官兵衛の子）と仲違《なかたが》いし、同家を出奔。牢人生活を送っていた。真田信繁は、講談本の世界では「幸村」として有名だが、彼もまた関ヶ原合戦においては、父・昌幸と共に西軍に加勢した。信州・上田城に籠城し、戦地に向かう徳川秀忠の軍勢を散々に撃退したことは有名である。戦後は、助命嘆願により、高野山麓の九度山に幽閉、失意の日々を送っていた。

長宗我部盛親は五千人、後藤又兵衛は六千、真田信繁は六千人の軍勢でもって入城したと言われる。真田の軍勢は、幟・指物・具足は「赤」で統一され「真田の赤備え」と称された。信繁には「五十万石を与えよう」との約束があったという。

大坂冬の陣──開戦への道

慶長十九年（一六一四）十月一日、徳川家康は、大坂攻めを決断し、諸将に陣触れを出した。同月四日には、徳川義直と頼宣を先発させ、自らは十一日に駿府を立つ。江戸の二代将軍・徳川秀忠は、同月二十三日に五万の大軍を率いて出陣する。家康は途上において何度か鷹狩を行っているが、私にはそれが家康の「余裕」を思わせる。もちろん、鷹狩は、軍事訓練の側面を持っていたから、路次での鷹狩は訓練の一環だったのかもしれない。

十月二十三日、家康は上洛し、二条城に入る。この日、秀忠は江戸を立つが、本多正純に書状を送り、自分が到着するまでは戦端を開かないよう家康に言上するよう求めている。秀忠は十一月十日に京都伏見城に入り、翌日、二条城の家康と対面する。十三日に、大坂へ出馬する予定であったが、金地院崇伝から十三日は悪日であるとの知らせで、十一月十五日に延期となったという。

十五日、家康の率いる軍勢は、京都を発し、奈良に入り、そこから大坂方面に侵攻する。一方、秀忠軍は、枚方を経由して河内口から大坂へ入った。十一月十八日、両者は茶臼山に会し、大坂城攻めの軍議を、藤堂高虎や本多正信を召して行う。翌日には、住吉で再び秀忠や諸将（本多正信・本多正純・藤堂高虎・安藤直次・成瀬正成）と評定を開催。淀川の本流を堰《せ》き止めて、大坂城の廻りの水を涸れさせ、四方から城攻めをすることになったという。

翌日（十一月十九日）、いよいよ開戦を迎えることになるのだが、対する大坂方（豊臣方）は、どのように敵（徳川方）を迎え撃とうとしたのか。

開戦後の大坂城内は、武者姿の者が昼夜を問わず、城内を警備していたと言われる。軍勢の指揮官は、木村重成・後藤又兵衛・明石全登・長宗我部盛親・毛利勝永らであり、高名な牢人らが軍勢を統率していたのだ。華麗な出で立ちの女武者を引き連れた者もおり、居眠りする者がいたら、その女武者に命じて、打ち捨てたという。居眠りしたくらいで打ち捨てたとは、とても信じられないが、城内の緊張感は伝わってくる。

大野治長が「大将格」であったようで、城内でも乗り物に乗り、動いたという。彼の弟（大野治房《はるふさ》と治胤《はるたね》）は夜に警護をすることもなかったようだ。大野兄弟がかなり「優遇」されていたことが推測される。大野治長は、淀殿（豊臣秀吉の側室。秀頼の母）の乳母（大蔵卿局）の子であった。

長年、徳川との交渉を担ってきた片桐且元が大坂城から追放されたあとは、開戦派（強硬派）

の彼が主導権を握っていた。『駿府記』には「大坂方の軍勢をすべて淀殿が指揮したので、大坂方の全ての軍勢が呆れた」との話があるが、同書は家康の動静を記した徳川方の記録であって、どこまでが本当かはわからない。誇張もあると思われる。

牢人を雇用することは、且元の時代にも行われていたのだが、治長が主導権を握ることによって、それが表面化。治長の台頭と軍備増強の表面化が、家康に開戦の口実を与えてしまったのだ。家康は、島津氏や毛利氏、その他、中国・四国の大名が、大坂方に加勢することを心配していたと言うが、家康が素早く大坂攻めを決断した背景には、豊臣秀頼方の広範な大名勧誘があったと思われる。

秀頼は、伊達政宗にも大坂方として参陣するよう求めたが、政宗は「家康様・秀忠様への御恩」を主張し、勧誘を拒否、使者を逮捕までしている。政宗は豊臣秀吉を尊敬し、秀頼の行く末を案じていた大名であったが、その彼でも「秀頼とは同じ考えを持つことはできない」として、参陣を蹴ったのだ。

大坂方は徳川に勝つことはできないとの冷静な判断もあったと思われるが。秀頼からの勧誘は諸大名に対して行われたが、応じる者はいなかった。大坂方に軍勢を送るとの噂があったのは島津氏であるが、同氏も豊臣方に付くことはなかった。細川忠興などは、前述の噂を聞いて「よく考えてもいいのではなかろうか」と書状を送り、島津氏の大坂方出陣を思い止まらせようとした。豊臣秀吉恩顧の大名として有名な福島正則さえも「秀頼様の対応に不満」があることを表明している（『駿府記』）。正則は大坂方に加わる意思のないことを示すため、自らの軍勢を国に引き上げさせ、嫡男が大坂攻めに加わることを明らかにした。

このような状況では、いかに牢人が多数加勢しようと、大坂方が勝てる見込みはなかった。しかし、豊臣方には、大坂城に籠城すれば、自分たちに味方する大名が続出するに違いないという「楽観論」があったという。確かに、豊臣方に味方する大名がある程度現れたならば、籠城戦も有効だったかもしれないが、多数派工作に敗れた今、それは期待できない。「夢のまた夢」に終わるであろう。

それでも、大坂方に味方する者が皆無ではなかったようで、堺の町人などは、煙硝千斤を大坂方に献上したという。大坂方の赤座直規などは軍勢三百を率いて、堺に赴き、武器を徴発した（十月十二日）。

当時の堺奉行は、徳川方の芝山正親であったが、このような大坂方の動きに抵抗できず、岸和田に逃れていた。十一月十九日に大坂冬の陣は開戦と書いたが、既にそれ以前から戦いは始まっていたのである。大坂方は、軍需物資の補給路として重要な港湾都市・堺を確保したのだ。

十月二十日には、大坂から金銀で雇用された者が二条城周辺の民家に放火したという（『駿府記』）。また、大坂から山伏六十名が送り込まれ、二条城周辺に放火を企てたといい、そのうち、二十名が捕縛された。豊臣方に味方する町人たちは、大坂やその周辺の町に火を放ったともいう。

豊臣方の手の者が、十月下旬の段階で、京都に進出し、不穏な動きを見せていたのだ。上洛途上の家康を狙おうという者もいて、その者は捕まった（『駿府記』）。前述の放火が真に大坂方の手の者によるものかは不明である。想像を逞しくすると、徳川方の「自作自演」の可能性もあるし、徳川の大坂攻めを正当化するために「創作」された可能性もあろう。

激闘！　大坂冬の陣——徳川方の連戦連勝ではなかった？

慶長十九年（一六一四）十一月十八日、徳川家康は、大坂城攻めの評定を開いた。そしてついに翌日、大坂冬の陣が開戦となる。大坂方（豊臣方）は、大坂城に籠城することになったが、それは、織田有楽斎（信長の弟）と大野治長の主張が通ったことによる。

兵糧や軍備にも不足はない、城は堅固な名城、容易に攻め落とせるものではないとの楽観論もあった。とは言え、実際の戦闘は、すぐに籠城戦になったわけではない。大坂城から東北へ二キロメートルの鴫野《しぎの》・今福にて、徳川方の佐竹義宣・上杉景勝軍と、大坂方の木村重成・後藤又兵衛の軍勢が激突したのである（十一月二十六日）。

今福において、大坂方は柵を設け、守備していた。同日未明、今福の地に佐竹軍が攻め込み、鴫野には上杉軍が攻撃を仕掛けた。戦いは午前六時頃から始まり、午後一時頃まで続いたようだ。後藤又兵衛の軍勢は、百余りの、木村重成の軍勢は五十余りの敵首をとったという。敵首は大坂城の桜馬場に晒された。徳川方は、大坂城の東の今福に攻撃拠点を築こうとしたが、緒戦では敗れた形になった（今福は、淀川と大和川が交わるところであり、要衝の地であった）。大坂方の木村重成は、二十代前半の若武者であり、自ら槍をとり、進撃したという。そのため、兵士の士気が上がり、敵を討ち取ることができたとの話もある。

もちろん、一方的に大坂方が勝ち続けたわけではなく、佐竹義宣（徳川方）自らも太刀を取り、進撃したことで敵を撃退することもあった。また、上杉景勝の軍勢も加勢したこともあり、大坂方の将兵も討たれた。上杉軍の救援により、さすがの大坂方（後藤又兵衛・木村重成）も大坂城に退却せざるを得なくなった。最終的には鴫野・今福の砦は落ち、徳川のものとなったのである。

今福・鴫野の戦い以前にも、既に両軍は戦闘状態となっていた。十一月十九日の木津川の戦いだ。同地には、大坂方の木津川砦があった。砦は大野治長が築き、明石全登が守備していた。

この木津川砦を攻めたのが、徳川方の蜂須賀至鎮（阿波十八万石の大名）だった。

徳川方としては、木津川口を確保し、水上補給路を掌握しようとしたのだ。深夜に三千の兵でもって攻め込む蜂須賀軍。船四十隻も攻撃に動員していた。水陸両方から、砦を攻めたのである。木津川砦を守る明石勢は八百と言われており、しかも攻撃当日は守将の明石全登は留守で、弟が守備を担っていたという。夜襲と火攻めにより、明石勢は混乱、砦は陥落する。軍勢が少数ということもあり、砦が容易く陥落したのも当然であった。

蜂須賀軍は、続く博労淵砦《ばくろうぶちとりで》（木津川の中洲）における戦いでも奮戦する。博労淵砦を守るのは大坂方の薄田兼相。十一月二十九日未明、蜂須賀至鎮は、これまた水陸両面から砦への攻撃を開始。このとき、守将の薄田兼相《すすきだかねすけ》は、神崎の遊女屋に出向いて不在であったため、大坂方は混乱し、敗走することになる。

薄田は、力強く、武芸にも秀で、豊臣秀頼にもしものことあらば、自分以上の者はいないと日頃から公言するほどの自信家であった。その自信家が前述のような失敗。薄田は遊女と語らい、飲酒し、寝てしまったことにより、戦に間に合わず、多くの兵士を死なせてしまった。このことから「橙武者《だいだいむしゃ》」と軽蔑されることになる。橙は果物のなかでも、大きく、香りも良い。しかし、正月の飾り以外には役に立たない。見掛け倒しということだろう。薄田にすれば屈辱だったろう。

　さて、木津川口と博労淵を押さえたことにより、徳川軍は更に有利となった。大坂方からみれば、海上補給の途が経たれ、徳川軍の背後を突くこともできなくなり、籠城戦へと追いやられていくのであった。同日には、池田忠雄（徳川方）が野田（大阪市福島区）を落とし、九鬼守隆も下福島を取った。大坂方は、船場や天満に火を放ち、大坂城に退いていく。

　十一月二十五日、浅野氏の陣営に潜入する男を徳川方の兵が捕縛した。家康がその怪しい男を尋問すると、その男は「浅野氏や藤堂氏は、太閤（豊臣秀吉）の旧恩を忘れてはいない。よって、両人は大坂方に内通している。その証拠として、こうして手紙のやり取りをしているのだ」と主張。この男は、豊臣秀頼から浅野氏への手紙を確かに所持していた。その書状の日付は十一月二十一日。

　ところが家康は、これは大坂方の謀略と考えた。徳川方に疑心暗鬼を招く策略だとしたのだ。家康は「男の手足の指を全て切れ。額には秀頼との文字を烙印し、大坂城中へ送り返せ。見せしめとせよ」と命じたという。

　家康は住吉に本陣を置いていたが、茶臼山（大阪市天王寺区）に本陣を移そうとした。十二月六日のことである。その二日前、大坂城の曲輪「真田丸」で戦いが起きていた。真田丸を守るは、大坂方の真田信繁。真田丸の前には、徳川方の前田利常・井伊直孝・松平忠直（家康の孫）が陣を構えていた。

同日深夜、井伊直孝の軍勢が真田丸に攻撃を開始。松平忠直の軍勢がそれに続いた。翌朝、井伊勢二百は、真田丸の柵を切り落とす。塀に近付いたのだが、そこを砦から鉄砲により射撃される。塀に辿り着いた兵は撃たれ、それ以上、塀に近付くことが困難となる。徳川方は敗退したのである。戦いは、夕方四時頃まで続いたという。徳川方の死者は数千人にのぼったと言われている（一説には一万五千人）。

これは、撤兵がうまくいかなかったことも大きかったようだ。真田丸は、三方に空堀が掘られ、三重の柵が設けられていた。軍勢は六千ほどであったという。徳川方（前田軍）が無理攻めをし、兵士が鉄砲の餌食になったこと、真田方にある程度の軍勢がいたことも、真田丸の攻防で、真田信繁が勝利した要因であろう。

大坂冬の陣――和睦への道

慶長十九年（一六一四）十一月十九日、大坂冬の陣開戦。真田丸での戦いなど大坂方（豊臣方）が徳川方を撃退することもあったが、木津川口・博労ヶ淵・今福での戦いでは、徳川方が勝利し、次第に大坂方は大坂城に追い詰められていった。

大坂方の人間でも、戦局の不利を自覚し、講和に向いて動く人物もいた。織田有楽斎（信長の弟）である。しかし、豊臣秀頼は有楽斎の説得に応じようとしなかったという。この時点での講和について、歴史家によっては「戦況はまったく不利な状況ではなかった。真田丸の攻防をみればそれは明らか」という人もいる。が、それは本当だろうか？

確かに真田丸の戦いでは、大坂方は奮戦し、徳川方を撃退した。ところが、本項の冒頭に書いたように、各所においては、大坂方は重要拠点を徳川方に抑えられ、大坂城に追い詰められていたのだ。大坂方が押されていたのは明らかであろう。この時点で講和を考えるのは時期尚早という歴史家は、有楽斎の説得を受け入れようとしない秀頼を「無能」と評価することは間違いだという。確かにこの一事をもって、秀頼を「無能」と判断するのは如何なものかと思うが、長期的な視点からの戦局はあまり読めていなかったのではと私は感じる。

「講和交渉に動いたのは徳川方と考えるべきである」との見解もあるが、それはどうであろうか。十二月八日には、織田有楽斎と大野治長から、徳川方に和睦条件の問い合わせがあった。「牢人の赦免と、秀頼の国替え先の希望」などを問い合わせてきたのだ。翌日、家康は大坂城の総攻撃の評定を行っている。家康は、毎夜、二、三度の勝鬨を上げさせ、城中に鉄砲を二時間ばかり放つことを命じている。十日には、矢文を大坂城中に打ち込んだ。「降参する者は赦免する」との内容であった。

十二月十三日には、浅野氏と山内氏に船場の堀を埋めるよう命じたり、諸将に梯子《はしご》を配布させたりしている。これらは『駿府記』などに見られる家康の行動であるが、これを見る限りでは、とても和議を積極的に望んでいるようには見えない。大坂城に圧力をかけ、総攻撃に向けて準備する家康の姿が浮かびあがってくるようにも思うのだ。

だが、その一方で、徳川方は織田有楽斎（有楽は豊臣方とは言え、徳川方に近い人物であった）を通して、豊臣方に和解に向けた働きかけを行っていたとも言われている。大坂城をなかなか攻め落とすことができない状況を見て、ひとまず、休戦に持っていこうとしたのだろうか。だが、攻撃の手を緩めたのが敵方にわかれば、講和交渉も不利となる。よって、圧力をかけて、和戦両方を睨みつつ、家康は動こうとしたのではないか。

一方、大坂方としても、期待した徳川方大名の裏切りもなく、武器の不足にも悩まされていたようだ。こうした状況でいつまでも戦い続けることができないとの思いから和議を望むようになったのではないか。同月十五日には、大坂方の織田有楽斎と大野治長から「淀殿が人質として江戸に行くこと」「籠城する牢人に与える土地の給与」を求めてきた。

しかし、家康は「牢人に功労があるものか」と申し出を一蹴。朝廷の使いが家康の陣所（茶臼山）に来ても「禁中の御扱いは無用」と天皇の仲介まで退けている。同月十八日と十九日には、京極忠高（徳川方）の陣所において、和平会議が開かれていた。大坂方は常高院《じょうこういん》（淀殿の妹。亡き京極高次の妻）、徳川方からは本多正純と阿茶局《あちゃのつぼね》（家康の側室）が使者として向き合った。

　これまでの交渉では、大坂方は織田有楽斎や大野治長が交渉役となっていたが、城中の取り纏めを含めて、難航していた。「淀殿を人質として江戸に送る」という問題が一つのネックになってもいたという。そこで、今回は女性を交渉役に起用し、円滑に和睦を結ぼうとしたと思われる。

　十二月十八日、一度目の会談が行われたが、交渉の内容は不明。大坂方の常高院は、交渉内容を一度、大坂城に持ち帰ることになった。翌日に二度目の会談が行われた。「本丸を残して、二の丸・三の丸の堀を埋める」「織田有楽、大野治長が人質を出すこと」が交渉の要点であったという。おそらく、前日にも、これと似たことが議題となったのであろう。「本丸を残して、二の丸・三の丸の堀を埋める」というのは、大坂城の防御機能を奪いたいという徳川方の思惑が透けて見えるものである。

「織田有楽、大野治長が人質を出すこと」は、淀殿を人質に取りたい徳川方と、できればそれを避けたい大坂方の妥協の結果であろうか。十二月二十日には、早くも、織田有楽斎の息子（頼長）と、大野治長の子息（治徳）が人質として、本多正純（徳川方）に送られることになった。実に速い展開である。

翌日には、徳川方では武装解除の呼びかけが諸将に行われている。同日（十二月二十一日）、徳川方と大坂方で起請文（誓約書）の取り交わしがあった。場所は、家康の陣所・茶臼山。起請文の内容、つまり和解条件は次のようなものだった。「籠城した牢人の罪は問わないこと」「豊臣秀頼の知行はこれまで通りとすること」「母・淀殿は江戸に滞在する必要はないこと」「秀頼が大坂城を開城する場合は、いずれの国であっても、望み通り知行替えを行うこと」「秀頼に対して裏切りの気持ちはないこと」である。

これに「城内の二の丸石垣、矢倉・塀は、秀頼方で人数を出して、壊して埋めてほしい」という徳川方の要求が加わることになる。概ね、現状維持の内容だ。これなら、大坂方も受け入れ易い。ただ「秀頼が大坂城を開城する場合は、いずれの国であっても、望み通り知行替えを行うこと」という内容からは、徳川方は秀頼が大坂城を出て、他所に移ることを希望していることが窺える。「二の丸石垣、矢倉・塀」などを失えば、秀頼は大坂城を退去したいと自然と申し出るだろうとの思惑があったのだろうか。

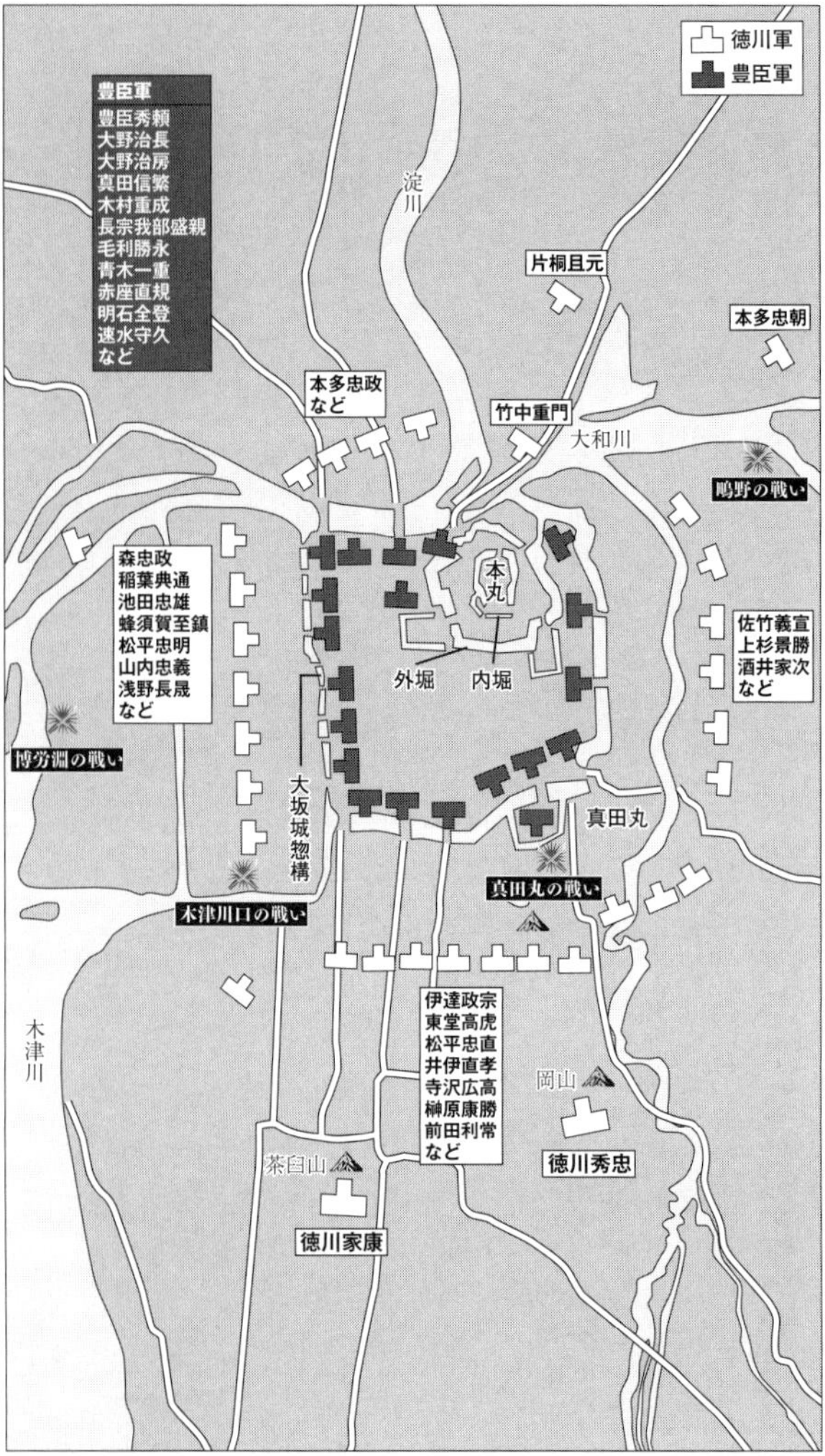
徳川軍
豊臣軍
豊臣軍
豊臣秀頼
大野治長
大野治房
真田信繁
木村重成
長宗我部盛親
毛利勝永
青木一重
赤座直規
明石全登
速水守久
など
淀川
片桐且元
本多忠朝
本多忠政
など
竹中重門
大和川
鴫野の戦い
本丸
森忠政
稲葉典通
池田忠雄
蜂須賀至鎮
松平忠明
山内忠義
浅野長晟
など
外堀
内堀
佐竹義宣
上杉景勝
酒井家次
など
博労淵の戦い
大坂城惣構
真田丸
真田丸の戦い
木津川口の戦い
木津川
伊達政宗
東堂高虎
松平忠直
井伊直孝
寺沢広高
榊原康勝
前田利常
など
岡山
茶臼山
徳川秀忠
徳川家康

「大坂冬の陣」布陣図

堀の埋め立ては卑怯な騙し討ちだったのか？

慶長十九年（一六一四）十二月二十日、大坂冬の陣の和議が成立した。和議の付帯事項には「城内の二の丸石垣・矢倉・堀などは、豊臣秀頼の方で人数を出して、これを壊して埋める」というものがあった。大坂城の堀の埋め立てについては、これまで次のように解されてきた。

初めは、外堀を埋め立てるという約束で、徳川方により作業が進められたが、いつの間にか、内堀の二の丸や三の丸まで埋めてしまったと。そして、二の丸・三の丸は豊臣方が行う予定であったので、勝手な行いに豊臣方が抗議したと。

『三河物語』にも「大急ぎで乱入して城の外郭の塀、やぐらを壊し、一日のうちに全国の軍勢が集まり、堀を平らに埋めた。次の日は、二の丸に入り、二の丸の塀、やぐらを壊し、石垣を壊して堀へ埋め、平らにしてしまった。秀頼も配下の牢人と共に、城の外郭といっていたのに、二の丸までこのようになされるのは約束が違うと言った。最初から、城の外郭といった。ただし、本丸は壊さないとの約束だったので、本丸は壊さなかったと、ものも言わせず、埋めさせた」とある。

惣堀の埋め立てをめぐる問題であるが、外周の惣堀だけを埋める約束であったのを、「惣」の文字を「全て」の意味に徳川方は強引に受け取り、内堀まで埋め立て、大坂城の防御力を喪失させたというのは、昔からよく伝えられてきた。

しかし、そうした逸話が記された書物の多くは、後世に記されたもの。当時の書状には「本丸のみを残して、二の丸・三の丸、総構は破却する」「二の丸・三の丸、惣構えまで悉く破却」（細川忠利書状、浅野忠吉書状など）と見える。大坂城は本丸のみ残し、惣構、二の丸、三の丸は破却するというのは、当初から了解事項だったのだ。

しかも、こうした一次史料には、『三河物語』に記されるような、豊臣方の抗議、工事をめぐるトラブルは確認できない。二の丸や三の丸の埋め立て工事は、同書が記すような、一日や二日で終了するようなものでもなかった。約一ヶ月はかかるものであり、豊臣方が止める間も無く埋め立ててしまったというものではない。

金地院崇伝の日記（一六一五年正月十日）にも「大坂惣構、二の丸堀埋の普請が思いのほか、手間取っている」と記されている。『駿府記』にも、二の丸の堀が思いのほか深く広く、土手を引き落としても、土が足りない、よって、二の丸の櫓《やぐら》や、織田有楽斎の邸、大野治長の邸を引き倒して、堀を埋めたと書かれている。工事が完了したのが、慶長二十年（一六一五）一月二十三日頃のことだった。

こうした点を見ていくと、外堀のみならず、二の丸や三の丸の内堀を埋め立てるというのは、豊臣方も了解していたことがわかる。これまで伝えられていたような、家康の卑怯な「騙し討ち」ではなかったのである。

「城内の二の丸石垣、矢倉・塀は、秀頼方で人数を出して、壊して埋めてほしい」というのが当初の取り決めではあったが、工事が進まないという理由で、徳川方が人夫を送り、櫓や邸まで引き倒し埋立てをしたのは強引と言えば強引かもしれないが、それは豊臣方がなかなか約束を果たさないことへの対応であり、それほど非難されることではなかろう。しかし、この辺りのことが、大きく伝わり、堀の埋め立ては徳川方の謀略との話が出来上がっていったのだと思う。

堀の埋め立ては、伊達政宗・井伊直孝・榊原康勝、山内忠義・金森可重ほか諸大名に課されていた。諸大名は、慶長二十年一月二十四日頃には、国元へ帰ることが許されたようだ。堀の埋め立てが完了したからだ。ところがまだ不十分な箇所があったようで、本多正純などは二月一日に大坂から駿府へ戻っている。埋め立てが不十分な箇所を埋める作業を担当していたのだ。

徳川方と豊臣方の和議は成立したが、依然として、戦の火種は燻り続けていた。徳川方としては、豊臣秀頼には大坂城を退いてほしかったし、大坂城の大勢の牢人衆を追放したかった。しかし、豊臣方にとっては、そういった要求はすぐ呑めるものではない。

慶長二十年一月、豊臣秀頼は家康の九男・義直の婚礼に祝意を表しているが、それも秀頼としては、徳川方と「融和」をはかりたい、これ以上の戦は避けたいとの思いからだったろう。しかし、徳川家康は、大坂方が前述の要求を拒否したら、再び戦を仕掛け、豊臣家を討つ目算であった。戦雲は再び漂い始めた。

大坂夏の陣――開戦への道

慶長二十年(一六一五)二月、大坂城の三の丸・二の丸、堀門櫓は、徳川方により全て埋め立てられた。大坂方の防御力が弱体化した今、徳川方は再びの戦を希望していた。しかし、豊臣秀頼は、再戦は避けたいと考え、家康の子どもの結婚に祝意を示すなど融和姿勢を見せている。同年元旦、秀頼は二条城に使者を遣わし、年賀の挨拶を述べさせていることも、そのことを示していよう。ところが、大坂城に籠もる牢人たちには、徳川方と再戦したいとの気分が高まっていたという。

さて、徳川家康は一月三日に京都を立ち、途上で何度も鷹狩を行いつつ、二月十四日には駿府に戻っている。三月に入ってからでも、秀頼は使者を駿府に派遣し、家康に金襴《きんらん》などを贈ってきた。その一方で、徳川方には、大坂方の不穏な動きも寄せられていた。

例えば、京都所司代の板倉勝重は、次のような情報を得ていた(三月五日)。それは「大坂には、米・材木が以前よりも多く集まり、船場に積み置かれている。米は、大坂の商人が兵庫へ行き、兵糧を受け取っている。その他、米や材木を積んだ船が天保へ乗り入れている。籠城した牢人は追放したといっていたが、一人も大坂を去っていない。小屋のなかに住んでいるという。豊臣家への奉公を望み、方々より牢人が集まり、更に多くの者がいる」というものだった。

さらには「牢人を豊臣方で召し抱えないよう、大坂に札を立てているが、豊臣方は彼らを手厚くもてなし、妻子まで大坂に住んでいる」「大野治房（治長の弟）が召し抱えているものが、一万二千人もいる」との情報も掴んでいた。牢人どもは、大坂に集結し、それを豊臣方が手厚く世話している様子が窺える。塀や柵の設置、堀の掘り起こしまでも大坂方は行っていたようで、これでは、いつでもまた戦を仕掛けてくださいと徳川方に言っているようなものである。

三月十三日には、秀頼と淀殿の使者として、青木一重や常高院（淀殿の妹）、二位局、大蔵卿局（大野治長の母）が駿府を訪れている。三月十五日に家康は南殿で、使者の青木氏を引見。青木氏は、秀頼からの贈答品（金襴十巻）と秀頼書状を差し出した。その後、家康は淀殿の使者である常高院らとも会った。使者たちは、家康の九男・義直の婚礼を祝い、大坂冬の陣で経済的困窮に陥ったので、助力してほしいと申し出たようだ。

しかし、家康からしたら、裏で軍備増強に努めている大坂方の動きは伝わっており、何を言っているのだとの思いだったろう。常高院らは、家康から、大坂で不穏な動きがあることを指摘されたようだ。常高院らは大坂に戻り、首脳部にもそのことを伝えたようで、大野治長は困惑の色を隠せなかったようだ。

治長の弟・治房は、多くの牢人を抱えていたが、兄・治長はそれを苦々しく感じていた。弟は「不届き者」で、その行為は、秀頼のためにならないと思っていたのだ。よって、この兄弟は仲が悪かったという。大野治長というと、豊臣家を滅ぼした奸臣のイメージがあるかもしれないが、実はそうではなかったのだ。弟に比べたら、冷静な判断ができる人物と言えよう。

だからこそ、常高院らが駿府で家康から「大坂方の不穏な動き」を指摘されたことは、ショックだったろう。治長は「全く身に覚えのないことを取り沙汰されるのは、とても困ること。去年に取り交わした起請文の内容には違反していないが、下々の者はそのようなことはわからず、勝手な行いをしているのかもしれない」と困惑の胸中を披瀝している。

開戦を避けたい者と、再戦したい者で大坂方は二分していたのだ。大坂方の不穏な動きを見て、家康は次のような考えを固めていた。「秀頼はすぐさま大坂城を明け渡し、大和国あるいは伊勢国に移ること」「大坂城の牢人を一人残らず解雇すること」「このうち、一つでも大坂方が納得しなければ出陣する」との決意であった。大坂方は武装解除し、大坂城を明け渡すことによってのみ生き残ることができるのだ。

しかし、どちらの要求も、大坂方の受け入れるところとはならなかった。秀頼は牢人を解雇せず、大坂城を出ることはなかったのだ。牢人を解雇することは、豊臣家の威信を地に落とすことになろうし、牢人たちの不満が今度は豊臣家に向かってくることも考えられよう。豊臣秀頼は再戦を決意したが、大坂城の防御が弱体化された今、勝てる見込みはなかった。

大坂方の凋落を見通したのか、豊臣方の重臣・織田有楽斎が大坂城を去る。有楽斎は、自らの息子を徳川方に人質として出し、和睦に力を尽くしてきた。その有楽斎が、二月二十六日、使者を駿府に派遣し、城を出て、京都か堺に隠遁したいと告げたのだ。

翌月下旬には、後藤光次（家康のもとで小判を鋳造）宛ての書状で「上意により大坂城におりますが、私の建策は受け入れてもらえません。早々に大坂城から退くことを執り成して頂きますよう、本多正純様に申し入れました」と書いている。文中の上意というのは、秀頼の意向ではなく、家康か秀忠の意向と考えられる。

有楽斎は徳川方のスパイと考えられるが、何も豊臣家に害をなそうとして、城にいたとは思われない。書状の内容から見ても、有楽斎が秀頼らに説いていたのは、徳川方の要求を呑んだほうがよいということだったろう。有楽斎は秀頼らを説得することにより、豊臣家を救うことができると考えていたのだろう。しかし、その建策は、秀頼らの許容するところとはならなかった。有楽斎は絶望し、大坂城を退城したいと考えたのだ。

大坂夏の陣はどのように始まったのか？

慶長二十年（一六一五）四月四日、徳川家康は駿府を立ち、名古屋に向かう。九男・徳川義直の婚儀のためとしていたが、内実は大坂攻めのためであった。家康は、大坂方が牢人たちを追放していないのが我慢ならなかったのだろうし、それがいずれ、紛争の種になると考えていたのだろう。また、家康は豊臣秀頼が大坂城を出ることを希望していた。

大勢の牢人の追放と秀頼の大坂退城が実現していれば、おそらく、大坂夏の陣は避けれたものと思う。大野治長（大坂方）の使者が駿府を訪れ、秀頼の大坂からの移動が免ぜられるよう懇願することもあったが、徳川方が取り合うことはなかった。秀頼からも、国替えは許してほしいとの依頼があったものの、家康は「仕方がないこと」として退けた。

四月十日、家康は名古屋に到着する。そこには、常高院（淀殿の妹）や二位局、大蔵卿局、青木一重らが来ており、家康は会見するも「大坂方が牢人を追放していない」などと述べるに留まり、打開には至らなかった。二日後には、名古屋城にて、義直と浅野幸長の娘との婚儀があった。そして、同月十五日には、家康は名古屋を立ち、十八日には二条城に入るのだ。四月十日には、徳川秀忠が江戸を立ち、同月二十二日、父・家康がいる二条城を訪れることになる。

それより少し前、大坂では、思いがけない事件が起きていた。大野治長が大坂城から宿所に帰る途中（桜門の辺り）で何者かによって、脇差で刺されたのだ（四月九日夜）。治長は負傷したものの、大事には至らなかった。犯人は捕縛されたが、拷問を加えても口を割ることはなかったという。「家康の仕業」という憶測も流れたようだが、おそらくそうではあるまい。

その頃の大坂方は、三つの派閥に分かれていたようだが、大野治長は穏健派であった。一方、弟の大野治房は強硬派であり、彼には長宗我部盛親や毛利勝永が付いていたようだ（兄弟の仲は悪かった）。大坂方は分裂していたのである。よって、大野治長を襲撃したのは、彼と対立する「大坂方」と考えられる。

徳川方により大坂城の堀が埋められただけでなく、内部まで分裂していたとあっては、勝ち目は少ないと言えよう。そのような状況のなかにあっても、秀頼は尾張名古屋の徳川義直に書状と贈答品を送り、婚儀を祝った（四月十七日）。徳川方との「融和」を望んでいたのかもしれないが、根本の問題が解決されておらず、これは秀頼による「時間稼ぎ」との声もある。

大坂方では軍議が開かれたが、大坂城の守りが「破壊」されてしまった今、籠城は無意味であった。大坂城に拠りつつ、敵の動きに合わせて、出撃する戦法が取られることになった。四月五日、秀頼は大坂城を出て、城外を視察したという。徳川方との戦いが行われるであろう場所（阿倍野・住吉・茶臼山・四天王寺・岡山）の地形を観察し、戦に備えようとしたのだ。しかし、徳川方の軍勢は約十五万五千、大坂方（豊臣方）で使い物になるのは約五万と言われ、戦力に大きな差があった。

四月二十五日、藤堂高虎はじめ井伊直孝・松平忠直・本多忠朝・酒井家次ら徳川方諸将が河内国に着陣した。翌日未明、大坂方も動く。大野治房と後藤又兵衛の軍勢二千が大和国に出撃したのだ。徳川方が河内に在陣したこともあり、奈良から迂回して、これを攻撃しようとしたのだろう。大野治房は、郡山城の筒井定慶を攻め、落城させる。奈良を目指した治房だが、水野勝成（徳川方）の軍勢が同地に到着したことを知ると、後退。土地の者の抵抗にもあい、郡山城を棄て、大坂へ退却した。

四月二十八日には、大野治房は、塙直之《ばんなおゆき》ら三千の軍勢でもって、大坂城を出陣。小出吉秀が籠もる岸和田城を攻めている。大坂方の真の狙いは、紀州にあったと言われている。紀伊三十七万石の大名・浅野長晟《ながあきら》は、豊臣恩顧の大名ではあったが、家康の養女を正室に迎えるなどして、徳川と密接な繋がりがあった。そうした浅野氏がある程度の規模の軍勢でもって、大坂へ攻め寄せてくるのは時間の問題。その前に機先を制して、浅野氏の動きを封じようとしたのだ。

紀州の土豪らに働きかけ、浅野氏の出陣後に一揆を起こさせ、後方を撹乱。和歌山城を奪わせたうえでの挟撃を行おうとしたのである。大坂方は、まず岸和田城を攻めたが、すぐには落城しなかった。大野氏の軍勢は堺にも入り、放火。これは堺の人々が徳川方に付いていたからだという。それだけではなく、徳川方の物流補給路を断つ意味合いもあったのだろう。

しかし、同日（四月二十八日）には、紀州から浅野長晟が五千の兵で出陣。浅野氏は、一揆勢が大坂方に従おうとしているとの知らせを受け、二つの村（長滝・安松村）を味方に引き入れた。そして、和泉国樫井で大坂方と激突するのである。樫井の戦いで、大坂方は敗れる。大坂方の岡部則綱は負傷、塙直之は戦死した。午前六時頃から正午頃までの戦いであったようだ。

紀州には、大野治長の家老が日高郡に遣わされていたが、浅野氏の家臣に見つかり、北村喜太夫は捕縛、大野弥五衛門は殺害された。彼らが率いていた軍勢も全て討ち取られた。大坂夏の陣の前哨戦である樫井の戦いは、大坂方が敗北した。

京都にあった家康は、四月二十八日には出陣する予定であったが、大坂方の者が京都に火を付けるとの風聞があったため、取りやめになっていた。結局、家康が二条城を出たのは、五月五日であった。大坂夏の陣の本戦がいよいよ始まろうとしていた。

激闘！　大坂夏の陣——豊臣方の意外な奮戦！

慶長二十年（一六一五）五月五日、徳川家康は二条城を出て、河内方面に向かう。徳川秀忠も伏見城を発する。その夜、家康は星田（大阪府交野市）に、秀忠は砂（大阪府四條畷市）に陣を敷いた。この河内方面軍の軍勢は約十二万と言われている。家康の六男・松平忠輝らは大和方面軍三万五千を率いていた。

大坂方は軍議を開き、徳川方の陣容が整う前にこれを叩き潰すことになっていた。この後藤又兵衛の主張に、真田信繁・木村重成・薄田兼相らが賛同し、道明寺（大阪府藤井寺市）付近で敵を迎撃することになった。大坂城は既に堀を埋められ、敵を防ぐことはできない。とは言え、平原での戦では老練な家康を破るのは困難。山地の狭い場所を利用すれば勝利することができるのではないかとの見通しであった。道明寺付近は、南北から山が迫り、平野は殆どない。後藤又兵衛の建策にうってつけの場所である。

五月六日、先発した後藤又兵衛軍は、藤井寺にて後続部隊を待った。ところが後続部隊が追いついてこなかったので、先に道明寺に進む。又兵衛は小松山（国分の西方）で敵を迎え撃つことにした。徳川の軍勢約三千が国分（柏原市）に展開していた。この軍勢の後ろには、本多忠政軍五千、松平忠明軍約四千、伊達政宗軍一万、松平忠輝軍約一万が控えていた。このとき、徳川方の先陣となったのは、水野勝成（三河国刈谷の水野忠重の嫡男。刈谷城主）だった。

水野勝成は、小松山を占拠している後藤又兵衛軍を攻撃する。戦いは午前四時頃から始まった。最初は後藤軍が有利に戦を展開したようだが、時が経つにつれ、徳川方の後続部隊が続々と到着すると劣勢となる。後藤軍は、大坂方の後続部隊を待たずに進んだこともあり、小松山に孤立してしまったのだ。徳川方から三方より攻撃されることになった後藤軍。もはやこれまでと意を決した後藤又兵衛は、平地にて最後の戦いを挑むが、多勢に無勢。又兵衛は奮戦するも、鉄砲弾に当たり、負傷。戦うことができなくなり、従兵に首を打たせた。

後藤軍は逃げることなく戦う者もいたため、正午に迫っても戦いは続いていた。後藤軍のなかには、小松山付近の石川に逃れ、薄田兼相軍と共に戦う者もいた。薄田は、大坂冬の陣において、遊女屋で寝てしまい、戦に間に合わないという失態をしていたので、名誉挽回しなければとの思いが強かっただろう。薄田は、三尺三寸の太刀で、徳川方の軍勢と戦う。彼は身長も高く、先頭に出て戦ったこともあり、敵に狙われた。が、薄田は敵を斬り殺し、奮戦する。とは言え、敵との兵力差はどうすることもできず、最終的には薄田も討ち取られてしまう。敗北した大坂方は誉田方面に退いていった。

真田信繁など大坂方は、道明寺の戦いで敗れた部隊と合流し、誉田に向けて進撃。伊達政宗軍との戦闘に入った。槍を持って突撃してくる真田軍に押され伊達軍は、道明寺まで後退した。その後、徳川方には、松平忠輝らの軍勢が到着し、兵力が増える。一方の大坂方にも、大野治長の軍勢が到着して、兵力が増強された。

その頃、大坂城から八キロメートルほど離れた若江でも戦いが起ころうとしていた。大坂方の木村重成らが、家康・秀忠軍を迎え撃とうとしていたのだ。重成率いる軍勢は、約四千七百。午前五時に若江に到着していた。重成の軍勢が若江に陣を敷いたことを知った徳川方は、藤堂高虎が率いる部隊を出して、合戦する。最初は、木村軍が優勢で、藤堂隊の先鋒・藤堂良勝を討ち取るほどであった。木村軍は藤堂軍を深追いすることはしなかったが、大坂城に帰還することはなかった。

この戦果でもって城に引き上げたほうがよいとの意見もあったが「未だ家康・秀忠の首級を挙げず」として、木村重成が粘ったのだ。藤堂軍は敗退したが、そこに徳川方の井伊直孝の軍勢（約六千）が援軍として現れる。突撃する井伊の先鋒軍千人。しかし、この部隊を率いる川手良列は戦死。井伊の先鋒軍は撃退された。怒った井伊直孝は、自ら軍勢を率い、戦に臨んだので、木村軍は次第に押されていく。木村重成は、自ら槍をとり、突撃して果てた。

河内平野の八尾でも、戦いは展開された。大坂方の長宗我部盛親軍が出張っていたからだ。

盛親は、道明寺へ南下する家康・秀忠軍を攻撃しようとしたのだ。八尾に大坂方が展開していることを知った藤堂高虎は、部隊を進め、長宗我部軍を攻撃させた。長宗我部軍は応戦するも、藤堂軍の鉄砲射撃により、崩壊していく。一方の長宗我部軍には鉄砲隊がなかったが、藤堂軍に攻撃を仕掛け、打撃を与えることもあった。敵兵二百を討ち取ったのである。藤堂軍の先鋒部隊は敗走した。

勢いに乗らんとする長宗我部軍ではあったが、そこに若江における木村重成軍の敗北が伝わってくる。盛親は退却しようとするが、藤堂軍は攻勢に出て、戦果をあげた。河内方面での大坂方の敗戦は、誉田にいる大坂方の諸隊にも伝わった。若江・八尾が徳川方の手に落ちたならば、この地にいれば、いずれは孤立し、徳川勢に包囲されてしまうだろう。退却するのが最善であろうが、退却時には敵に追撃されて、損害が増すことも多い。注意を払いつつ、退却しなければならない。

大坂方は毛利勝永の鉄砲隊を殿《しんがり》にして、午後四時頃から退却する。徳川方では、この退却軍を追撃すべしとの意見があったが、朝からの激戦での疲弊を訴える将（伊達政宗）もいて、結局、追撃は見送られた。大坂方は、道明寺の戦いで後藤又兵衛・薄田兼相を、若江の戦いでは木村重成を失った。長宗我部盛親軍が藤堂部隊に打撃を与えることもあったが、全体的に見て大き

方広寺釣鐘の鐘銘「国家安康 君臣豊楽」（京都府京都市）

「大坂の陣」で家康や真田信繁が陣を敷いた茶臼山（大阪府大阪市）

な戦果があったわけではなく、大坂方は大坂城に引き上げていく。城が徳川の大軍に包囲されるのは時間の問題であった。

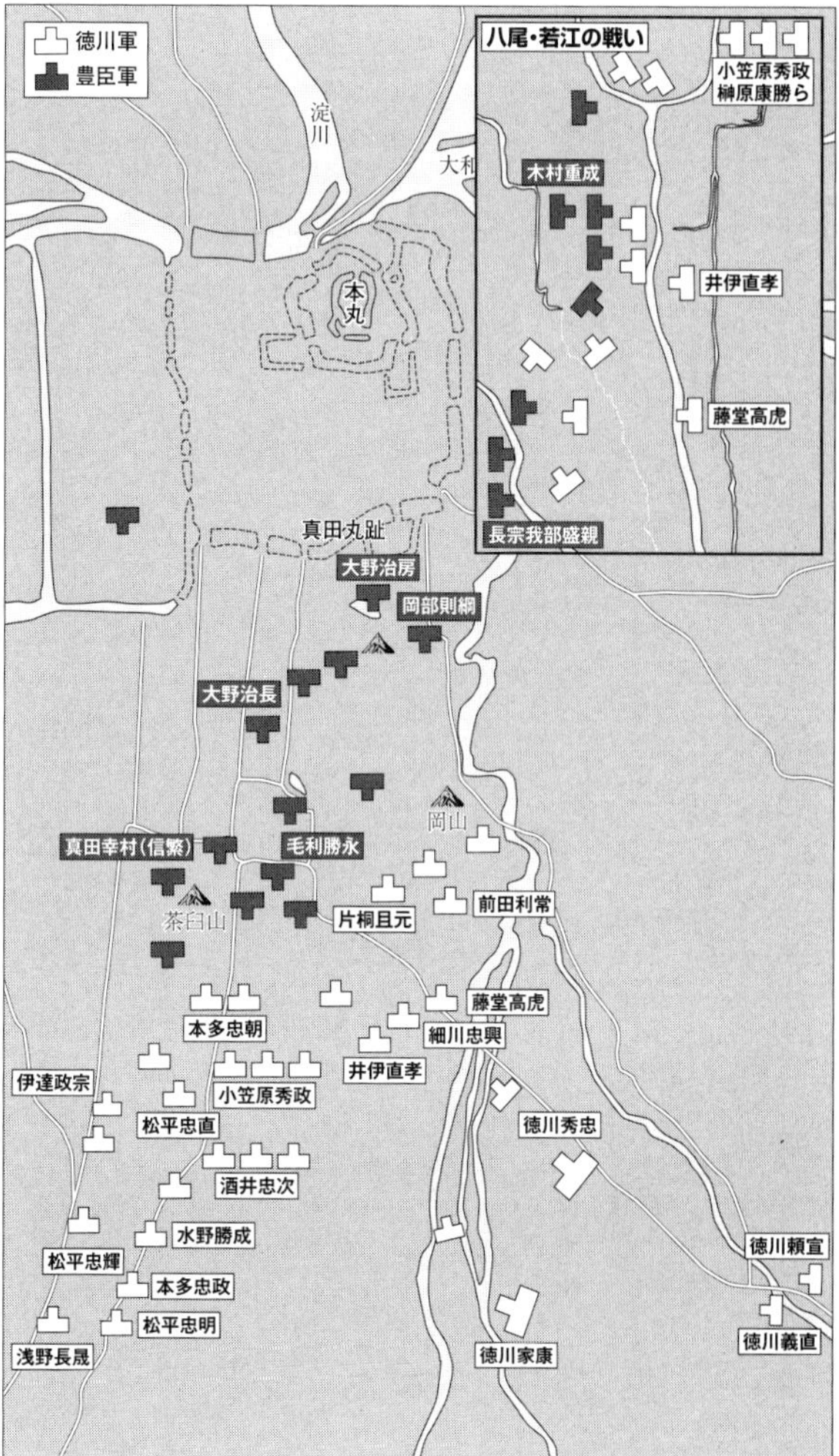

徳川軍
豊臣軍
八尾・若江の戦い
小笠原秀政
榊原康勝ら
木村重成
井伊直孝
藤堂高虎
長宗我部盛親
淀川
大和
本丸
真田丸趾
大野治房
岡部則綱
大野治長
岡山
真田幸村（信繁）
毛利勝永
茶臼山
片桐且元
前田利常
藤堂高虎
本多忠朝
細川忠興
井伊直孝
伊達政宗
小笠原秀政
松平忠直
徳川秀忠
酒井忠次
水野勝成
松平忠輝
本多忠政
徳川頼宣
松平忠明
浅野長晟
徳川家康
徳川義直

「大阪夏の陣」布陣図

毛利勝永隊の襲撃をどう乗り切ったのか？

慶長二十年（一六一五）五月に開戦した大坂夏の陣は、徳川方の連勝であった。道明寺の戦い、若江の戦いでは、それぞれ、後藤又兵衛・薄田兼相、木村重成という勇将を大坂方（豊臣方）は失った。

徳川家康と秀忠は、大坂城の南部にある天王寺・岡山に陣を敷く。その軍勢は、約十五万。対する大坂方は約五万。大坂城への進撃を食い止めることができない今、包囲・落城は時間の問題であった。天王寺口の先鋒には、本多忠朝（忠勝の次男）、岡山口には前田利常が配された。

一方、大坂方も、大坂城南部での戦いに備え、防衛戦を敷く。真田信繁は茶臼山に陣を置き、毛利勝永は天王寺の南方面に備えた。岡山口を守るのは、大野治房。船場方面には、明石全登。彼らは、天王寺付近に諸将を置き、徳川方と戦をする。その間に、明石全登は南に迂回し、そこから敵の背後を衝く。徳川方を挟撃する作戦を立てていた。

五月七日の正午頃、徳川方の本多忠朝の部隊が、毛利勝永軍に向けて発砲。戦の火蓋が切られた。真田信繁や毛利勝永は、応射を控えるよう命令したが、止めることはできなかった。そうしているところへ、本多忠朝の軍勢が突っ込んでくる。敵を挟撃するという良策をとることができず、さすがの真田信繁も武運拙《つたな》きことを嘆いたという。

毛利勝永隊は、突撃してくる本多軍を引き付けたうえで射撃。本多軍は七十人余りの死傷者を出した。これを見た勝永は部隊を本多軍の左右から攻め込ませ、敵軍を壊乱させる。本多忠朝は、味方を叱咤《しった》するも、兵士の敗走は続く。忠朝は狙撃されてもなお戦い続けるが、敵兵に包囲され、討死してしまう。大坂方の毛利勝永の奮戦は目覚ましいものがあった。

天王寺の東では、大野治長（大坂方）と小笠原秀政（徳川方）との戦が展開していたが、そこにも毛利勝永勢が乱入。小笠原秀政は重傷（同夜に死去）を負い、退いていく。他の徳川方の諸将も、毛利隊の獅子奮迅の働きにより、敗走を余儀なくされる。毛利隊はついに、徳川家康の本陣にも乱れ入ることになる。

毛利隊の活躍を見た真田信繁は、三千五百の軍勢で、眼前の松平忠直隊一万五千に攻撃を仕掛ける。後方にいた浅野長晟の軍勢が今宮方面に移動するのを「大坂方への寝返り」だと勘違いし、徳川方は更なる混乱状態に陥った。家康は、旗本衆を援軍に差し向けたが、混乱は容易に収束しなかった。家康本陣にも混乱と動揺は波及し「二人のお旗奉行は一人もいない」（『三河物語』）状態となった（三河物語の著者・大久保彦左衛門忠教は、鑓《やり》奉行として、夏の陣に参戦していた）。

家康本陣も危うい状態かと思われたが、最終的には兵力差が物を言った。援軍として井伊や藤堂の軍勢がやって来ると、徳川方が優勢になっていった。真田信繁が陣取っていた茶臼山は陥落し、信繁も戦死することになる。茶臼山陥落を聞いた毛利勝永は、敵中突破を敢行し、退却していく（勝永は、城中に退却し、その後、秀頼を介錯し、自らも果てたと伝わる）。明石全登も善戦していたが、次第に押されていき、戦線離脱した。

岡山口でも正午頃から戦闘が開始される。徳川秀忠の部隊や、前田軍が進撃してくるのを迎え討ったのは、大野治房であった。両軍は激突し、混戦となる。秀忠の旗本部隊が前線に展開していることから、秀忠の周辺が手薄になっていると見てとった治房は、秀忠本陣を急襲する。これにより、本陣は混乱。秀忠自ら鑓を取り、敵に突撃せんとするまでに事態は緊迫したという。

しかし、徳川方の黒田長政と加藤嘉明が敵の猛攻を凌いだことや、井伊勢が駆けつけたことなどにより、治房軍を押し返すことができた。治房は玉造方面に退却していく。天王寺・岡山の戦いでは、家康や秀忠の本陣が危うい状態となったが、激戦の末、最終的には徳川方が勝利した。勝ちに乗った徳川方はいよいよ大坂城に迫る。

五月七日の朝、豊臣秀頼は、自ら出陣する予定であったが「和議の使者がやって来る」「秀頼が出馬した後、謀反人が城に放火する」との流言が乱れ飛び、なかなか出撃できずにいた。そうこうしているうちに、大坂方が天王寺・岡山方面で敗れたとの報告が入ってくる。大野治長も傷を負い、帰城したことも、秀頼に衝撃を与えたであろう。秀頼は出陣し、討死する覚悟を示すが「死体を乱戦のなかに晒すは、主将のなすべきことにあらず。本丸を守り、力尽きた後で自害すべし」との家臣（速水守久《はやみもりひさ》）の諫めにより、城から打って出ることはなかった。

午後四時頃、大坂城から火の手が上がる。徳川方に内応する者が放火したという。強風により、火はあっという間に燃え広がる。徳川方の軍勢は、三の丸の木柵を乗り越え進撃。彼らもまた城内に火を放った。

午後五時。二の丸陥落。混乱の城中では、指揮をとる者さえいなかった。もはや、これまでと自害する大坂方の者が相次いだ。秀頼は、天守閣で淀殿や妻・千姫と自害しようとしたが、家臣に止められ、倉に避難することになる。大野治長は、千姫とその侍女を城外へと脱出させ、家康に秀頼・淀殿の助命嘆願をさせた。助命嘆願を受けて、家康は迷う風があったとされるが、秀忠は断固として拒絶した。それればかりか、千姫が秀頼と自害しなかったことに激怒したのである。

五月八日の昼過ぎ、秀頼と淀殿は切腹する。秀頼は、二十三歳であった。それに、大野治長、速水守久らが殉じた。蔵は火がつけられ、炎上する。大坂夏の陣はついに終結した。大坂城の焼け跡からは、大量の金銀（金は約二万八千、銀は二万四千枚）が見つかり、徳川方により回収された。

真田丸跡地にある心眼寺（大阪府大阪市）

大御所として晩年を過ごした駿府城（静岡県静岡市）

終章　徳川家康の国づくり

戦国のゲルニカ！　大坂の陣の悲劇と落人狩の凄まじさ

慶長二十年（一六一五）五月八日、豊臣秀頼とその母・淀殿は大坂城の倉において自害して果てた。戦の勝者・徳川家康は、同日午後四時に茶臼山を出発し、夜十時には二条城に入る。大坂冬の陣の終結により、京街道は大混乱に陥った。約二万もの落人でごった返していたのだ。

徳川方としては、落人に厳しく対処するつもりであった。各所に逃れた落人は、男女や幼い者に限らず逮捕し、京都に差し出せと命じたのである。落人を匿うことは重罪とされた。大坂方の明石全登が枚方方面に逃走したとの噂もあり、地元の者に逮捕が命じられた。

大坂や京都だけではなく、高野山にも、大坂からの落人や徳川方に歯向かった一揆勢の残党が逃げ込んだとの情報があるとして、厳重に調査することが要求された。秀頼は大坂城で自害せず、薩摩に落ち延びたとの伝承があるが、薩摩島津氏にも落人の探索が命じられている。

さらには、落人の探索や逮捕だけでなく、慶長十八年（一六一三）から慶長二十年までの間に、地方から大坂に奉公に来た者があれば、氏名を報告すること、今回、再び領国に戻った者がいるならば、逮捕すること、行方知れずの者ならば妻子を捕らえておくことが命令されてもいる。

徳川政権から、西国や東北の大名に対して、落人狩りの通達が出された。これは、落人狩りを通して、徳川政権が大名（領国）への支配を強化しようとしたものと見ることもできよう。福岡藩の黒田長政が、家臣に命じて製作させたと言われる「大坂夏の陣図屏風《びょうぶ》」があるが、そこには大坂落城にともなう混乱の様が生々しく描かれている。

奮戦する将兵・逃げ惑う敗残兵や市民・乱暴される婦女・夜盗の跋扈《ばっこ》・落武者の首を狙う者。戦の悲惨さが描写されていることから、本屏風絵は「戦国のゲルニカ」とも称される（ゲルニカとは、スペインの画家・ピカソが、ナチスドイツ空軍による無差別爆撃を描いた絵画）。

大坂方の死者は、一説によると、約一万八千人と言われる（十万人の死者が出たとの説もあり）。大坂城から逃走した落人は、具足を脱ぎ、裸で逃げたという。逃げ出した女性のなかには、捕らえられて、人身売買の対象となった人もいたろう。人買い商人が存在したからだ。人買い商人のなかには、そうした人々を海外にまで売る者もいた。

さて、徳川方としては、特に、逃走した大物牢人を捕縛したかったであろう。彼らは次々と捕縛された。例えば、長宗我部盛親。彼には、豊臣方が勝利すれば土佐一国が与えられることになっていたが、その夢は叶わず。五月十一日に山城国八幡で捕縛。二条城に連行され、同月十五日に、六条河原で処刑。三条河原で首を晒された。

五月二十一日には、大野治長の弟・治胤が京都で捕まっている。治胤は、大坂夏の陣において、堺を焼き討ちしていた。よって、堺奉行に命じ、治胤は火炙りの刑で殺されている。

治胤のもう一人の兄・治房は行方知れずとなった。大坂夏の陣から三十四年経った慶安二年（一六四九）にも、未だ治房生存の風聞があり、厳しく捜査せよとの幕命が出るほどであった。

細川忠興の次男・興秋《おきあき》は大坂方で参戦していたが、戦後は伏見に潜伏。本来ならば、彼も重罪であったろうが、忠興の徳川へのこれまでの功績により、無罪となる。しかし、忠興は我が子・興秋に自害を命じた。興秋は京都で切腹する。

豊臣秀頼の嫡男・国松と、娘（奈阿姫）も捕らえられた。秀頼と千姫とのあいだに子はいなかったので、側室の子であった。国松は大坂伏見町に潜んでいるところを見つかり、京都所司代のもとに送られた（五月二十二日）。そして、その翌日、六条河原で処刑されたのである。まだ、八歳であった。

幼子であっても、豊臣秀頼の男子ということで殺されたのだ。源頼朝や義経のように、助命され長じて後に反旗を翻すことを恐れたこともあろう。秀頼の娘・奈阿姫は、七歳であったが、千姫の助命嘆願が容れられ、尼とされた。彼女は、天秀尼と名乗り、鎌倉の東慶寺に住職として入ることになる。

大坂方の者全員が厳しく処罰されたわけではない。秀頼の家臣であっても、戦後、幕府に仕えることができた者もいた。加藤正方は小姓組の番を務めているし、織田元信は近江国で二千石を与えられている（徳川方の人物となんらかの関係があった者が召し抱えられているという側面はあるが）。

大坂夏の陣において、徳川方として活躍した諸将には恩賞が与えられた。例えば、蜂須賀至鎮には七万石、松平忠明には五万石、藤堂高虎には五万石、本多忠政には五万石、井伊直孝には五万石、水野勝成には三万石が与えられている。

さて、徳川氏は、大坂冬の陣、夏の陣という二つの戦により、豊臣家を滅亡させることができた。しかし、豊臣家滅亡は家康の本意だったのだろうか。家康は小説やドラマにおいては、豊臣家を滅亡させるため、着々と準備し、謀略をもって臨んでいるように描かれてきた。まさに「狸親父」の面目躍如といった感じであるが、果たしてどうか。

戦前、家康は豊臣家に対し、秀頼の生母・淀殿を江戸へ人質として送ること、秀頼が大坂城を出ること、大坂城に籠もる牢人衆を追放することなどを要求していた。

しかし、豊臣家は、その要求を呑むことはなかった。そればかりか、軍備増強を思わせるような不穏な動きが目立ったのである。もし、豊臣家が、徳川方からの要求を呑んでいたら、戦は避けられたであろうし、秀頼は一大名に転落したかもしれないが、命を長らえた可能性もある。

大坂冬の陣の段階でも、徳川方は豊臣家を力攻めにして滅ぼすこともできたはずだ。しかし、それをせずに、和睦を結んだ。これは徳川方が豊臣方に最後のチャンスを与えたものと解釈できよう。しかし、それさえも、豊臣方は逃してしまう。大勢の牢人衆を今さら追放することなどできない、対徳川強硬派の存在、豊臣家のプライドなど、豊臣家にもさまざまな事情があったのもわかるが、家康が提示した案を受け入れることができなかったことが、豊臣家滅亡の大きな要因であろう。

「武家諸法度」には何が書いてあったのか?

慶長二十年(一六一五)五月の大坂夏の陣終結により、日本に天下泰平がもたらされた。織田信長は天下を統一しかけたが、家臣・明智光秀の謀反により頓挫。信長の後継者・秀吉は天下を統一するも、朝鮮出兵、その死後は、関ヶ原の戦い、大坂の陣などの戦が続いてきた。

二百数十年の長い江戸時代のなかで、島原の乱(一六三七~一六三八年)という内乱はあったものの、幕末期の動乱を除けば、日本列島に平和が訪れたことになる。つまり、大坂の陣は「戦国日本」の終わりを告げる戦いであった。では、徳川政権は、平和な日本をどのように作ったのか。

平和というものは、行動しなければ訪れない。二代将軍・徳川秀忠は、元和元年(一六一五)七月七日、諸大名を伏見城に集め、全十三ヶ条の法令を発布する。これが有名な武家諸法度(元和令）である。金地院崇伝が徳川家康の命令により、起草したと伝わる。では「武家諸法度」には何が書いてあるのか。

まず、第一条には「文武弓馬の道を専ら嗜《たしな》むべきこと」とある。「文を左にし、武を右にするのは、古《いにしえ》の法」として、文武両道を良しとしているのだが「弓馬はこれ武家の要枢」との語句もあり、武芸を嗜むことを一層重んじている。「治に乱を忘れず、何ぞ修錬を励まざらんや」との一文もそれを強調していよう。

第二条は「群飲佚游《ぐんいんいつゆう》ヲ制スヘキ事」。好色に耽り、博打《ばくち》を生業とするのは「亡国の基」として、節制が求められた。

第三条は「法度ヲ背ク輩、国々ニ隠シ置クヘカラサル事」。「法はこれ礼節の本」として、法に背く者は、罪が重いとされた。

第四条は「国々ノ大名、小名并ヒニ諸給人ハ、各々相抱ウルノ士卒、反逆ヲナシ殺害 ノ告有ラバ、速ヤカニ追出スヘキ事」。家臣が叛逆・殺人の罪があるなら、すぐに追放せよということだ。

第五条「自今以後、国人ノ外、他国ノ者ヲ交置スヘカラサル事」。今後は、自分の国には、国人以外の他国の者を留めてはいけないこととされた。

第六条「諸国ノ居城、修補ヲナスト雖《いえども》、必ス言上スヘシ。況ンヤ新儀ノ構営堅ク停止セシムル事」。大名などが城の修理をするときは、必ず報告しなければいけない。また、新たな築城はこれを停止するとされた。

第七条「隣国ニ於テ新儀ヲ企テ徒党ヲ結フ者之有バ、早速ニ言上致スヘキ事」。隣国において、新たに不穏な動きがあったり、仲間を集めて徒党を組む者がいたら、速やかに届けなければならない。

第八条「私ニ婚姻を締フヘカラサル事」。幕府の許可なく、大名同士が勝手に婚姻の約束をしてはならないとされたのだ。「縁を以て党を成すは是れ姦謀の本」とされた。

第九条「諸大名参勤作法ノ事」。この場合の参勤というのは、いわゆる参勤交代のことではない。大名が天皇に謁見《えっけん》する「作法」のことだ。「多勢を引き連れていってはいけない。百万石以下二十万石以上の大名は二十騎を超えてはならない。十万石以下はそれ相応の数とする」とされた。

第十条は「衣装ノ品、混雑スヘカラサル事」。服装などは、身分に則したものとすること。

第十一条は「雑人、恣《ほしいまま》ニ乗輿スヘカラサル事」。身分の低い者がみだりに輿に乗ってはならない。

第十二条「諸国ノ諸侍、倹約ヲ用イラルヘキ事」。諸国の侍は倹約に努めなければならない。

第十三条「国主ハ政務ノ器用ヲ撰フヘキ事」。大名は、政治能力のある者を抜擢《ばってき》しなければならない。「治国の道、人を得るにあり」とされ、国に善人が多ければ国栄え、国に悪人が多ければ国が衰えるとされた。

元和元年の武家諸法度の内容を整理すると「文武奨励」「遊楽禁止」「叛逆者・殺人犯の隠匿禁止」「城郭修理許可制」「徒党禁止」「私婚禁止」「参勤作法」「衣装統制」「乗輿制限」「倹約奨励」「国主の在り方」ということになろう。

徳川幕府は、この武家諸法度発布より以前の慶長十六年（一六一一）四月にも「三ヶ条誓詞」というものを諸大名に出して、誓約させている。そこには「右大将家（源頼朝）以後、代々の幕府（将軍）の法式のように、これを仰ぎ守ること」「法に背き、上意に背く者は、国々に隠し置いてはならない」「家臣がもし叛逆・殺人を犯したならば、匿ってはならない」とあった。「三ヶ条誓詞」は、家康と豊臣秀頼との二条城会見の直後に発布されたものである。武家諸法度と被る条文内容があろう。それはともかくとして、徳川幕府の法令は、鎌倉幕府の源頼朝から足利幕府を経て続いてきた武家政治の伝統を継承するものと認識され、それが徳川幕府の統治（政治）の正当性を支えるものとされたのである。

ちなみに、武家諸法度は、八代将軍・徳川吉宗（在職一七一六〜一七四五年）の時代に至るまで五度の改訂がなされている。有名なものが、三代将軍・徳川家光の時代の「寛永令」(一六三五年、十九ヶ条)であろう。このときに「大名・小名在江戸交替相定ムル所ナリ」と、参勤交代の規定が登場した。また「五百石以上の船」を作ることの停止が盛り込まれた。

武家諸法度の違反者は厳罰に処される。有名なところでは、福島正則。彼は、元和五年(一六一九)、幕府の許可を得ず、広島城を修繕したことから、改易となったのだ。正則は信濃・越後国内で四万五千石を与えられ、高井野(長野県上高井郡高山村)に蟄居、寛永元年(一六二四)に同地で没した。武家諸法度は、将軍の代替りごとに諸大名にこれを読み聞かせ、違反した大名には厳罰が加えられることになる。

朝廷封じ込め策「禁中并公家諸法度」の実態

武家諸法度(元和令、一六一五年)は、徳川幕府による大名統制を強めたが、幕府は朝廷をも統制しようとした。その要となったのが「禁中《きんちゅう》并《ならびに》公家諸法度《くげしょはっと》」(以下、公家諸法度、十七ヶ条)である。

公家諸法度が発布されたのが、武家諸法度の発布から十日後の七月十七日のことであった。大御所・徳川家康と二代将軍・秀忠は、関白に就任予定の二条昭実との三名連名により、これを発布する。七月三十日には、公家や門跡衆が禁裏（御所）に集められ、武家伝奏・広橋兼勝によって、公家諸法度が読み上げられた。では、そこには何が書かれていたのか。

第一条は「天子諸芸能のこと、第一、御学問なり」とされた。天皇は、学問を修めることが第一とされたのだ。学問をしなければ「古道」が明らかにならずとして、政治の参考になる書や作法などを記した書物を読むことが奨励された。ここでは、『貞観政要《じょうがんせいよう》』という唐の時代の皇帝（太宗）の言行録、唐代の初期に治世の参考として編纂された『群書治要』、『寛平御遺誡《かんぴょうのごゆいかい》』という寛平九年（八九七）に宇多天皇が醍醐天皇への譲位に際して与えた書置などの名が挙がっている。

第二条には、三公（太政大臣、左大臣、右大臣）の座次が規定され、現役の三公の席次は、親王より上であるとされた。その理由は、右大臣・藤原不比等（奈良時代の政治家）が舎人《とねり》親王の「上」に着したからだという。

第三条には、清華家（大臣・大将を兼ねて太政大臣になることのできる家。五摂家に次ぐ）の大臣辞任後の座次が定めされ「親王の次座」とされた。

第四条は、摂関家の生まれであっても「器用」でないもの（無能な者）は、三公に就任してはいけない。しかし、摂関家以外の者の任官はあってはならない。

第五条は、能力があるならば、高齢であっても、三公・摂政・関白を辞任してはならない。

ただし、辞任しても再任はあってよい。

第六条は、養子の規定。同姓を用いるべしとされた。そして、女縁でもって、その家督を相続することは一切あってはならないと記されている。

第七条は、武家の官位は、公家の官位とは別のものとすると定められた。

第八条は改元について。改元は、中国の年号から良いものを選ぶべきであるとされたが、今後、「習礼」を重ねて熟達したならば、日本の先例によるべきであると書かれている。

第九条は、天子以下、諸臣の衣服についての規定。

第十条は「諸家昇進」の次第として、昇進は家々の旧例を守るべきだとされた。

第十一条は公家の処罰規定。関白・武家伝奏・奉行職が申し渡した命令に堂上家・地下家の公家が従わないことがあれば流罪にするとされた。

第十二条は、罪の軽重は、名例律（律の編目の一つ）に拠ることとされた。

第十三条は、摂家門跡の座次の規定であり、摂家門跡は親王門跡の次座とされた。

第十四条と第十五条は、僧正、門跡、院家の任命叙任についてである。

第十六条は紫衣（紫色の袈裟《けさ》および法衣の総称）の寺住持職について。同条には次のようにある。紫衣を許される住職は、以前は少なかったが、近年はみだりに勅許が行われて、紫衣の席次を乱している。これは、寺院の名を汚すことである。今後は、当人の能力をもって、紫衣を与えるべきかどうかをよく判断しなければいけないとされたのだ。

第十七条は、上人号（仏教における高僧への称号）について。本寺が「碩学」の者を選び推薦し、勅許あるべしとした。濫《みだ》りにこれを望むものは流罪にするとされた。

以上が公家諸法度の内容である。条文の内容を整理すると「天皇の政治権限を限定」「公家・親王門跡の座順」「武家官位」「改元」「衣服」「昇進」「刑罰」「僧官」にまつわることと言えよう。大臣と皇族である親王の席次が記されているが（三公は親王より上位）、そこからは藤原摂関家優位で、朝廷内の秩序を確立せんとする徳川家の意向が見える。また、家康は武士の官位叙任を自己の管理化に置くことを目指した。大名と朝廷が結び付くことを恐れたのであろう。公家諸法度の内容は、武家諸法度と違って、江戸幕府滅亡まで変化はなかった。

公家諸法度によって、幕府は朝廷を統制することができたのである。後鳥羽上皇が鎌倉幕府打倒の兵を挙げた承久の乱（一二二一年）や、後醍醐天皇を中心とする鎌倉幕府討幕（一三三三年）などの再来を家康は恐れたのであろう。だからこそ、公家諸法度を制定し、朝廷を枠の中に押し込めたのだ。とは言え、徳川家は朝廷抑圧政策を取っただけではなく、朝廷（天皇）と結び付こうとした。

徳川家の女性と、天皇を結婚させようとしたのだ。家康は政仁《ことひと》親王（後陽成天皇の第三皇子）が即位し、後水尾天皇となった際に、徳川秀忠と江の娘・和子の入内を申し入れたという。慶長十九年（一六一四）三月には、入内の宣旨がもたらされたが、大坂の陣その他、さまざまな事情により、延期となっていた。徳川和子が入内するのは、家康死後の元和六年（一六二〇）となる。

武家の女子の入内というのは、それまでは一例しかなかった。平安時代末、平清盛の娘・徳子が高倉天皇に入内したことである。家康が尊敬したとされる源頼朝（鎌倉幕府初代将軍）も、娘の大姫を入内させようとしたが、娘の死により、果たせずにいた。よって、徳川和子の入内は、平安時代末以来ということになる。

天皇と徳川家が「一体」となることにより、徳川家の権威を増進させ、全国統治の潤滑油としようとしたのだろう。和子は、後の明正天皇（女性）を産むことになるが、明正は、徳川家を外戚とした唯一の天皇となった。明正天皇は、寛永二十年（一六四三）、紹仁《つぐひと》親王（後光明天皇。父は後水尾天皇、母は園光子）に譲位することになるからだ。

家康の愛読書『貞観政要』に書かれていた教訓

徳川家康は学問好きであった。家康の侍医を務めた板坂卜斎は、家康の学問について「家康公は書籍を好まれた。僧侶や学者とも常々話された。学問を好まれた。詩作・歌・連歌はお嫌いであったが、論語・中庸・史記・漢書・六韜《りくとう》・三略・貞観政要、和本は延喜式・東鑑を愛読していた。漢の高祖（劉邦）の度量の大きいことを褒められ、唐の太宗や魏徴を褒められ、張良・韓信・太公望・文王・武王・周公、日本では源頼朝の話を常々された」と記している。

中国の古典をよく読んでいたことがわかる。源頼朝の話をよくしていたというのは、武家政治の創始者としての頼朝を家康が尊敬していたからだろう。鎌倉幕府の準公式記録ともいうべき『吾妻鏡』をよく読んでいたのも、頼朝から学ぼうという姿勢の表れかもしれない。

家康が好んだ中国の古典として挙げられている『貞観政要』は、現代においても、経済人や学者が絶賛する書物である。では『貞観政要』とはどのような書物か？

まず「貞観」とは、中国の唐の時代（六一八〜九〇七）の元号。「政要」というのは、政治の要諦（物事の最も大切な点）という意味だ。貞観の世を統治したのが、唐王朝の二代皇帝・太宗（李世民）である。『貞観政要』は、この太宗（五九八〜六四九）と側近たちの言行録だ。

敵対勢力の征伐や、骨肉の争いという修羅場をくぐり抜けた武将であった太宗。皇帝の座についた翌年（六二七年）、貞観と改元。太宗の治世は二十三年続くが「貞観の治」と呼ばれ、平和で安定した時代として、後世から讃えられている。『貞観政要』には例えば、次のような問答が記されている。貞観年間（六二七〜六四九）の初め頃、太宗は側近に対し、次のように言った。

「君主の道というものは、必ずまずは民衆を思いやらなければいけない。もし、民衆に負担をかけて、君主に奉仕させようとするのならば、それは自らの股の肉を裂き、自分で食べるようなものだ。お腹がふくれても、死んでしまうだろう。もし、天下を平穏にしようと思えば、君主は必ずまずは、自分の身を正しくするべきだ。身が正しいのに影が曲がっていたり、上が治っているのに下が乱れるということはない。私はいつも思っている。自らの身を損なうものは外部にあるのではなく、全て自分の欲望（私欲）によって起こり、災いを起こすのだと。美味しい食事をし、音楽や女色を喜ぶときは負担も大きい。政治にも悪影響を与え、民衆を混乱させることになる。また、君主が一度でもおかしなこと、道理に外れることを言えば、民衆は不安定になり、君主に対する恨みの声があがり、ついには離反する者も出るだろう。私はいつもこのように感じているので、勝手気ままに欲望のおもむくままに過ごそうなどとは思わないのだ」と。

諫議大夫《かんぎたいふ》（皇帝を諫《いさ》める官職）の魏徴が、太宗の発言を受けて答えた。

「昔々の素晴らしい君主は、皆、何事においても、自分事として物事を考えました。だからこそ、国はよく治っていたのです。昔、楚国の荘王が賢人の詹何《せんか》を招いて、国をよく治めるための秘訣を尋ねたところ、詹何は、君主が身を慎んでいるのに国が乱れた例を知りませんとのみ答えた。陛下（太宗）の仰ったことは、この昔の逸話と同じである」――これが『貞観政要』の最初にくる文章だ。

太宗は、忠告してくれる人の大切さを実感し、魏徴を諫議大夫に任命していた。太宗、時には、魏徴を寝室に招いて、意見を聞くほどだったと言われている。太宗は、魏徴を重用する理由を「私が嫌な顔をしても、いつも切実に諫めて、私の非道を許さない。私が彼を重用するのは、そのためだ」と語っている。

政治の世界においては、周りを「お友達」で固めたり、裏切らない官僚出身の政治家を重職に採用したり、反対意見の者を異動や左遷する例が見られるが、そうしたところから悪い意味での「忖度《そんたく》」が生まれるし、本気になって意見をする人は減っていく可能性も高い。しかし、それでは、良い政治をすることはできないだろう。同書には次のような問答も掲載されている。

貞観二年（六二八）、太宗は魏徴に次のように尋ねた。「良い指導者、悪い指導者は何をもってそういうのであろうか」と。魏徴は次のように答える。

「君主が良い指導者と言われるには、多くの人々の意見を聞くことです。悪い君主は、限られた人の言うことのみを信じます。『詩経』（中国最古の詩集。前九世紀から前七世紀頃の詩を収録。儒教の経典の一つでもある）にはこのようなことが書いてあります。先人は言った、薪を刈る人にも問えと。尭や舜（何れも中国古代の伝説上の帝王）は、四方の門を開き、良い人材を集め、広くさまざまなことを見聞しました。よって、その優れた知恵と人徳は、四方を照らしたのです。だから、無能な輩や、言行一致しない者も尭や舜を惑わすことはできませんでした。秦の二世皇帝は、宮殿の奥深くに引き籠もり、人々を遠ざけ、趙高のみを信任しました。だから、天下が乱れても、その情報が耳に入りませんでした。梁の武帝は、朱异を信任したために、侯景という武将が兵を挙げ宮殿に迫るも、それを知ることはなかった。隋の煬帝は虞世基という政治家を信任したために、反乱軍が町や村を襲撃しても、それを知らなかったのです。君主が下々の者の意見を広く聞けば、権力を持つ家臣でも、主君の耳を塞ぐことはできず、下々の事情は必ず上に通じるのです」と。

太宗は魏徴の言葉をとても良いものとした。魏徴は、名君と暗君の違いは、多くの人の意見を聞くか否かにあると語っている。『貞観政要』の要諦は、そこにあると言えよう。とは言え、名君と言われた太宗であっても、完璧ではないし、家康でもそうだ。

家康は元和二年（一六一六）三月、腹部に腫瘍《しゅよう》を発見するが、医学や薬に精通していた家康は、自己診断し、万病円という丸薬を服用。それを諌めたのが、家康の侍医・片山宗哲だった。中国古典や『貞観政要』を愛読している家康ならば、宗哲の諌言を聞き入れるかと思いきや、さにあらず。機嫌を損ねて、宗哲を信濃国に配流としたのだ。

家康を論語読みの論語知らずというつもりはないが、いかに名将と言われる人であっても間違いもあることを知ることが、歴史の教訓となるのではないか。

天下人・家康はどのように死んだのか？

大坂夏の陣の翌年の元和二年（一六一六）正月五日、徳川家康は駿府で鷹狩をしている。それから十六日後にも、家康は駿河の田中で鷹狩を行う。ところが、その一月二十一日の夜、家康は痰がつまったことにより、床につく。家康の病については、油で揚げた鯛の天ぷらを食したことが原因とも言われるが、確かなことは不明である。

翌日には、家康の体調は回復している。同月二十五日、家康は駿府に戻った。二代将軍・徳川秀忠は、家康の病を心配し、家臣を駿府に遣わせている。また、自らも二月二日に駿府を訪問している。家康が亡くなるまでの二ヶ月余りを秀忠は駿府で過ごしていることから、秀忠の胸には（もしや）という予感があったのかもしれない。

家康の病は京都にも伝わり、天皇は寺社に病気平癒の祈祷を命じた。また、勅使も派遣された。三月十七日、家康は勅使と対面。家康が太政大臣の推任を受けると返答したので、同月二十一日、家康は太政大臣に任命された。しかし、家康自身は自らの死期を悟っていたようで、秀忠に対し「この煩《わずら》い（病）にて果てると思うが、このように、ゆるゆると天下を渡せるのは満足だ。思い残すことはないが、徳川義直・頼宣・頼房を側において目をかけてくれ。これのみが頼みである」と伝えたという。年とってから生まれた我が子らの行く末を案じ、秀忠に目をかけてくれと懇願したのである（三月十七日）。

三月二十七日からは、家康は食事ができなくなったが、それでも、諸大名や武家伝奏とも対面するなどしている（三月二十八日、三月二十九日）。病床の家康を諸大名が見舞うことになるが、そのとき、家康は「将軍・秀忠の政策がよくないときは、各々が代わりに天下を治めよ。天下は一人の天下にあらず、天下は天下の天下なれば、我はこれを怨まず」（『徳川実紀』元和二年四月条）と語ったという。

天下は徳川一家のものではない。悪政が行われ、万民が苦しむくらいなら、徳川政権は打倒され、優れた者が政治を執り行うことこそが理想だというのである。この言葉は、家康が諸大名の内心を探ろうとしたものと言われるが、死を目前に控えて、家康がわざわざそのようなことをするようには思いたくないし、動乱の世を駆け抜け、織田信長や豊臣秀吉ほか数々の名将の栄華と没落を見てきた家康が、日頃から思っていた本音を吐露したと信じたい。

しかし、家康は病床にあっても、伊達政宗が謀反を起こすのではないかと疑い（これは、政宗の婿で、家康の六男・松平忠輝の讒言による）、政宗を東北から呼び出したりもしているので、前述の発言も、大名の本音を探る目的があったとしてもおかしくない。家康は死ぬまで「政治闘争」のなかに身を置いていたのだ。

政宗は家康と会い、疑いを解くのであるが、その際、家康からは「今後いよいよ将軍家（秀忠）のことを頼んだぞ」との言葉があったという。『徳川実紀』（元和二年三月条）にも「将軍家の御事、頼み思召む」との記述がある。家康の心中には、徳川家の行く末を思う心と、天下のことを思う心が同居していたのであろうか。

四月二日には、家康から死後のことについての話があった。「死後、遺体は駿河久能山に葬れ。葬礼は、江戸の増上寺で行え。位牌は三河の大樹寺に立ててくれ。一周忌が過ぎたら、下野国日光に小堂を建てて、勧請せよ。関東八州の鎮守となろう」との遺言であった。枕元には、本多正純・天海・金地院崇伝らが呼ばれていた。

四月四日、家康は吃逆《しゃっくり》と痰が出て、また熱も出た。同月七日には、粥を食べることもあったが、九日の夜には吐いてしまう。四月十一日、食事は喉を通らず。もはや、今日、明日の命と思えるような状態であった。十四日には少し回復するが、それでも、今日か明日に他界と言われる有様だった。そしてついに、四月十七日の午前十時、家康は亡くなる。七十五歳であった。

家康の遺体は、その夜に久能山に運ばれ、十九日に仮殿に埋葬された。埋葬は、吉田神道に従い、行われた。家康は「大明神」として祀られる予定であったが、天海が「山王神道により、神号は権現とするべきだ。明神は、秀吉を祀る豊国大明神の例でもわかるようによくない」と主張。最終的には天海の主張が受け入れられ、家康は「権現」として祀られることになった(五月二十六日)。

家康の神号の候補には「日本大権現」「東光大権現」「東照大権現」「霊威大権現」の合計四案があり、公家から天皇に奏上。案は将軍・秀忠にも示され、秀忠の考えにより「東照大権現」が家康の神号となった(九月五日)。

東照大権現との神号は、勅許を受けた。家康は、朝廷から東照大権現との神号を得て、神として祀られることになったのである。日光東照社の大造替《だいぞうたい》に着手したのが、三代将軍の徳川家光であった。しかし、それは家康の望んだことだったろうか。家康は「日光山に小さき堂をたて勧請」するように遺言している。大規模な社殿に祀ってほしいなどとは思っていなかったろう。「天下は一人の天下にあらず、天下は天下の天下である」――家康の最後の名言が重く響く。

〈主要参考引用文献一覧〉

一、史料

・中村孝也編『徳川家康文書の研究』（日本学術振興会、一九五八～一九六一）
・奥野高廣校注『信長公記』（角川書店、一九六九）
・『徳川実紀』（吉川弘文館、一九六四）
・大久保忠教『三河物語』（岩波書店、一九七四）
・『家忠日記』（臨川書店、一九八一）
・徳川義宣『新修徳川家康文書の研究』（吉川弘文館、一九八三）
・『駿府記』（続群書類従完成会、一九九五）
・『当代記』（続群書類従完成会、一九九五）
・徳川義宣『新修徳川家康文書の研究　第二輯』（吉川弘文館、二〇〇六）

二、著書

・北島正元『江戸幕府の権力構造』（岩波書店、一九六四）
・中村孝也『徳川家康公伝』（東照宮社務所、一九六五）
・桑田忠親『桑田忠親著作集　第六巻　徳川家康』（秋田書店、一九七九）

・徳富蘇峰『近世日本国民史　徳川家康（一）』（講談社、一九八一）
・二木謙一『関ヶ原合戦』（中央公論社、一九八二）
・北島正元『徳川家康』（中央公論社、一九八三）
・北島正元編『徳川家康のすべて』（新人物往来社、一九八三）
・笠谷和比古『関ヶ原合戦』（講談社、一九九四）
・山本七平『徳川家康』（文藝春秋、一九九七）
・岡野友彦『家康はなぜ江戸を選んだか』（教育出版、一九九九）
・平野明夫『三河松平一族』（新人物往来社、二〇〇二）
・藤本正行『信長の戦争』（講談社、二〇〇三）
・久保田昌希『決定版　図説・戦国地図帳』（学研、二〇〇三）
・小和田哲男『今川義元』（ミネルヴァ書房、二〇〇四）
・笠谷和比古『関ヶ原合戦と大坂の陣』（吉川弘文館、二〇〇七）
・小和田哲男『地図で読み解く戦国合戦の真実』（小学館、二〇〇九）
・本多隆成『定本　徳川家康』（吉川弘文館、二〇一〇）
・白峰旬『新「関ヶ原合戦」論』（新人物往来社、二〇一一）
・平山優『真田三代』（ＰＨＰ研究所、二〇一一）
・池上裕子『織田信長』（吉川弘文館、二〇一二）

・渡邊大門『大坂落城　戦国終焉の舞台』（角川書店、二〇一二）
・曽根勇二『大坂の陣と豊臣秀頼』（吉川弘文館、二〇一三）
・外川淳『戦国大名勢力変遷地図』（日本実業出版社、二〇一三）
・『地図で訪ねる歴史の舞台　日本』（帝国書院、二〇一三）
・桐野作人『織田信長』（ＫＡＤＯＫＡＷＡ、二〇一四）
・平山優『検証　長篠合戦』（吉川弘文館、二〇一四）
・日本史史料研究会編『秀吉研究の最前線』（洋泉社、二〇一五）
・歴史読本編集部編『ここまでわかった！大坂の陣と豊臣秀頼』（ＫＡＤＯＫＡＷＡ、二〇一五）
・小和田哲男『徳川家康大全』（ＫＫロングセラーズ、二〇一六）
・笠谷和比古『徳川家康』（ミネルヴァ書房、二〇一六）
・笠谷和比古『徳川家康　その政治と文化・芸能』（宮帯出版社、二〇一六）
・平野明夫編『家康研究の最前線』（洋泉社、二〇一六）
・柴裕之『徳川家康』（平凡社、二〇一七）
・大久保彦左衛門著・小林賢章訳『現代語訳　三河物語』（筑摩書房、二〇一八）
・平川新『戦国日本と大航海時代』（中央公論新社、二〇一八）
・三鬼清一郎『大御所　徳川家康』（中央公論新社、二〇一九）
・渡邊大門『関ヶ原合戦は「作り話」だったのか』（ＰＨＰ研究所、二〇一九）

・濱田浩一郎『中学生からの超口語訳 信長公記』（ベストブック、二〇二〇）
・白峰旬編著『関ヶ原大乱、本当の勝者』（朝日新聞出版、二〇二〇）
・藤井譲治『徳川家康』（吉川弘文館、二〇二〇）
・小和田哲男『地図でスッと頭に入る戦国時代』（昭文社、二〇二〇）
・藤井譲治『徳川家康』（山川出版社、二〇二一）
・渡邊大門『誤解だらけの徳川家康』（幻冬舎、二〇二二）
・笠谷和比古『論争　関ヶ原合戦』（新潮社、二〇二二）
・本多隆成『徳川家康の決断』（中央公論新社、二〇二二）
・平山優『新説 家康と三方原合戦』（ＮＨＫ出版、二〇二二）

家康《いえやす》クライシス
——天下人《てんかびと》の危機回避術《ききかいひじゅつ》

著者　濱田 浩一郎
2022年12月25日　初版発行

濱田浩一郎（はまだ・こういちろう）
兵庫県相生市出身。皇學館大学大学院文学研究科博士後期課程単位取得満期退学。歴史家・作家・評論家。兵庫県立大学内播磨学研究所研究員・姫路日ノ本短期大学講師・姫路獨協大学講師を歴任。大阪観光大学観光学研究所客員研究員。著書『播磨赤松一族』（新人物往来社）、『超口語訳　方丈記』（東京書籍のち彩図社文庫）、『超口語訳　信長公記』（ベストブック）、『北条義時』（星海社新書）、共著『NHK大河ドラマ歴史ハンドブック麒麟がくる』『NHK大河ドラマ歴史ハンドブック軍師官兵衛』（NHK出版）ほか多数。

発行者　横内正昭
編集人　内田克弥
発行所　株式会社ワニブックス
〒150-8482
東京都渋谷区恵比寿4-4-9えびす大黒ビル
電話　03-5449-2711（代表）
　　　03-5449-2716（編集部）

装丁・イラスト　柳太郎
フォーマット　橘田浩志（アティック）
校正　大熊真一
写真　ピクスタ
編集　鈴木啓太　川本悟史（ワニブックス）

印刷所　凸版印刷株式会社
DTP　アクアスピリット
製本所　ナショナル製本

ISBN 978-4-8470-6685-6
ワニブックスHP　http://www.wani.co.jp/
WANI BOOKS NewsCrunch　https://wanibooks-newscrunch.com